U0113747

新视角读
二十六史

新视角读

隋书

宋玉山 著

中国文史出版社

图书在版编目（CIP）数据

新视角读隋书 / 宋玉山著． —北京：中国文史
出版社，2023.3
　（新视角读"二十六史"）
　ISBN 978-7-5205-4057-5

　Ⅰ.①新… Ⅱ.①宋… Ⅲ.①《隋书》—研究
Ⅳ.①K241.042

中国国家版本馆 CIP 数据核字（2023）第 061515 号

责任编辑：金　硕
策　　划：金　硕　曲童利

出版发行：**中国文史出版社**
社　　址：北京市海淀区西八里庄路 69 号　　邮编：100142
电　　话：010 - 81136606/6602/6603/6642（发行部）
传　　真：010 - 81136655
印　　装：北京温林源印刷有限公司
经　　销：全国新华书店
开　　本：787mm×1092mm　1/16
印　　张：18.75
字　　数：270 千字
版　　次：2024 年 1 月北京第 1 版
印　　次：2024 年 1 月第 1 次印刷
定　　价：68.00 元

总序 历史是最好的老师

魏礼群

习近平总书记多次强调指出，"历史是最好的老师，它忠实记录下每一个国家走过的足迹，也给每一个国家未来的发展提供启示。""领导干部要多读一点历史，从历史中汲取更多精神营养。"

历史是人民创造的。历史经验是社会发展规律的体现和反映，是人类长期生活的总结和升华，是现代人民用来对照的一面明镜。欲知大道，必先知史。学习历史，可以观成败、鉴是非、知兴替、明规律，可以以史资政、修身励志、汲取力量、创造人生。

我党历来重视历史。我党历代领导人都善于把历史经验运用到中国革命、建设和改革的实践当中，都强调领导干部要多学习一些历史知识。在新的历史时期，要实现中华民族伟大复兴的中国梦，更需要我们用好历史这个最好的老师，遵循规律、明确方向、坚定道路、凝聚共识，去书写新的历史，创造新的辉煌。

尊重历史也是中华民族的优良传统。中国历史源远流长，旷古悠久。从黄帝时代开始，中华民族有着五千年的文明史，经历了若干个朝代。一般来说，每个朝代都有为前一个朝代撰修史书的传统，经过官方撰修或认可的史书，称为正史。

清朝乾隆皇帝将《史记》《汉书》《后汉书》《三国志》《晋书》《宋书》《南齐书》《梁书》《陈书》《魏书》《北齐书》《周书》《隋

书》《南史》《北史》《旧唐书》《新唐书》《旧五代史》《新五代史》《宋史》《辽史》《金史》《元史》《明史》等二十四部史书，钦定为"二十四史"。民国时期，大总统徐世昌又把《新元史》列入正史，形成了"二十五史"。但"二十四史"和"二十五史"都只写到明代，如果再加上记载清朝历史的史书，就应该是"二十六史"。

正史是由官方修撰或认可，尤其是由后面的朝代完成的，史料比较全，真实性比较高，史实价值比较大，因而是历史研究中的主要参考依据。由于这些正史数量繁多，语言晦涩，除了专业人员外，很少有人能够通读下来。

"新视角读'二十六史'丛书"，对这些数量繁多的史书，做了精心挑选和简化概括，并有作者读史后的认识和体会，创作形成了一篇篇简明扼要的故事，以新的形式呈现给读者。这些故事，既独立成章，又相互联系、脉络清晰，能使人们大致了解历史进程、重大事件和主要人物。该书语言简练，通俗易懂，适合大部分人群，中学生阅读也没有问题。特别是该书站在现代社会的角度，以新的视角分析看待历史，有许多新观点、新见解，能够给人以启发和借鉴。因此，我认为，撰写"新视角读'二十六史'丛书"，是一项很有意义的工作。

我感觉，"新视角读'二十六史'丛书"的基本特点，是"忠于原著，丰富史料；以史为鉴，启迪人生"。

所谓"忠于原著，丰富史料"，是指作者撰写的每一篇历史故事，都是根据原著的记载写成的，都有史料依据，没有进行虚构。为了增强可读性，在语言细节方面做了适当的文字加工，但主要内容都是原著所提供的。同时，在忠于原著的基础上，为了使一些历史事件和历史人物更加丰满，也适当增加了一些其他史料，增添的史料也是有依据的。该书一个显著特点，就是史料丰富、知识点多、信息量大，能够让人开阔视野，增长知识。

所谓"以史为鉴，启迪人生"，是指作者创作历史故事的目的，是为了借鉴历史经验，服务于现代社会。所以，作者站在历史唯物主义和辩证唯物主义的立场上，辩证地、一分为二地看待历史现象，并且在故事的过程中，或者在故事的结尾，往往有着哲理性的评论和观点，给人以有益的启迪。我们学历史的目的，不仅是要了解历史知识，更重要的是要通过汲取历史经验和教训，对我们的工作和生活有所启发和借鉴。该书较好地做到了这一点，这是该书另一个显著的特点。

作者曾经是我得力的部下，我对他十分熟悉和了解。作者勤奋好学，长期从事政策研究和文字工作，理论素养和文字功底较好；先后在乡、县、市、省、国家五个层级工作过，有着丰富的阅历和实践经验；做事严谨，为人厚道，工作勤勉。尤为难能可贵的是，他把退休作为第二生命的开始，退而不休，锲而不舍，继续为社会做贡献，其志可贵，精神可嘉！

希望该书能够使人借鉴历史经验，起到以史为鉴、激励人生的作用。

是为序。

（魏礼群，曾任国务院研究室主任、国家行政学院党委书记、中国行政体制改革研究会会长，现任中国国际经济交流中心常务副理事长兼学术委员会主任。）

前　言

在历经东晋十六国和南北朝近三百年战乱以后，隋朝重新统一中国，成为继秦汉、西晋之后又一个大一统的王朝。隋朝的大一统，有显著特点，它包括许多少数民族在内，是各民族团结融合的大一统，对中国社会产生了深远影响。

隋朝创造了三省六部制、《开皇律》、科举制，重开丝绸之路，开通大运河等许多影响深远的功绩，是一个辉煌时代；但它又是一个让人民饱受痛苦，昏暗暴虐，致使二世而亡的短命王朝。隋朝有许多经验值得借鉴，许多教训也应该汲取。

唐太宗李世民十分重视隋朝勃兴速亡的经验教训，下诏由官方修撰《隋书》。《隋书》是由唐朝撰写的，但《隋书》作者忠于职业道德，总体上符合史实。所以，《隋书》在史学界评价较高。

笔者依据《隋书》记载，撰写了八十篇隋朝故事。这些故事，既独立成章，又相互连贯，使读者能够大体了解隋朝的历史脉络、重大事件和重要人物，从而对隋朝有一个总体上的印象。

笔者在撰写过程中，坚持"忠于原著，丰富史料；以史为鉴，启迪人生"的原则，对历史事件和人物不做虚构，主要根据《隋书》的记载而撰写，只是在细节和语言上适当做些加工，以增强可读性。同时，适当阐述笔者自己的观点和体会。

由于受隋唐小说等文学作品的影响，人们普遍对隋朝印象不佳，对隋炀帝杨广弑父、荒淫、残暴的行为更是痛恨。但从《隋书》记载来看，并非完全如此，应该对隋朝和杨广有一个客观公正的评价。为此，笔者撰写了《隋朝短命而辉煌》《杨坚被尼姑养大》《杨坚靠女儿起家》《杨坚是被儿子杀的吗》《杨广狂妄立大志》《日本派来遣隋使》《杨广对李世民的启示》等篇，体现了笔者的观点和看法。这些观点不一定正确，仅作为一家之言。

由于笔者水平有限，书中难免有错误、缺陷和不足之处，敬请广大读者给予批评指正。

目
录

唐朝撰写《隋书》

隋朝，在中国历史上别具特色。它既是一个短命王朝，又是一个辉煌时代；它既有黑暗和暴虐，又有许多非凡的成就。

隋朝从 581 年建立，到 618 年灭亡，只有三十八年时间。然而，在这短短的几十年间，它结束了中国近三百年的分裂局面，实现了国家统一，而且这种统一，无论是在疆域方面，还是在民族融合方面，都比秦始皇统一中原意义更大；它创造了开皇之治的繁荣局面，为随后的唐朝盛世奠定了基础；它在设置三省六部制、开创科举制、修订法律、开通大运河等许多方面的创举，都对后来的中国社会产生了重大而深远的影响。隋朝就像流星一样，划破夜空，瞬间消失，但却留下了耀眼的光芒。

对这个短命而辉煌的王朝，既有许多得失可以总结，也有许多经验教训值得借鉴和汲取。所以，唐朝建立不久，就在李渊、李世民两代皇帝的支持下，开始撰写《隋书》。

唐朝是 618 年建立的，建立后经过几年兼并战争，到 624 年才基本上统一了天下。唐朝统一天下之后，百废待兴，有多少大事要干啊！可是，秘书丞令狐德棻却上了一道奏折，要求撰写隋史，同时修撰梁、陈、北周、北齐的史书。

令狐德棻是著名史学家，跟随李渊起兵，很受信任。由于战乱不断，文籍散佚严重，令狐德棻认为，如果不抓紧修史，以后再修就困难了。因此，天下刚刚平定，他就向朝廷提出了修史的建议。

唐朝开国皇帝李渊，具有远见卓识，他同意了令狐德棻的建议，命史臣开始编修史书。但由于各种原因，过了数年，并未成书。

626年，李世民登基做了皇帝。李世民是一位有雄才大略的政治家，他深知借鉴历史经验的重要性，特别是他亲身经历了灭隋战争，有着切身的体会和感受，经常对人谈起隋朝灭亡的教训。于是，629年，李世民专门下诏，抽调一批学识渊博的名士，继续修撰《隋书》，同时修撰梁、陈、齐、周的史书，由他最倚重和信任的大臣魏徵总负责。

《隋书》由魏徵担任主编，集中了许多饱学之士，其中有孔颖达、颜师古、李淳风等人。孔颖达是孔子的三十二世孙，是著名的儒学家和经学家，唐初十八学士之一。颜师古是《颜氏家训》作者颜之推的孙子，是名垂一时的经学大师。李淳风是著名天文学家，他写的著作《乙巳占》，是世界气象史上最早的专著。参加撰写《隋书》的，都是一些名儒大家。

当时，隋朝灭亡只有十余年时间，修史者都亲身经历过这段历史，有些情况十分熟悉，留下的原始资料也比较丰富。撰写《隋书》，前后共花费了二十二年时间，分两个阶段完成。从629年到636年，用七年时间完成了纪传部分；从641年到656年，用十五年时间，完成了史志部分。魏徵于643年病逝，由宰相长孙无忌接替进行监修。《隋书》从草创到全部完成，共历时三十五年。成书时间如此之长，这体现了修史者严谨的治学态度。

《隋书》共八十五卷，其中帝纪五卷，列传五十卷，志三十卷，记载了自581年杨坚建隋到618年隋朝灭亡三十八年的历史。

隋朝是被唐朝取代的，由胜利者给失败者修史，这不免有些令人担心，修史者会不会对史实进行歪曲、夸大甚至故意抹黑呢？但事实并非如此。

魏徵是历史上出名的诤臣，以正直敢谏而闻名，孔颖达、颜师古等人也是有名望的大学问家，《隋书》总体上是能够把握尊重史实原则的。比如，《隋书》对隋朝的黑暗和腐朽，进行了无情揭露，对隋炀帝杨广大兴土木、三游江都，都有翔实的记述。可是，对于杨广弑父这个重大问题，《隋书》却并没有记载，如果想抹黑的话，这是多好的材料啊！这说明杨广弑父的证据不够确凿，所以《隋书》没有记载。另外，《隋书》对隋朝取得的重大成就，也没有抹杀。

由于《隋书》较好地把握了尊重史实的原则，所以，学术界对《隋书》的评价是比较好的，认为它是"二十四史"中水平较高的一部。

《隋书》的指导思想十分明确，全书贯穿了以史为鉴的理念。魏徵在给李世民上书时说："以隋为鉴，则存亡治乱可得而知。"这也是唐太宗李世民一贯的思想。所以，《隋书》对隋朝是如何灭亡的，做了翔实的记述，既记述了统治者骄奢淫逸、劳民伤财，又记述了农民起义的史实，揭示了隋朝灭亡的根本原因，使人们对隋朝短命有了比较清楚的认识。

《隋书》的史料十分丰富，保存了大量的典章制度。南北朝时期，由于战乱频繁，留下的有关典章制度的史料很少，《隋书》较好地弥补了这方面的缺陷。《隋书》的史志部分，多达三十卷，包括礼仪、律历、天文、地理、食货、经籍等多方面的内容，不仅包含隋朝，还包含了南北朝时期各国的有关情况，这为后人研究隋朝以及南北朝的政治、经济、文化和社会现象，提供了珍贵的史料。

《隋书》对文化学术方面的记载，往前追溯到汉晋时期，记述了自汉以来六百多年书籍存亡、学术演变的情况，是对我国古代书籍和学术史的重要总结，这是《隋书》对我国文化学术史做出的一大贡献。

《隋书》还对书籍进行了分类，将各类书籍分为经、史、子、集四大类，其下再分为四十小类。这种图书分类法，被后世沿用了一千多年。

《隋书》也有缺点，主要是宣扬唯心主义观点，强调"天道"和"帝王之道"。但瑕不掩瑜，《隋书》仍不愧是一部不朽的史学著作。

隋朝短命而辉煌

隋朝从581年建立，到618年灭亡，只有三十八年时间，是一个短命王朝。然而，隋朝在中国历史进程中发挥了十分重要的作用，创造了许多辉煌，就像流星一样，虽然一闪而过，却留下了耀眼的光芒。

隋朝实际上只经历了父子两任皇帝，一个是开国皇帝隋文帝杨坚，一个是亡国之君隋炀帝杨广。父子俩在经历、性格、治国策略等方面截然不同，结果也就天差地别了。

开国皇帝杨坚，具有传奇色彩。史书说，杨坚出自关中豪门弘农杨氏，是东汉名臣杨震十四世孙。但据国学大师陈寅恪考证，杨坚家族其实是山东寒族，身世并不显赫。杨坚的祖上为生活所迫，到北方边境武川镇当兵戍边。杨坚的父亲杨忠，出生在武川县。

杨忠成年后，仍然当兵，投靠了西魏权臣宇文泰。杨忠作战勇敢，屡立战功，与宇文泰都是武川县人，因而不断升迁，官至大司空、柱国大将军，封为随国公，跻身于关陇贵族集团核心层，富贵荣耀。

541年，杨坚出生于冯翊般若寺。因杨忠信佛，所以杨坚在尼姑庵里出生，并由尼姑把他抚养到十三岁。之后，杨坚又入太学学习。杨坚接受过佛、儒两种教育，使他养成了深沉寡言、节俭谨慎的性格。

555年，十四岁的杨坚被京兆尹薛善任命为功曹，少年杨坚开始参与处理京城管理的事务。次年，杨坚因父亲的功勋而被授予车骑大将军，仪同三司。

572年，周武帝诛杀宇文护，开始重用杨坚。杨坚凭着自身能力，逐步升迁为柱国、定州总管、亳州总管，当了一个地方官。杨坚长女杨丽华，美丽贤惠，被周武帝聘为太子妃。杨坚与皇帝成了亲家，开始扬眉吐气了。

578年，周武帝病逝，太子宇文赟继位，杨丽华当了皇后。杨坚成为国丈，身价倍增。新皇帝宇文赟喜欢吃喝玩乐，不愿理政，想找一个可靠之人，帮他处理政务，选中了杨坚这个老丈人。杨坚从一个地方官，一跃成为朝廷高官，飞黄腾达起来。

580年，宇文赟突发急病去世。皇帝近臣郑译、刘昉，是杨坚的好朋友，他们伪造宇文赟遗诏，在杨丽华支持下，让杨坚当上辅政大臣，辅佐七岁的幼帝周静帝。这样，朝廷大权落在杨坚手里，杨坚开始了篡夺北周政权的计划。

杨坚没有功劳，资历又浅，只凭着外戚身份，就当上辅政大臣，把持朝廷，这引起北周宗室和元老大臣的不满，有的甚至兴兵作乱。杨坚果断杀掉五个王爷，迅速平定尉迟迥、王谦、司马消难三方叛乱，巩固了统治，展示了卓越的才能和魄力。

581年，杨坚废周建隋，当上皇帝，被称为隋文帝。杨坚得到帝位比较容易，因而被人诟病为"得国不正"。然而，杨坚称帝后，却创造出一系列辉煌业绩，对后世产生了重大而深远的影响。

隋朝建立之初，只是统治北方，南方还有南陈政权，与隋朝划江而治。杨坚没有急于统一全国，而是专心治理北方。在政治上，创立了三省六部制，形成了既各司其职又相互制约的中央官制，强化了皇权，其基本框架，被后世历代帝王所沿用；在法治上，修订《开皇律》，影响中国社会一千多年；在人才选拔上，开创科举制，不仅影响中国，而且影响了世界，许多国家的文官考试制度至今存在；在经济上，采取均田制、输籍定样、大索貌阅三大政策，促进了经济社会发展；在军事上，实行兵农合一制度，保证了充足的兵源，提高了部队战斗力。

杨坚是一位具有远见卓识、雄才大略的政治家、改革家，他用七八年时间，通过一系列改革，巩固了统治，实现了国家强盛，具备了平定江南、统一全国的条件。

588 年底，隋朝出动五十一万大军，由杨广为元帅，兵分三路，进攻江南。隋军兵强马壮，一举突破长江天险，只用三个月时间，就灭掉南陈，然后又征服岭南和其他地方，统一了全国。

隋朝，成为继秦汉、西晋之后又一个大一统的王朝。隋朝的大一统，与秦汉相比，有着明显的特点和重大意义。秦汉的大一统，主要是华夏民族和中原地区的统一；隋朝的大一统，疆域更加辽阔，特别是包括许多少数民族在内，是各民族团结融合的大一统。

我们现在把中国境内的五十六个民族，统称为中华民族，笔者认为，正是隋朝，奠定了中华民族形成的基础，这个伟大功绩，是不能被低估的。在西方人眼里，杨坚的贡献和地位，要高于秦始皇、刘邦、李世民、康熙等人，这是有道理。我们不能因为隋朝短暂、杨广暴虐，就忽视了隋朝在中国社会发展中的巨大作用和辉煌成就。

杨坚的个人品质，也是比较好的。他勤于政务，崇尚节俭，不搞奢华，不喜音乐，不沉湎于酒色。他与皇后感情深厚，他的五个儿子，都是皇后所生。

杨坚执政二十三年，在他的治理下，隋朝政治清明，社会稳定，国家富裕强盛，百姓安居乐业，被后世誉为开皇之治。

604 年，杨坚驾崩，终年六十四岁。次子杨广继承帝位，被称为隋炀帝。在野史小说中，杨坚是被杨广杀害的，而正史均无这样的记载。

杨广，569 年出生于长安。他容貌俊美，聪明机智，文学出众，又率兵南灭陈国、北征突厥，立下大功。人们都认为，在杨坚五个儿子当中，杨广最为出色。杨广特别善于伪装，投父母所好，生活节俭，不好酒乐女色，又非常孝顺，因而获得父母宠爱。杨坚废掉已立多年的太子杨勇，改立杨广为太子，使他顺利继位当上皇帝。

杨广当皇帝十四年，大体分为两个阶段。在前八年，他胸怀大志，意气风发，一心建立千秋大业，于是建东都、开运河、筑长城、修驰道，大兴土木；同时东征西讨，四方巡视，开疆拓土。在这八年中，杨广确实干了不少事，但他急功近利，好大喜功，耗费了国力民力，超出了民众承受能力，结果引发天下大乱，起义蜂起。在后六年里，杨广雄心壮志受挫，便意志消沉，追求享乐，穷奢极欲，沉湎于酒色之中。

杨广是 604 年称帝的，第二年，他就征调民夫二百万人，修建规模宏大的东都洛阳；紧接着，征集民夫数百万人，前后用了六年时间，开挖了举世闻名的大运河，男丁不够用，就强迫妇女上阵。之后，各项大型工程接连上马，到处都是建筑工地，民众不堪重负。

与此同时，杨广南攻林邑，北伐契丹，西征伊吾，东灭流求，攻打吐谷浑，收服西域，重新打通丝绸之路。杨广通过一系列战争，扩大了疆域，震服四方，使隋朝表面上达到鼎盛，形成万国来朝局面，但也蕴藏了很大危机。

在前八年，杨广并不十分荒淫，也不过分追求享乐，而是精力充沛，不辞劳苦，不停地巡视各地，宣扬国威。在野史小说中，都大肆渲染杨广三下江南的逸奢豪华，却不提杨广巡视塞北和西部的辛苦经历。塞北和西部地区，都是荒凉之地，杨广顶风冒雪前去巡视，往西一直走到玉门关，可见他并不是去游山玩水、追求享受的。不过，杨广喜欢排场，铺张浪费，多次出巡，耗费了大量财力民力。

杨广不是平庸无为的皇帝，相反，他一心创立千秋大业，甚至怀有狂妄大志，企图超越周汉、黄帝和唐尧，成为空前绝后的一代帝王。然而，正是这个狂妄大志害了他，也毁掉了隋朝。

612 年至 614 年，杨广不顾国内局势危险，连续三次发动对高句丽的大规模战争，青壮年几乎全部入伍和充当民夫。杨广穷兵黩武，横征暴敛，终于激起人民反抗。各地起义风起云涌，很快形成李密瓦岗军、河北窦建德、江淮杜伏威三大军事集团，北方几乎沦陷。

615 年，曾长期向隋朝称臣的突厥反目，出动大军，将杨广围困在雁门。杨广差点丧命，威望一落千丈，周边国家再也不理睬他了。

616 年，杨广为了躲避北方战乱，去江都避难。此时，杨广狂妄大志的梦想破灭，他心灰意冷，开始追求享乐，醉生梦死。

617 年，身为朝廷高官和皇亲国戚的李渊，在太原起兵，迅速攻占关中，占据长安。李渊宣布，尊杨广为太上皇，拥立杨广的孙子杨侑为皇帝，给了杨广沉重一击。

杨广知道，北方是回不去了，于是想渡江南下，迁都建康，偏安江南，划江而治。可是，朝廷官员和隋军将士，多数都是北方人，不愿意南下，与杨广产生了尖锐矛盾。

618 年，关陇贵族集团发动兵变，杀死杨广。此时，隋朝实质上已经灭亡了。

杨广死后，隋朝名义上还存在，而且出现了杨侑、杨浩、杨侗三个傀儡皇帝。不久，杨侑、杨浩被杀，只剩下龟缩在洛阳城中的杨侗了。李渊在长安建立唐朝，当了皇帝。

619 年，王世充杀掉杨侗，自立为帝，改国号为郑国。至此，隋朝彻底灭亡。

621 年，李渊灭掉王世充、窦建德，招降杜伏威，之后，又扫除了大大小小的割据势力，于 623 年统一了天下。从此，中国社会进入了唐朝时期。

隋朝勃兴速亡的教训告诫人们：统治者想要建功立业，出发点没有错误，但必须量力而行，切不可超过人民的承受能力，否则，必然事与愿违。同时，统治者的任何功绩，都要依靠人民来实现，如果把自己置于人民的对立面，把功业建立在人民的痛苦之上，那不是功业，而是灾难，必然导致灭亡。

杨坚被尼姑养大

很多人都知道，明朝开国皇帝朱元璋，年轻时当过和尚，但有很多人不知道，隋朝开国皇帝杨坚，也是在寺院被尼姑养大的。不过，朱元璋当和尚，是被生活所逼，万不得已，而杨坚却另有原因。

《隋书》记载，杨坚出自关中的弘农杨氏，弘农杨氏是天下闻名的豪门大族。杨坚的十四世祖，是东汉名臣杨震。杨震的九世孙杨元寿，当过北魏的武川镇司马，他这一支，从此在北部边疆定居下来。杨坚的父亲杨忠，就出生在武川镇。

从史书记载来看，杨坚有着显赫而高贵的家族背景，头顶上似乎笼罩着耀眼的光环。不过，有学者研究认为，这是假的，是有人故意向杨坚脸上贴金。杨坚虽然姓杨，却与关中的弘农杨氏没有关系，他的家族，实际上是山东的贫民寒族。在战乱年代，杨坚的祖上流落到北方的武川镇，当兵戍边去了。

北魏初年，朝廷为了抵御北方柔然的侵扰，在边境设置了武川、怀朔等六个军镇。在六镇戍边的，既有鲜卑人，也有汉人和其他民族的人，虽然民族不同，但基本上大多数是穷人，豪门贵族是不会到那个鬼地方受苦的。杨坚家族的经历，与高欢家族十分相似，高欢家族是流落到了怀朔镇。

杨坚的爷爷叫杨祯，在北魏末年混乱的时候，他避居于中山，结识了一伙讲义气的好汉，起兵讨伐鲜于修礼而战死。

杨坚的父亲叫杨忠，杨忠身高七尺八寸，身材魁梧，武艺超群，胸有谋略。他十八岁那年，正赶上六镇起义，朝廷派兵镇压，北部边境烽火连天。杨忠为了躲避战乱，跑回山东老家，在泰安一带暂住下来，不久，娶了山东女子吕苦桃为妻。吕苦桃也是寒门小户，家境贫穷，一听名字，就知道是个苦命人。

杨忠在山东住了不久，525年，南梁军队前来攻打，掳掠去了大批民众，杨忠夫妇也在其中。在南朝五年后，529年，随从北魏元颢北伐至洛阳，元颢兵败，杨忠归于尔朱氏（尔朱度律），此后与独孤信相逢。

独孤信是鲜卑人，北魏将领，也是武川镇人。独孤信见杨忠容貌不凡，又是老乡，便收留了他。后来，独孤信带着杨忠，投奔了西魏的宇文泰，宇文泰也是武川镇人。从此，杨忠跟着宇文泰，南征北战，屡建战功。杨忠凭借老乡关系和诸多战功，步步高升，一直做到柱国大将军，被封为随国公，进入关陇贵族集团的核心层。

541年六月癸丑夜，杨忠的第一个儿子杨坚出生。当时杨忠三十五岁，他半生戎马，功成名就，始得长子，自然万分高兴。《隋书》说，杨坚是在尼姑庵般若寺里出生的，出生后紫气充庭。杨忠的将军府高大宽阔，房屋很多，为何要让吕苦桃在寺院分娩呢？大概是因为杨忠信佛，希望能得到佛祖保佑吧。

杨坚出生后，相貌与其他孩子大不相同，他上身长，下身短，下巴突出，头顶上长了五个肉瘤，手上有"王"字纹路，眼睛很亮，目光四射，样子有点吓人，以致母亲吕苦桃抱他的时候，吓了一跳，失手把他掉到地上。后来，杨坚当了隋朝皇帝，南陈皇帝陈叔宝想知道他的模样，命人绘了杨坚画像。不料，陈叔宝一见画像，大骇道："我不想见到此人。"立刻让人把画像扔掉了。看来，杨坚的容貌，确实与众不同，属于异相。按照封建迷信的说法，有异相的人，必定会大富大贵。

杨坚出生不久，从河东来了一名尼姑。她看了杨坚的容貌后，对杨忠夫妇说："这个孩子十分奇异，不能让他在俗人居住的地方成长，必须在寺院里长大。"尼姑请求杨忠夫妇，由自己亲自抚养这个孩子。杨忠夫妇同意了，但当时他们家已经相当富贵了，不愿意让孩子到寺院去受苦，于是，就在将军府中腾出一处别院，让尼姑和儿子住了进去。

《隋书》对尼姑抚养杨坚的情况，记载得比较简单，说："尼将高祖舍于别馆，躬自抚养。"有其他史料说，这位不请自来的尼姑，是河东蒲坂刘氏之女，从小出家，修行很深，法名智仙，人称智仙神尼。从此，智仙精心抚养杨坚，吃斋奉佛，读书诵经。后来，杨坚当了皇帝之后，仍然过着俭朴的生活，这应该与他年幼时的出家生活，有着很大关系。

智仙不是一般的尼姑，她有很强的政治头脑，对时局的分析把握也高人一筹。那个时候的佛教，往往喜欢干预政治，与朝廷有着多方面的联系，直到周武帝灭佛之后，佛教接受了教训，才不再涉及政治。因此，智仙并不打算把杨坚培养成一个虔诚的佛教徒，而要把他培养成能干大事的人。智仙认为，杨坚的父亲是一名武将，杨坚长大后，也要继承父亲的事业，因此，她给杨坚起的小名，就叫那罗延。那罗延是梵语，指大力金刚，力大无穷，负有护法的责任。

杨坚长到七岁时，智仙对他说："儿当大贵，从东方来，佛法当灭，由儿兴之。"此后，智仙经常向他灌输大富大贵、干一番大事业的观念。因此，杨坚尽管从小由尼姑养大，却没有像梁武帝那样沉湎于佛教，更没有像唐僧那样，终身致力于弘扬佛法，而是像智仙希望的那样，干出了一番惊天动地的大事业。

智仙把杨坚抚养到十三岁，便让他回归家庭，自己继续在般若寺里修行，从不出寺门半步。杨忠夫妇以及杨坚，十分感激智仙，多方面给予照顾，送了许多礼物，智仙从不接受。智仙清心寡欲，潜心修行，四十余年后圆寂。

杨坚对智仙感情很深，时常对别人谈到她。智仙圆寂后，杨坚专门为她修建了舍利塔。杨坚有一个爱好，就是喜欢听寺庙里的钟声，他一边听着悠扬的钟声，一边深情地怀念着那位将他抚养长大的智仙神尼。

应该说，杨坚的成长以及他日后成就大业，有智仙神尼的一份功劳。杨坚最终功成名就、闻名天下，那么，那位不图任何回报、默默奉献的智仙大师，也是应该受到人们尊敬和怀念的。

杨坚仕途不顺

杨坚在智仙神尼培养下，从小立志干大事，可是，他入仕以后，却长期得不到升迁，因为他不愿意依附权臣。然而，最后的事实证明，杨坚的选择是对的，他当初如果依附了权臣，就没有后来的大隋王朝了。

《隋书》记载，杨坚十三岁时，离开智仙，回归家庭。父亲杨忠随即把他送入太学，让他去接受最好的教育。太学是国家的最高学府，杨坚在那里刻苦学习四书五经，可惜他只学习了一年时间，对儒学尚未达到精通的程度。

杨坚在太学学习时间不长，却有一个意外的收获，他结识了一个同学，名字叫郑译。后来，在杨坚事业发展的关键时刻，郑译发挥了关键性作用。

555 年，杨坚十四岁时，开始步入仕途，担任京兆尹的功曹。杨坚官职不高，却尽职尽责，把事情办理得稳稳当当，不出一点差错。杨坚受过佛学、儒学两个方面的教育，养成了深沉稳重的性格，完全没有贵族子弟那种浮躁习气。人们都看好他，连西魏统治者宇文泰都夸赞他说："这孩子的模样气质，不像是世上的凡人。"

杨忠的老上级独孤信，也十分欣赏杨坚，将女儿独孤伽罗嫁给了他。独孤信是宇文泰的心腹，是西魏权势最大的八柱国之一，杨坚的父亲也是位高权重，杨坚本人又很优秀，各方面条件都已具备，杨坚的仕途，理应是前景似锦、一片光明。

果然，时间不长，杨坚奉诏入朝，担任了右小宫伯。这个职位，是天王身边的官职，相当于天王的秘书，升迁机会很多，许多人求之不得。杨坚也很高兴，暗下决心，一定要好好干，争取早日晋升。

这个时候，宇文泰已经死了，他在临终前，将大权交给了四十四岁的侄子宇文护。时间不长，宇文护废掉西魏，建立北周，让宇文泰十五岁的嫡长子宇文觉当了北周天王，但朝廷大权掌握在他自己手里。宇文护能力很强，把北周治理得不错，但他权力欲也很强，大小事务都由自己决定，天王形同虚设。有几个大臣不服，想要谋杀宇文护，却被宇文护诛杀，其中就有杨坚的岳父独孤信。

宇文护虽然杀了独孤信，但对杨忠父子采取了笼络的态度，提升杨忠为柱国大将军，担任御正中大夫，并让杨坚入朝当了前途光明的右小宫伯。宇文护是想让杨忠父子感恩戴德，依附于他。杨坚对此心知肚明，可是，他当的是天王身边的官职，理应对天王负责。此时的天王宇文觉，虽然年轻，却雄心勃勃，总想自己亲政，因此与宇文护产生了尖锐的矛盾。

杨坚夹在天王与权臣之间，左右为难，不知所措，便去请教父亲。杨忠叹口气说："两个婆婆之间，难做媳妇啊！你要小心从事。"杨坚想起智仙教给他的处世之道，决定无欲无求，谁也不依附，只做好自己该做的事情。宇文护见杨坚不识抬举，自然心怀不满。

天王宇文觉不满宇文护专权，与身边人密谋，想要除掉他，结果事情泄露，反被宇文护杀掉。宇文护又立宇文泰的庶长子宇文毓当天王，自己继续专权。杨坚仍然当小宫伯。

宇文毓当时已经二十四岁了，他将天王改成皇帝，在治国理政上很有作为，但同样与权臣宇文护产生了矛盾。杨坚依旧保持中立，谁也不依附。

三年之后，宇文护派人毒死了宇文毓，又立宇文泰的第四子宇文邕当皇帝，是为周武帝。周武帝当时只有十七岁，城府却很深，他知道宇文护树大根深，难以撼动，便采取了韬光养晦之计，事事顺从宇文护，忍辱负重，耐心等待机会。

在此期间，杨坚终于有了升迁机会，出任随州刺史。随州在今湖北境内，路途遥远，位置也不重要，杨坚却很高兴，因为离开了京城，再也不用过提心吊胆的日子了。可没想到，只过了很短的时间，杨坚又被调回朝廷，继续当小宫伯，只不过由右小宫伯改成了左小宫伯。

杨坚回京城不久，母亲吕苦桃得了重病，杨坚请假回家伺候母亲，一待就是三年。杨坚昼夜不离母亲左右，精心侍奉，留下了"纯孝"的好名声。

杨坚从555年入仕，一直到572年，一直没有大的升迁，时间长达十七年之久，其中光当小宫伯，就近十年时间。这期间，一直都是宇文护专权，杨坚只要向他表示忠心，处境就会迅速改观。可是，杨坚始终不急不躁，心静如水，坚决不依附权臣。后来，宇文护见杨坚不肯顺从，起了杀心，多次想陷害他，幸亏有大将军侯伏、侯寿等人的救助，才免于被害。

572年，已经当了十二年傀儡皇帝的周武帝，见宇文护彻底放松了警惕，突然出击，亲手诛杀了宇文护，并迅速清除了宇文护的党羽，把大权夺了回来。杨坚是宇文护压制的对象，自然得到周武帝的信任和重用，杨坚终于时来运转，熬出头来了。

从此，杨坚跟随周武帝，多次参加伐齐战争，统领一支军队，立有战功。杨坚的职务不断升迁，先后晋升为柱国、定州总管、亳州总管。

周武帝对杨坚十分信任。有一次，周武帝的弟弟宇文宪悄悄对哥哥说："杨坚相貌异常，我每次见到他，都感到害怕，想必他不会久居人下，宜早除之。"周武帝却不以为然，没有丝毫怀疑。杨坚知道后，吓出了一身冷汗，行事更加小心谨慎，周武帝也就更加信任他了。

周武帝不仅信任杨坚，还看中了他的女儿杨丽华，聘杨丽华当了太子妃。杨坚喜从天降，他成了皇亲国戚，特别是今天的太子妃，就是明天的皇后，能当皇帝的老丈人，是何等的荣耀啊！杨坚陶醉了，他憧憬着当国丈的感觉。杨坚没有想到，正是这个可爱的女儿，奠定了他辉煌事业的基石，从此，杨坚依靠女儿，开创了一番大事业。

杨坚的经历告诉我们：人的一生，没有一帆风顺的，总有顺境和逆境。在逆境当中，只要保持好的心态，潜心做好自己的事情，好运终究会找上门来的。逆境过后，就是平坦大道。

杨坚靠女儿起家

中国历史上的开国皇帝，有的是靠自己奋斗，南征北战，聚集力量，打下天下，像刘邦、朱元璋那样；有的是靠皇帝信任，施展手段，培植势力，篡位夺权，如司马懿父子。而杨坚势力的崛起，靠的却是自己的女儿。

《隋书》记载，杨坚的女儿，名叫杨丽华，是杨坚与妻子独孤伽罗生的长女。杨丽华天生丽质，性情温顺，知书达理，被周武帝看中，聘为太子妃。那一年，杨丽华十三岁。

周武帝的皇太子，名叫宇文赟，时年十五岁。周武帝是一位雄才大略的皇帝，他韬光养晦十二年，终于诛杀权臣，夺回了大权，然后，励精图治，富国强兵，一举灭掉北齐，统一了北方。周武帝雄心勃勃，还想进而统一天下，建万世之功。因此，他对皇太子的要求非常严格，希望他能够成为明君，继承和光大先辈的事业。

照理说，老子严格管教儿子，应该是好事，可是，周武帝在教育方法上有些问题，做过了头，结果适得其反。周武帝要求儿子的一言一行，都要和大臣们一样，规规矩矩，不能出一点偏差；生活上要求十分俭朴，不许奢华，不许喝酒，不许找其他女人。周武帝尤其过分的是，派人监督儿子，儿子每天的举止言行，都要记录下来，向他汇报。儿子偶有过失，抓过来就是一顿痛打，而且使用鞭子和棍棒，毫不留情。周武帝还威胁说："从前被废的太子多了，我还有其他儿子，难道不能当太子吗？"

在父亲的高压下，太子宇文赟整日战战兢兢，他只是一个十几岁的少年，正在成长发育时期，可是，他所有的欲望，都被压制在心底，不敢流露出来。由于有人监视，宇文赟每天就像演戏一样过日子，不敢说错一句话，不敢办错一件事。

这样的生活，宇文赟整整过了五年，这对他的心灵，造成了极大摧残，也使他产生了强烈的逆反心理。这期间，在宇文赟身边，只有杨丽华一个女人。杨丽华温柔贤惠，经常安慰他、劝解他，两个人的感情非常好。

578 年，周武帝去世了，宇文赟登基当了皇帝，随即封杨丽华为皇后。父亲死了，没有了约束，宇文赟就像奴隶得到解放一样，终于有了自由，他那埋藏心底的各种欲望，像火山一样迸发出来。

按照礼仪，皇帝治丧，需要一个月时间，可是，宇文赟嫌时间长，下令只用十天，就办完了丧事，然后，迫不及待地脱掉孝服，去追求享乐了。

宇文赟所追求的，一是美酒佳肴，二是声乐歌舞，三是游玩，四是美女。这些好东西，他在当太子的时候，想都不敢想，如今当了皇帝，至高无上，便为所欲为起来。宇文赟不分白天黑夜，通宵达旦，骄奢淫逸，他决心把从前没有享受到的好东西，统统加倍补偿回来。

宇文赟下令，在全国大选美女，充实后宫，从此，宇文赟身边，围绕着无数的美女。宇文赟最宠爱的，除了杨丽华之外，还有四个，分别是陈月仪、朱满月、元乐尚、尉迟炽繁。这几个美女，日夜缠着皇帝，争相邀宠，搞得宇文赟神魂颠倒。宇文赟对她们都十分宠爱，实在难分高低，于是，他大手一挥，很大方地宣布，五个美女都当皇后，地位相同。杨丽华性格柔顺，并不妒忌，也不计较，于是，众美女皆大欢喜。宇文赟创造了中国历史上"五后并立"的奇葩现象。

宇文赟吃喝玩乐，追求享受，可他并不糊涂，知道这样下去，朝廷会出问题的。宇文赟担心大臣们不能尽心尽责，于是使用了父亲监督他的那一手，派身边亲信，分别去监视大臣们，记录下他们的言行，随时汇报。对有过失的大臣，轻则责罚，重则处死，一时间，搞得朝廷人心惶惶，百官怨声载道。

宇文赟还担心有人会篡夺他的皇位，当时很多宗室王爷都在京城，宇文赟认为，这些宗室王爷，最容易篡位夺权，于是下令，把这些王爷都赶回他们封地去了。在这些王爷当中,齐王宇文宪声望最高、能力最强,又是他的亲叔叔,对皇位威胁最大,于是,宇文赟没有任何理由,便无辜将他杀害。这样,京城内几乎没有宗室的力量了。

宇文赟一方面担心朝廷和皇位,一方面又要追求享乐,于是,他想找一个既忠诚、又能干,而且没有势力的人,替他处理朝廷事务。宇文赟把心事向杨丽华一说,杨丽华立马推荐了她的父亲杨坚。杨坚是宇文赟的岳父,属于自家人,他此时只是一个地方官,在朝中没有势力,各方面条件都符合宇文赟的要求。宇文赟大喜,立刻下诏,调杨坚入朝,先任柱国大将军、大司马,很快又担任大后丞、右司武、大前疑,负责处理朝廷日常事务。

杨坚当时任亳州总管,接到诏令,喜从天降,他兴冲冲入朝,开始协助皇帝处理朝政。杨坚曾在朝廷当小宫伯多年,对朝廷事务十分熟悉,他又心思缜密,精明能干,把朝中大小事务都处理得井井有条,得到百官称赞。宇文赟也很满意,认为找对了人,从此更加专心纵情享乐了。

宇文赟当皇帝一年后,又玩了一个新花样,他把皇位让给了只有六岁的儿子宇文衍,自己当了太上皇。二十一岁就当太上皇,宇文赟又创造了一个历史上的奇葩景观。

宇文赟这样做,主要有两个考虑,一是他厌倦政务,不愿意天天上朝;二是他认为皇帝的称号小了,皇帝被称为天子,是上天的儿子,如果儿子当了皇帝,他自然就是"天"了。所以,宇文赟此后不再称"朕",而是自称"天",他住的地方,也改为"天台"。大臣们要见他,必须事先吃斋三天、净身一天,就像对待上天一样。

皇帝如此荒唐,朝廷事务自然全都落到杨坚手里。杨坚从小立志干大事,如今见皇帝不理政事,京城中又没有宗室势力,于是滋生了野心。杨坚接受过佛、儒两家的教育,很懂为人处世之道,他采取各种办法,拉拢大臣,广交朋友,与百官关系都很好,尤其与一个叫李德林的大臣关系密切。李德林是闻名天下的大才子,帮助杨坚出了不少好主意。杨坚还利用皇帝的信任和手中的权力,在朝中安插亲信,结党营私,很快形成了一股不小的势力。

杨坚在太学学习的时候，结识了一个同学，叫郑译，此时，郑译在宇文赟身边当近臣，很受宠信。郑译认为杨坚不同寻常，能干大事，两人又是同学，因此来往密切。郑译又把自己的好朋友刘昉，引荐给了杨坚。刘昉也是宇文赟身边的近臣，负责起草皇帝诏书。三人情投意合，关系相当亲密。

　　宇文赟的确还不是十分昏庸，他当了太上皇，但实权仍然在他手里；他委托杨坚处理政务，却对他并不十分放心。后来，宇文赟似乎察觉到杨坚有野心，心生猜忌。有一次，宇文赟发怒时，对杨丽华说："我一定要将你家灭族！"

　　宇文赟担心杨坚势力坐大，造成后患，遂起了杀心。宇文赟召杨坚进宫，安排好侍卫，说："只要杨坚脸色有变，就立刻杀掉他。"杨坚入宫，见到宇文赟，脸色平静如水，神情自若，没有丝毫异常。宇文赟看了他半天，没有任何破绽，又想到，如果杀了他，谁来处理繁杂的朝政呢？宇文赟犹豫了半天，最终没有下决心杀他，让杨坚逃过了一劫。

　　对宇文赟的猜忌，杨坚自然感觉到了。俗话说，伴君如伴虎，杨坚感到了危险，他想离开京城，出镇外地，以求避祸。郑译积极为他运作，常在皇帝面前吹风。宇文赟既然对杨坚起了疑心，也不想让他在朝中理政了。各方面不谋而合，于是，杨坚被任命为扬州总管，筹备伐陈事宜。

　　如果杨坚就此去了扬州，后边的事情，就不好说了。偏巧杨坚在出发之时，突发足疾，在京都停留了十天；又偏巧在此期间，年仅二十二岁的太上皇宇文赟，突然得急病死了。

　　宇文赟得病突然，死得也快，没有留下任何遗命，这给了杨坚一个千载难逢的机会。杨坚抓住这个机会，迅速上台，干出了一番宏伟事业。

小人物办成大事

　　杨坚靠着女儿，入朝理政，形成了自己的势力，紧接着，他又依靠两个小人物，一跃成为辅政大臣，控制了朝廷，最终夺取了北周政权。

　　这两个小人物，一个是杨坚的同学郑译，一个是郑译的好朋友刘昉。

　　《隋书》记载，郑译，是荥阳开封（今河南荥阳）人。郑译很有文才，通晓音乐，善于骑射。郑译与宇文家族有亲戚关系，因而进宫，当了太子宫的属官。当时的太子是宇文赟，郑译很会逢迎，与太子关系不错。周武帝却觉得郑译不是好人，把他赶出宫去。宇文赟称帝后，又把郑译召了回来，任命他为内史下大夫，官职虽然不高，却是皇帝身边的近臣，地位荣耀。

　　刘昉，是博陵望都（今河北望都）人。刘昉出身官宦之家，父亲刘孟良，当过大司农。刘昉长大后，以功臣子弟的身份，入朝服侍皇太子宇文赟。刘昉为人狡诈，心术不正，但很会溜须拍马，深受宇文赟宠信，后来担任御正下大夫，负责起草皇帝诏书。刘昉与郑译是好朋友，两人都与杨坚关系密切。

　　宇文赟登基称帝以后，日夜纵情享乐，酒色无度，身体很快就垮了。580年五月，宇文赟离开京都，外出游玩，不料途中突发疾病，病情危急，只好星夜回奔京都。

　　回到京都后，宇文赟觉得自己快不行了，便召刘昉、颜之仪两人，到他的卧室，准备安排后事，起草遗诏。颜之仪是《颜氏家训》作者颜之推的弟弟，著名儒者，职务与刘昉一样，也负责起草皇帝诏书。

刘昉、颜之仪奉命进入宇文赟卧室，宇文赟已经病危，时而清醒，时而昏迷，而且嗓子哑了，说不出话来。皇帝临终时，最大的后事就是继承人问题，好在宇文赟早在一年前，就把皇位让给了儿子宇文衍，自己当了太上皇，这个问题不存在了。可是，此时皇帝只有七岁，不能理政，因此最重要的后事，就是由谁辅佐幼帝，当辅政大臣。

刘昉、颜之仪跪在宇文赟病床前，准备好笔墨，只等太上皇遗言。可是，宇文赟已经不能说话了，处于弥留状态，刘昉、颜之仪心急如焚。刘昉见太上皇眼看不行了，情况紧急，便悄悄溜了出去，急忙去找郑译商量。

刘昉对郑译说："太上皇发病突然，知道的人不多，京城中又没有主事的王爷。如今太上皇病危，不能说话，不如我们替他选一个辅政大臣，那样，我们的功劳可就大了。"

郑译、刘昉是皇帝身边的近臣，只有依靠皇帝，才有地位和荣华富贵，可是，一朝天子一朝臣，皇帝一旦死去，也就意味着近臣的好日子到头了。这个时候，唯一的办法，就是迅速与新的统治者建立密切关系，而扶持一个新的统治者上台，更是大功一件，可以保证地位不受影响，甚至可能上升。因此，郑译马上表示赞同，并且提出由杨坚当辅政大臣。

刘昉也同意扶持杨坚上台，他们认为，杨坚已经辅政两年多时间，在朝中有一定的根基，能被许多人接受；杨坚是皇帝的外祖父，肯定会得到皇太后杨丽华的支持；更重要的是，杨坚早就与他们关系密切，可确保继续享受荣华富贵。唯一不利的是，按照惯例，辅政大臣应由宇文家族的人担任，好在宇文赟已经把宗室势力赶出了朝廷，宗室中没有可以主事的王爷了。

刘昉、郑译计谋已定，说干就干，立即假借太上皇诏令，命杨坚即刻进宫。此时，杨坚并不知道宇文赟已经病危，接到诏令后，吓出一身冷汗。杨坚知道宇文赟早就对他起了猜忌之心，是不是见他迟迟没有动身去扬州，想要除掉他啊？可诏令不敢违，杨坚只得硬着头皮，战战兢兢地入宫去了。

杨坚到了宫里，刘昉、郑译早就焦急地等待他了，立即把计谋告诉了他。杨坚毫无思想准备，他是个老成稳重之人，情况不明，又担心是宇文赟设圈套试探他，所以推辞不干，说自己德才疏浅，担不起如此重任。

刘昉、郑译做这事，实际上也是冒着极大风险的，如果不成功，恐怕会被灭族，如今见杨坚不肯答应，心中大急。刘昉气呼呼地对杨坚说："如此大好机会，有什么可犹豫的？君若干，就快点答应；君若不干，我刘昉就自己干了。"此时，杨坚已经冷静下来，他迅速做出判断，确信这是真的，心头一阵狂喜，也就顺势答应下来。刘昉立即以太上皇宇文赟的名义，写好了遗诏。

刘昉拿着伪造的遗诏，又返回宇文赟卧室，见宇文赟仍然昏迷不醒，颜之仪仍然老老实实地在那里跪着。颜之仪虽然在那里跪着，心里却没闲着，他在想，太上皇看来是不行了，由谁辅政好呢？颜之仪考虑的对象，自然是宇文家族的人，他认为赵王宇文招最合适。宇文招是宇文泰第七子，在宇文泰活着的五个儿子中年龄最大，久经沙场，屡立战功，曾在朝中担任大司空、大司马，而且名声也不错。

颜之仪正在心里盘算着，刘昉拿了份假遗诏进来，让他在上面署名。颜之仪一见，勃然大怒，厉声斥责，说："你受皇上大恩，怎敢胆大妄为，伪造遗诏呢？辅政大臣，理应由宗室担任，赵王最合适。太上皇最不放心的就是杨坚，你怎么能辜负皇恩，把国家大事托付给他呢？我宁可一死，也决不做这等不忠不义之事。"颜之仪慷慨激昂，义正词严。刘昉涨红了脸，无言以对，便退了出去。

刘昉出去后，立即与杨坚、郑译商量对策。经过商议，他们去找杨坚的女儿杨丽华。杨丽华是皇太后，地位最高，颜之仪不敢反对了，但仍不肯在遗诏上签字。刘昉干脆找了个与颜之仪笔迹差不多的人，替他署了名。

颜之仪在皇太后的压力下，虽然没敢声张此事，但心中却是愤愤不平。杨坚辅政后，向他索要皇帝印信，颜之仪仍然不肯给。杨坚大怒，想要杀了他，但忌惮他名望甚高，只是把他赶出朝廷，让他担任西疆郡守。后来，颜之仪辞官为民，回到山东老家。

几年之后，杨坚已经当了皇帝，又想起了颜之仪，把他召进宫来，对他说："危难之际，不惜牺牲生命，面临危难而节操不变，这是连古人都难做到的事情，您却做到了。"杨坚对颜之仪大加赞扬，并赏赐他十万钱、一百石米。颜之仪六十九岁逝世。

伪造遗诏的事情顺利办成了，几个人都很高兴。郑译、刘昉这时又觉得，这事太便宜杨坚了，便想从中捞点好处。于是，他们在安排杨坚职务时，提出了一个方案。他们的设想是：杨坚做大冢宰，相当于丞相；刘昉做小冢宰，相当于副丞相；郑译当大司马，掌管军队。

杨坚一见他们提出的方案，有些恼怒。郑译、刘昉当时官职低微，如果猛然提升到高位，恐遭人非议。特别是，当时的大冢宰，虽然地位很高，但只是个名誉职务，没有实权，更不管军队。作为辅政大臣，如果手中没有实权，能有什么作为呢？

杨坚去找李德林商量，李德林（530—590）乃《北齐书》作者之一（另一人是其子李百药）。历仕北齐、北周、隋三朝，负责起草诏令，在三朝都得到重用。李德林斩钉截铁地说："这不行，当辅政大臣，必须要有行政权、人事权、军事权，缺一不可，只有这样，才能有所作为。"李德林建议，抛开北周的官制，另搞一套，并为杨坚拟订了一个方案：杨坚任大丞相，假黄钺，都督中外诸军事；设立丞相府，郑译任丞相府长史，刘昉任丞相府司马。杨坚大喜，郑译、刘昉也不好反对，只是从心里恨上了李德林。

很快，太上皇宇文赟死了，死后颁布遗诏，由杨坚辅佐幼帝，总揽朝政。这么大的事情，竟然让两个小人物办成了，而且神不知、鬼不觉。这表明：小人物往往也能干成大事，所以，千万不要忽视小人物的作用。

杨坚当了北周的辅政大臣，不过，他从登台的那一天起，就谋划着如何夺取北周的政权，干一番自己的事业。杨坚登台没有流血，但他的夺权之路，却充满了艰辛和血腥。

杨坚历险"鸿门宴"

580 年，杨坚依靠女儿和朝中小人，当上了北周的辅政大臣，然后便开始谋划夺取北周江山。杨坚阴谋篡权，最大的障碍，是北周宗室的王爷们。所以，杨坚的第一步，是要铲除宗室势力。

《隋书》记载，在杨坚辅政时，宗室诸王中年龄较大、实力较强的有五个，分别是赵王宇文招、越王宇文盛、陈王宇文纯、代王宇文达、滕王宇文逌。他们都是宇文泰的儿子，历经沙场，立过战功，而且在朝中当过高官。宇文赟称帝时，担心他们会篡夺皇位，把他们都赶到封地去了，这为杨坚把持朝廷扫除了障碍，给杨坚帮了大忙。但杨坚如果想篡夺宇文氏的江山，宗室诸王肯定不会答应。所以，杨坚一上台，就要想办法除掉他们。

宇文招有个漂亮女儿，被封为千金公主。当时，突厥强大，北周采取和亲政策，将千金公主嫁给突厥可汗为妻，但因各种原因，一直没有成婚。杨坚辅政后，积极为她张罗婚事，一是打算继续与突厥和好，二是想把王爷们召到京城来，相机除掉。这是"一石二鸟"之计。

听说侄女出嫁，朝廷又邀请他们，五个王爷高高兴兴地来到京城。办完了侄女婚事，杨坚却用各种理由，不让他们回去了，甚至让皇帝下诏，给予他们入朝不趋、剑履上殿的特殊礼遇，客客气气地对待他们。京城繁华，生活条件优越，这些王爷，住在自己的王府里，尽情享受，也不想回去了。

这些王爷，多数能力平平，野心也不大，只有赵王宇文招、越王宇文盛有些头脑。他俩一个在朝中当过大司马，一个任过大冢宰，从政多年，曾经很有权势，如今见一个外姓人把持了朝政，把宇文家族的人排斥在外，心里很不是滋味，两人常在一块儿商议，密谋除掉杨坚，控制朝廷。

有一天，宇文招热情邀请杨坚去他家喝酒。宇文招事先让儿子宇文员、宇文贯和内弟鲁封等人，随身带好佩刀，又在后院埋伏下武士，打算相机刺杀杨坚，王府中充满了杀气。

杨坚不知有危险，只带贴身卫士元胄和少数随从，前去赵王府赴宴。宇文招见杨坚带的人少，心中窃喜，引领杨坚进入他的卧室，在卧室里摆下酒宴。卧室是私密之处，外人不便进去，杨坚带的随从，被安排到别处，只有元胄一人，站在卧室门口侍候。

卧室内，只有宇文招和杨坚，两人相对而坐，边谈边喝。宇文招十分殷勤，亲自给杨坚斟酒，心里却盘算着怎样刺杀他。饮酒正酣之时，宇文招几次拔出佩刀，切瓜给杨坚吃。宇文招很想借此机会，一刀砍过去，但看到门口元胄警惕的目光，就没敢动手。

元胄看出宇文招不怀好意，急忙进屋，对杨坚说："丞相，府中有急事，您该回去了。"杨坚却端坐不动。宇文招发怒了，大声呵斥道："我正和丞相谈论国家大事，你是什么人？出去！"元胄却不听那一套，圆睁双目，满脸怒气，手按剑柄，站到了杨坚身后。

元胄是有名的勇士，他身材魁梧，美髯虎须，看上去凛然不可侵犯。宇文招想当场刺杀杨坚，已经不可能了。宇文招没有办法，只好缓和一下气氛，温和地对元胄说："我把丞相请到卧室，只想同他谈心，没有别的意图，你何必如此警惕呢？"宇文招赐给元胄酒喝，元胄却不予理睬。有意思的是，杨坚始终没有什么态度，就像没看见一样。

宇文招见此情景，心生一计，他假装喝多了，到外边去呕吐，想趁机进入后院，招呼武士。不料，元胄一个箭步上前，一把把他按到椅子上，不让他起身。这样，元胄从杨坚身后，又站到了宇文招身后，宇文招几次想起身，都被他按了回去。宇文招假装口渴，让元胄去取茶，元胄根本不理，始终站在宇文招身后不动。宇文招的儿子宇文员、宇文贯等人，见卧室内这种情况，也不敢贸然进去，只得远远地看着。

忽然，门口有人传报，说滕王宇文逌来了。杨坚亲自出门迎接，元胄悄悄对他说："情况不妙，您要快点离开。"杨坚笑着说："有你在，我怕什么？"杨坚把宇文逌迎进卧室，三个人又喝了起来。

过了一会儿，元胄隐约听到屋后有披铁甲的声音，真是急了，大声说："丞相，府中有急事，需要马上回去！"杨坚大概也意识到情况危急，立刻起身，快步走了。

宇文招也站起身来，想要出去，元胄却用身体挡住屋门，说："赵王不用相送，哪有王爷送臣子的道理？"元胄是想把宇文招控制住，所以坚决不让他出门。门外的伏兵，见宇文招在元胄手里，哪里还敢动手。元胄等到杨坚出了赵王府，才急忙尾追而去。

宇文招刺杀计划落空，气得暴跳如雷，把桌子拍得震天响，手指都敲出了血。他后悔没有谋划周密，失去了这次绝好的机会。

对杨坚这次历险，《隋书》《周书》《北史》都有记载，情节曲折惊险，很像刘邦的"鸿门宴"。不过，有学者认为，这事可能被夸大了，因为《隋书》在《高祖纪》中记载说，不是赵王宇文招邀请的杨坚，而是杨坚听说了赵王等人的阴谋，自己主动去的赵王府，目的是想探听虚实，而且自己带去了酒菜。赵王也确实想趁机刺杀杨坚，但因为事情仓促，没有准备好，杨坚又是有备而来，所以，刺杀行动没有成功。这倒是比较符合情理的。

不管是赵王邀请的，还是杨坚主动去的，最后的结果是，杨坚以此为理由，说他们谋害大臣，诛杀了赵王宇文招和越王宇文盛，亲属一同被杀。那个不速之客滕王宇文逌，倒暂时没有事。

杨坚出手杀了两个王爷，剩下的三个王爷害了怕，但已经没有任何办法了。他们想与杨坚对抗，没有实力；想回到封地去，也不可能，只能像围栏里的羔羊一样，任人宰割。时间不长，三个王爷都被扣上谋反的罪名，被杨坚轻松杀掉了。

杨坚对其他宗室成员，暂时没有斩尽杀绝，能利用的还是要利用。宇文赟的弟弟宇文赞，是个只知道吃喝玩乐的浪荡公子，没有头脑，更没有才能。杨坚在辅政之初，打算采纳李德林的建议，自己当大丞相，可在宣布前，突发灵感，把大丞相一职分成两个，自己当左大丞相，而让宇文赟挂了个右大丞相的空名。宇文赟沉湎酒色，既不上朝，更不理政，只是为杨坚装潢门面。后来，杨坚觉得宇文赟没用了，就把他杀掉了。

消灭了宗室力量，杨坚在篡权道路上，迈出了一大步。可是，北周还有一些元老重臣，他们能坐视杨坚篡权不管吗？下一步，杨坚的矛头，就对准了他们。

两个老将斗智

　　杨坚顺利铲除宗室势力之后，面对的就是元老重臣了。这些老臣，人数多，资历深，功劳大，能力强，远非王爷可比。在元老重臣当中，最出名的是韦孝宽、尉迟迥，还有李穆、司马消难、王谦等人。杨坚根据每个人的不同情况，采用了拉拢和打击两手策略，效果不错。

　　《周书》记载，韦孝宽，京兆杜陵（今陕西西安）人，汉族，出身将门之家。他从年轻时投军，一生戎马，身经百战，屡立大功。在著名的玉壁之战中，他带领数千人，打败了东魏二十万大军，名声大振，被誉为南北朝第一名将。韦孝宽是杰出的军事家、战略家，唐代追封古代名将六十四人，宋代追封七十二人，他都名列其中。

　　韦孝宽有一个明显特点，只热衷于军事，而不喜欢政治，更没有野心，对朝廷十分忠心。对这样的人，杨坚自然十分器重，极力拉拢。杨坚是辅政大臣，他打的是朝廷和皇帝的旗号，因而具有很大的优势。当时，韦孝宽已经七十一岁高龄了，杨坚仍不准他退休，反而给予重任，任命他为徐州总管，并都督徐兖十一州诸军事。

　　韦孝宽是北周数一数二的元勋重臣，另一位重量级的元老人物，是尉迟迥。尉迟迥，是代郡平城（今山西大同）人，宇文泰的外甥，从小在宇文泰家里长大。尉迟迥从年轻的时候，就跟随宇文泰南征北战，屡立战功，深受器重，先后担任骠骑大将军、尚书左仆射、柱国大将军、大司马、太师、上柱国等高官。此时，尉迟迥六十五岁，担任相州总管。

　　尉迟迥的孙女尉迟炽繁，是宇文赟"五皇后"之一，尉迟家族与宇文家族关系密切。尉迟迥的资历、功劳都比杨坚强得多，他见杨坚专权，很不服气，又见杨坚有篡位之心，更是气愤，心想，就算北周气数已尽，需要改朝换代，也轮不到杨坚这个后辈啊。

杨坚对尉迟迥的心理摸得很透，知道他不可能被拉拢过来，只能寻机除掉。杨坚辅政不久，就对尉迟迥下手了，他以皇帝的名义，征召尉迟迥入朝，免去了他相州总管的职务，任命韦孝宽为相州总管，去接替尉迟迥。

当时的地方总管，相当于现在的大军区司令，而且还有行政权，势力很大。相州的治所在邺城，那是东魏和北齐的都城。相州管辖六个郡、几十个县，人多地广，物产富饶，实力很强，而且离京城长安不远。所以，杨坚要先拿他开刀。杨坚的打算是，如果尉迟迥奉诏进京，那就成功地调虎离山了；如果尉迟迥敢于造反作乱，有韦孝宽这位战神级的人物，也足以对付。

尉迟迥接到皇帝诏令后，知道杨坚的意图，立刻就气炸了肺，遂下了决心，打算起兵造反。可是，尉迟迥是位久经沙场的老将军，不会鲁莽行事。他不动声色，表面上服从朝廷诏令，给朝廷上表，说他遵旨行事，近日入朝，暗地里却积极准备起兵之事。同时，尉迟迥还派出使者贺兰贵，远道去迎接韦孝宽。尉迟迥忌惮韦孝宽威名，想等他来后除掉，然后再起兵。

韦孝宽接到任相州总管的命令后，不敢怠慢，带领少数随从，立即赶赴邺城。韦孝宽边走，边在心里嘀咕，他知道尉迟迥的性情，认为他不可能甘心离开相州，此去恐怕会有麻烦。

韦孝宽走到朝歌时，遇见了前来迎接他的贺兰贵。韦孝宽没有想到，尉迟迥会派出使者，到这么远的地方来接他，可是，他不仅没有感动，心里反而不安起来。韦孝宽故意与贺兰贵东拉西扯地聊家常，借机探听虚实。通过闲聊，韦孝宽感觉到，尉迟迥并没有做入朝的准备，顿时起了疑心。

韦孝宽对贺兰贵说："我年龄大了，走不快，你先去禀报，说我随后就到。"支走了贺兰贵，韦孝宽立即派几个随从，装扮成老百姓，赶往邺城侦察。韦孝宽放缓了脚步，磨磨蹭蹭地往前走，一天走不了几里路。

很快，随从回来报告说，邺城内军队调动频繁，似乎在准备打仗。韦孝宽心里明白了，尉迟迥这老家伙，果然想造反，他派使者来迎接，显然不怀好意，恐怕是想把他诓进城去，拿他祭旗。但韦孝宽没有证据，不便向朝廷报告，也不能贸然回去，于是，就在汤阴的驿站驻下不走了，静观其变。

尉迟迥在邺城焦急地等待韦孝宽到来，以便早点举事，可是，一直没有看见韦孝宽的影子。尉迟迥心生一计，派人把韦艺叫来，嘱咐了一番，让韦艺第二次去迎接韦孝宽。韦艺是韦孝宽的亲侄子，却跟随尉迟迥多年，关系不错。尉迟迥想，侄子去迎接叔叔，韦孝宽应该不会怀疑的。

韦艺见到韦孝宽，催促叔叔快点动身去邺城。韦孝宽向侄子询问邺城的情况，韦艺按照事先编好的谎话，说了一番。韦孝宽听侄子满嘴瞎话，不由大怒，把桌子一拍，厉声呵斥："你小子胳膊肘往外拐，尉迟迥明明在准备造反，你却哄骗老子。来人！拖出去斩了！"

韦艺一听，机密泄露，大惊失色，急忙跪倒在地，向叔叔赔罪认错，然后，把尉迟迥的造反阴谋，一五一十地告诉了韦孝宽。

这一下，尉迟迥谋反的证据确凿了。韦孝宽急忙派人，火速向朝廷报告，然后，一刻也不停留，立即向西策马狂奔。韦艺自然也跟随叔叔去了。韦孝宽心里清楚，尉迟迥一生征战，不是平凡之辈，可能会派人追杀，此地离邺城不远，十分危险。

韦孝宽在西逃的路上，一到驿站，就把驿站所有的马匹全都带走，并嘱咐驿站官员说："你们赶紧杀猪宰羊，一会儿尉迟将军的兵马过来，要好好招待。"驿站官员不知道是怎么回事，只好按照韦孝宽的吩咐去做。

果然，尉迟迥把韦艺派走之后，心里仍不踏实，他觉得韦孝宽是经验丰富的老将军，不会轻易上当的，亲侄子也未必能起作用。于是，尉迟迥把亲信将领梁子康叫来，命他带数百骑兵，去杀韦孝宽。尉迟迥交代说："见了韦孝宽，不用说话，一刀把他杀了，拿人头回来请功。"

梁子康求功心切，立即率兵向西急驰，一路上片刻也不停留。他们到了驿站，想要换马，却一匹马也没有了，只见好酒好菜摆了几大桌。士兵们又累又饿，自然大吃大喝起来。这样一耽搁，韦孝宽就跑远了，梁子康无功而返。

韦孝宽跑到河阳，停下来不走了。河阳虽然仍属相州管辖，但离邺城已远，危险性不大。韦孝宽心里明白，朝廷让他当相州总管，肯定是想让他负责平叛的，他要在河阳等待朝廷的命令。

河阳城不大，守城的只有八百士兵。不过，这些士兵，全是鲜卑人，而且家都在邺城，如果尉迟迥在邺城起兵，这些人肯定会响应，韦孝宽带的随从不多，不能控制他们。于是，韦孝宽心生一计，假称朝廷赏赐给他们大批布绢，需要到洛阳仓库里去取。韦孝宽事先派人与洛阳守军取得联系，定好计策，等到河阳士兵高高兴兴去领赏的时候，把他们全部扣留下来，洛阳另派一支军队去河阳驻防。这样，韦孝宽略施小计，就控制了河阳城。

尉迟迥见诱杀韦孝宽计策失败，只得举兵造反。两位老将军，很快就在战场上兵戎相见了。他们之间，又开始了新的较量。

三方叛乱局势动荡

杨坚当了辅政大臣以后，诛杀宗室王爷，开始图谋篡权。北周的元老重臣不服，很快形成了尉迟迥、司马消难和王谦的三方叛乱，局势动荡不安，杨坚面临巨大危机。

《隋书》记载，杨坚接到尉迟迥谋反的报告后，并不意外，他立即按照事先谋划好的策略，开始行动起来。一方面，任命韦孝宽为元帅，征调关中兵马，迅速东进平叛；另一方面，派使者去安抚尉迟迥，暗地里却给尉迟迥的下属带去密信，进行策反。不料，尉迟迥识破了杨坚的策反计谋，把朝廷使者杀掉了。

杀了朝廷使者，就等于公开与朝廷宣战了。尉迟迥召集文武官员及百姓，登上城北楼，慷慨激昂地进行动员，说："杨坚以平庸之才，凭借外戚身份，挟制幼主，号令天下，阴谋篡权。我与君主有舅甥之亲，形同一体，打算集合义士，匡复国家，请诸君齐心协力，共图大事。"

尉迟迥派出多名使者，分别到各地串联，希望共同起兵。青州总管尉迟勤，是尉迟迥的侄子，自然听从尉迟迥调遣。荥州刺史宇文胄、申州刺史李惠、东楚州刺史费也利进等人，纷纷表示响应。这样，在长安以东大片土地上，都举起了反旗，军队达到数十万人。

尉迟迥向北联络突厥，向南交结南陈，答应割让淮河一带的土地，以获得南陈支持，但没有奏效。尉迟迥还把赵王宇文招留在邺城的小儿子抬出来，拥戴他为主，以他的名义号令天下，显得名正言顺。

尉迟迥反旗一举，引发各地动荡，郧州总管司马消难起兵响应。

司马消难，是南北朝时期司马家族最后一个有名气的人。他的父亲是高欢的好朋友司马子如。司马消难在北齐时期投降了北周，他的女儿司马令姬，是当今皇帝宇文阐的皇后，司马消难是正宗的国丈。

司马消难对杨坚专权愤愤不平，认为辅政大臣，理应由他这个当朝国丈担任，哪里轮得上杨坚这个前朝国丈呢？何况司马消难与杨忠是结拜兄弟，杨坚只是个晚辈而已。因此，司马消难在郧州拥兵十几万，也举旗造反了。郧州在今湖北一带，位于长安东南方向。

与此同时，益州总管王谦，也举兵响应尉迟迥。王谦的父亲是北周功臣，战死沙场，因而王谦对北周十分忠心，他认为辅政大臣应该由宇文家族的人担任，对杨坚辅政十分不满。益州在今四川一带，地广人多，兵精粮足。

这样，在长安的东边、东南、西南三个方向，都发生了叛乱，对长安形成了半包围状态。由于起兵的三方，都是元老重臣，影响力很大，其他地方也出现动荡，许多人犹豫动摇，形势十分危急。

杨坚心里清楚，要想渡过这次危机，关键是要安抚好其他地方的官员，不能让尉迟迥的势力进一步扩大。杨坚最大的优势，是皇帝，他以皇帝的名义，派出多名使者，分别去安抚地方大员。杨坚最看重和最需要拉拢的，是并州总管李穆。

并州，在长安的北边，如果并州也反，将会对京城形成包围，十分不利，而且并州驻有朝廷的精锐部队，对京城威胁很大。镇守并州的李穆，是宇文泰时期的老将，是西魏的开创者之一，还救过宇文泰的性命。李穆当时已经七十岁了，他不仅是并州总管，还是朝廷太师，位高权重，功勋卓著，声望很高。可以说，李穆倾向谁，谁的胜算就大。因此，尉迟迥和杨坚双方，都不遗余力地拉拢李穆。

尉迟迥与李穆是老战友，并肩战斗多年，出生入死，战友情谊很深。因此，尉迟迥在起兵之时，第一时间就派出使者，动员李穆加盟。许多人猜测，李穆可能会与尉迟迥站在一起。李穆的儿子和亲信们，也多数主张响应尉迟迥，以图大事。李穆很沉得住气，他紧锁眉头，不发一言，始终没有态度。

杨坚自然也把拉拢李穆作为重中之重，可是，派谁去当使者呢？

杨坚经过再三考虑，决定派李穆在朝中做官的儿子李浑为使者。众人都不同意，说："李穆之所以还没有公开造反，就是担忧儿子在我们手里，这是多好的人质啊！可是，您把人质送过去，李穆没有了顾忌，恐怕就会反了。您怎么能反其道而行之呢?"杨坚笑了笑，说："这样反其道而行之，可能效果会更好。"

李穆见儿子当使者来了，深感意外，同时心中十分佩服杨坚，紧锁的眉头也舒展开了。李浑对父亲讲了朝廷局势和杨坚的为人，劝父亲支持朝廷。李穆经过思考，下了决心，他召集众人说："周朝的德行已经衰微，不管是聪明人，还是糊涂人，都能看到这一点。杨坚诚心待人，做事不同寻常，必能成就大事。我与尉迟公虽有私交，但在国家大义上，不能讲私情，更不能糊涂。"

李穆随即派儿子李浑返回京城，明确表达了支持朝廷的态度，把尉迟迥写给他的密信一并上交。李穆还让李浑给杨坚带去一件礼物，是一条有十三环的金带。金带是天子专用之物，李穆是在暗示杨坚，他支持杨坚当皇帝。杨坚一见，心领神会，大喜过望。后来，李穆病逝时，杨坚封他谥号为"明"，夸赞他深明大义，在关键时刻做出了明智的选择。

李穆明确表示支持朝廷，反对叛乱，起到了定海神针的作用，各地很快稳定下来，没有再发生新的反叛。这样，杨坚就可以集中精力，剿灭尉迟迥等三方叛乱了。

平定三方叛乱

在叛乱的三方当中，尉迟迥实力最强，影响力最大。杨坚认为，只要消灭了尉迟迥，另外两方就不足为虑了，因此，他派出名将韦孝宽，去讨伐尉迟迥。同时，派梁睿去对付益州的王谦，派王谊应对郧州的司马消难。

《周书》记载，韦孝宽逃脱了尉迟迥的追杀，在河阳住了下来，等待朝廷的命令。果然，时间不长，朝廷的命令就下达了，任命他为统兵元帅，率军讨伐尉迟迥，紧接着，关中兵马源源不断地开来。朝廷还给韦孝宽派来三个有名的大将，分别是宇文忻、梁士彦和崔弘度。

手里有了精兵强将，韦孝宽信心十足，打算一举扫平尉迟迥。不料，在这关键时刻，韦孝宽却因年老体衰，生起病来。

消息传到朝廷，杨坚忧心忡忡，如果韦孝宽一病不起，他可是很难再找到能与尉迟迥抗衡的人了。杨坚没有办法，只好连夜派去最好的医生，为韦孝宽治病。所幸韦孝宽病情没有加重，杨坚稍微松了一口气。

不料，更糟糕的消息传来。据前线密报，宇文忻、梁士彦、崔弘度这三个领兵大将，都与尉迟迥有交情，而且接受了尉迟迥的贿赂，可能会临阵倒戈。杨坚大吃一惊，把心提到了嗓子眼儿，马上与心腹刘昉、郑译商量。刘昉、郑译一听，也大惊失色，齐声说："这可不得了，赶快换人吧。"杨坚人慌无智，决定重新物色将军，去替换那三个人。

杨坚想换将之事，被李德林知道了，他感到不妙，立即去见杨坚，说："丞相，此事万万不可！临阵换将，历来是兵家大忌；受贿的传言，难辨真假，传扬开来，必会动摇军心；再说，尉迟迥一生领兵，与许多将领都有关系，您能保证新换的人，就一定忠诚可靠吗？"

李德林一席话，把杨坚点醒了，忙问该怎么办。李德林说："韦将军是难得的帅才，只要身体没事，足可以掌控局面。您如果不放心，可以派一名心腹去做监军，既能作为耳目，又能帮助韦将军。"

杨坚一听，恍然大悟，连忙向李德林施礼致谢，十分感激地说："如果不是先生提醒，我几乎铸成大错。"

杨坚决定，不换将军了，而派心腹去做监军。杨坚首先找少内史崔仲方，崔仲方以老父在尉迟迥的占领地为由拒绝。继而去找刘昉，刘昉一听，脸都吓白了，急忙说："我从来没有上过战场，更不会打仗，我怕担负不起这个重任，坏了您的大事。"

杨坚又去找郑译，郑译犹豫了半天，吞吞吐吐地说："我是很愿意帮助您的，可是，我家中有八十岁的老母，圣人说，父母在，不远游，我怕落个不孝的名声。"

杨坚本来视刘昉、郑译为心腹，大事都与他们商量，可在危急时刻，他们都当了缩头乌龟，这让杨坚很失望。杨坚也认识到，这两人出个鬼点子、搞个阴谋诡计还行，却并没有真本事，关键时候指望不上。此后，杨坚逐渐疏远了他们。后来，郑译到地方上当了刺史，五十二岁病死。刘昉却心怀不满，参与谋反，事败被诛。

正在杨坚左右为难之时，有一个人主动请缨，这人名叫高颍。高颍原是杨坚岳父独孤信的家奴，对独孤信忠心耿耿，与杨坚关系也很密切，此时担任丞相府司录。高颍对杨坚说："我愿意供丞相驱使，不怕有灭族之灾。"杨坚很受感动，于是派他去做监军。高颍精明强干，计谋丰富，在平叛中发挥了很大作用，后来逐步升迁，成为隋朝栋梁之臣。

尉迟迥起兵之后，命儿子尉迟惇率军十万，向西进军，企图攻击长安。尉迟惇领兵到达武德，在沁水东岸驻扎下来。韦孝宽病情有所好转，挥师东进，到达沁水西岸，与尉迟军队对峙。

韦孝宽令高颍在沁水上架桥，以便渡河。尉迟惇在上游点燃木排，顺流而下，想烧毁木桥。高颍早有防备，在木桥附近筑起土坝，阻挡住木排，沁水上的桥很快架好了。尉迟惇沿河东岸摆下二十里长的军阵，他见木桥已经架好，便想用计，令军队稍微后退，腾出地方，打算乘韦孝宽军队过河时，突然杀出，半渡而击之。

韦孝宽是久经沙场的老将，对付尉迟惇绰绰有余。他首先派宇文忻率一支精锐骑兵，旋风般地冲过木桥，直插敌阵，左突右冲，把敌阵搅乱，然后，大军鸣鼓齐进，迅速过河，与敌军展开激战。大军过河后，韦孝宽命人烧毁木桥，自断后路，麾下士兵见了，只得奋勇向前。

宇文忻、梁士彦、崔弘度三位大将，并没有临阵倒戈，反而身先士卒，奋力杀敌，勇不可当。尉迟惇军队大败，纷纷向东逃窜。韦孝宽指挥大军，马不停蹄，乘胜追杀，一直抵达邺城。

尉迟迥没有想到，儿子会失败得这么快，他恼羞成怒，亲自率领城中十三万兵马，在城南列阵迎敌。青州总管尉迟勤，率五万军队前来相助，前锋三千骑兵已经赶到。尉迟迥亲自披挂上阵，他虽然年老，但仍然威风凛凛，勇猛不减当年，士兵们受其影响，斗志高昂。

两军摆开阵式，开展激战。只见尘土飞扬，杀声震天，打得难分难解。城中百姓，纷纷出城观战。韦孝宽的军队，刚经过一场大战，又长途追杀，渐渐有些不支，开始败退。在这危急时刻，宇文忻令手下士兵，向观战的百姓射箭，百姓惊慌乱窜，一下子冲散了尉迟迥阵营，韦孝宽军队乘机反攻。

尉迟迥军队与百姓混在一起，拥挤着逃入城中。韦孝宽见机会难得，急令将士冲进城去。尉迟迥士兵见敌军进了城，士气锐减，不少人扔掉武器，四散逃命去了。

尉迟迥身边，只剩下少数亲信，他且战且退，退到了北门城楼上边。崔弘度指挥手下士兵，把城楼团团包围起来，然后，只身一人上了城楼。

尉迟迥见有人上来，急忙弯弓要射。崔弘度把头盔摘下来，喊了一声："老将军，我是崔弘度啊！"原来，崔弘度与尉迟迥感情很好，他是尉迟迥原来的部下，两人又有亲戚关系，尉迟迥便把弓箭收了起来。

崔弘度来到尉迟迥面前，跪倒在地，热泪直流，悲怆地说："老将军，我救不了您了，我不能因私情废了国事。为了避免受辱，请您自行了断吧。"

尉迟迥长叹一声，令身边几个亲信投降，自己拔剑自刎了。那几个亲信，没有听从尉迟迥的命令，也一齐自杀，跟随老将军去了。尉迟迥的兄弟和儿子们，也在战乱中死了。尉迟迥从起兵到失败，只有六十八天。

韦孝宽强撑着病体，打赢了这场战争，回到京城后，便一病不起，过了两个月，就与世长辞了。韦孝宽用尽最后的力气，为杨坚力挽狂澜，立下大功，真是忠臣良将！

尉迟迥失败了，司马消难和王谦顿时泄了气，知道大势已去，不可能成功了。此时，王谊已经率军包围了郧州城，城中守军人心惶惶，皆无斗志。王谊一举攻破城池，司马消难趁乱逃到了南陈。后来，杨坚灭掉南陈，司马消难又当了俘虏。杨坚看在他与父亲是结拜兄弟的分上，免其死罪，给予优待。司马消难不久黯然离世，活了七十多岁。

两个月后，梁睿率军攻破成都，王谦仓皇逃到新都，被县令王宝杀死，把人头送往长安。

声势浩大的三方叛乱，不到半年时间，就被平定了。在平叛过程中，有许多将领立有功劳，其中有一位立大功者，与众不同，因为他自己觉得，他比韩信还厉害，此人就是宇文忻。

自诩胜过韩信的将军

韩信，大名鼎鼎，几乎战无不胜，被后人奉为"兵仙""神帅"，还没有听说过，有谁对他不服气。

然而，北周有个将领，却不崇尚韩信，反而认为，他如果生在韩信那个时代，肯定比韩信还要厉害。这个人，就是在平叛中立有大功的宇文忻。

《隋书》记载，宇文忻，是宇文家族的人，但与宇文泰的关系比较远。宇文忻出身将门之家，其父宇文贵，一生征战，战功累累，官至大司徒、太保。

宇文忻从小长得虎头虎脑，力气很大，而且十分聪明，什么东西都是一学就会。小的时候，他与小伙伴玩耍，从不玩捉迷藏之类的游戏，而是喜欢模仿打仗。他自称大将军，让小孩都听他的命令，排队、点名、前进、后退，都有模有样。人们见了，感到十分惊奇。

宇文忻十二岁时，就能策马狂奔，在马上左右开弓射箭，箭无虚发。宇文忻长大以后，更是身强力壮，骁勇敏捷，武艺高强，十八般兵器样样精通，同时熟读兵书，鬼点子很多。

宇文忻十分自负，常对别人说："自古名将，只有韩信、白起、卫青、霍去病成为美谈，但我考察他们的行事，不值得崇尚。假如我生在韩信那个时代，是不会让那小子成名的。"

宇文忻并不完全是吹牛，他打仗确实有两下子。宇文忻年龄不大，就上阵杀敌，他有勇有谋，几乎没打过败仗，屡立战功。宇文忻十八岁时，就因功获得兴固县公的爵位，并拜仪同三司，这在同龄人当中，是绝无仅有的。

韦孝宽非常器重宇文忻，每次打仗，都请求让宇文忻当将领。在著名的玉壁之战中，韦孝宽率领数千人的队伍，打败了东魏二十万大军，宇文忻发挥了很大作用，功不可没。

在伐齐战役中，宇文忻立有大功。他精通兵法，治军严整，打仗时点子特别多，常常能够出奇制胜。有时军中奇计，并不是宇文忻提出来的，但将士们都会说："这一定是宇文忻将军想出来的点子。"平定北齐之后，宇文忻升任大将军，赏赐布帛上千段，不久又升迁为柱国、豫州总管。

杨坚早就与宇文忻熟悉，辅政后更是多方照顾，极力拉拢，两人关系很好。因此，尉迟迥叛乱之后，杨坚任命宇文忻为行军总管，跟着韦孝宽去平叛。

在沁水之战中，尉迟惇摆下二十多里地的军阵，想趁韦孝宽军队过河时，半渡而击之。宇文忻带领数千骑兵，率先冲过木桥，直插敌阵。宇文忻一马当先，手中钢枪上下飞舞，敌兵非死即伤，无人能够抵挡，把敌阵搅得七零八落。韦孝宽指挥大军随后掩杀，把尉迟惇打得溃不成军。

宇文忻马不停蹄，乘胜追杀，一直跑在全军前头。尉迟迥闻知儿子兵败，急派三千精甲出城接应。三千精甲埋伏在野马冈，想伏击追兵。宇文忻率五百骑兵赶到，突然，伏兵四起，将宇文忻团团围住。

宇文忻毫不畏惧，大展神威，杀敌无数，手下士兵个个如狼似虎，以一当十，杀得敌兵心惊胆寒。结果，宇文忻的五百骑兵，把尉迟迥的三千士兵消灭殆尽。韦孝宽大军随后赶到，抵达邺城城下。

尉迟迥大怒，亲自披挂上阵，率领城中十三万兵马，出城迎敌，双方展开激战。尉迟迥身先士卒，振奋虎威，勇不可当，手下士兵以逸待劳，斗志旺盛。韦孝宽军队渐渐不支，开始败退。

在双方大战之时，城中百姓纷纷拥出城来观战。当时邺城被北周占领不久，人心尚未归服，百姓们见北周军队自相残杀，十分好奇，也有点幸灾乐祸，所以跑出来看热闹。

宇文忻见自己军队露出败迹，如果败退，尉迟迥必定乘胜掩杀，后果不堪设想。在这危急时刻，宇文忻见数万百姓在旁边观战，心里立刻想出一个鬼点子，他命令手下士兵，向观战的老百姓射箭。

老百姓看热闹正看得起劲，不料乱箭飞来，死伤一片，顿时炸了窝。百姓们没有经过训练，他们一边呼妻唤儿，一边乱跑乱撞，一下子就把尉迟迥的阵营冲散了，士兵和百姓混在了一起。尉迟迥的士兵都是邺城人，他们顾忌百姓，施展不开手脚，而宇文忻的士兵却不管不顾，朝着人群一通乱砍乱杀，形势急转直下。

尉迟迥军队阵形已乱，又受百姓连累，不能放手拼杀，只好被百姓裹挟着，向城中溃逃。韦孝宽抓住这难得的机会，令大军快速冲入城中。尉迟迥见军队溃散，大势已去，只好自杀了。

宇文忻在危急关头，想出这样一个鬼点子，虽然取得奇效，反败为胜，获得大捷，但朝手无寸铁的无辜百姓下手，这计策有点缺德，韩信是不会使用这种下流计谋的。

平定尉迟迥之后，杨坚封宇文忻为上柱国，赏给他奴婢二百人，牛马羊数以万计。杨坚还夸赞他说："天下英雄，没有比过你的。"宇文忻更加得意扬扬。

宇文忻文武双全，满腹计谋，确实是一位出色的将领。然而，他与韩信是不可比的。韩信统领百万之众，打下了汉朝半壁江山，是杰出的军事家、战略家；而宇文忻，充其量只是一位优秀的将军而已。

宇文忻的结局却与韩信差不多，他因为功高震主，又有才能，遭到杨坚猜忌，找借口免了他的官。宇文忻愤愤不平，想要谋反，结果事泄被杀，终年六十四岁。

宇文忻与韩信，并不在一个等量级上，可他认识不到这一点，本身就体现了他做人方面的缺陷。可见，做人，还是谦虚一些为好，人贵有自知之明！

杨坚篡周建隋朝

杨坚辅政之后，铲除宗室势力，平定三方叛乱，清除了他篡位道路上的障碍，牢牢控制了朝廷，下一步，他就要篡位夺权、改朝换代了。

《隋书》记载，578年，杨坚靠着女儿起家，以国丈身份入朝理政。580年，刘昉、郑译两个小人物，伪造太上皇遗诏，让杨坚当上了辅政大臣。杨坚辅政后，很快杀掉了宇文招等五个王爷，铲除了宗室势力，紧接着，又平息了尉迟迥等三方叛乱，巩固了统治地位。

从578年起，杨坚在朝廷主事有三年时间。在此期间，杨坚凭借高超的智慧和才能，拉拢群臣，培植亲信，树立个人权威，已经完全控制了朝廷，处于一人之下、万人之上的崇高地位。

杨坚上面的那位北周皇帝，名叫宇文衍，又叫宇文阐，被称为周静帝。周静帝是宇文赟的长子，母亲是"五后"之一的朱满月。周静帝生于573年，此时只有七岁，还是一个什么事都不懂的小孩子，杨坚完全可以随心所欲地打着他的旗号，诏令天下。

杨坚平定三方叛乱之后，再也没有能够与他抗衡的力量了，于是，便加快了篡位的步伐。杨坚颁发皇帝诏令，取消了右、左丞相的官职，那个挂右大丞相虚名的宇文赞，悄无声息地退出了历史舞台，后来又被杀害。杨坚担任大丞相、大冢宰，假黄钺，可以代表天子行使权力。

不久，杨坚觉得大丞相不够显赫，便改为相国，同时由随国公改封为随王，并受加九锡的特殊礼仪。杨坚可以佩剑穿鞋上殿，朝拜时不用通报姓名，也不必小步快走，可以大摇大摆地上朝。杨坚划出二十个郡，作为随国的封地，建立宗庙，在宗庙悬挂铜钟。杨坚的曾祖父杨烈、祖父杨祯、父亲杨忠，全都被追封为王，立长子杨勇为王太子。

更有甚者，杨坚头戴皇冠，建制天子旌旗，出入使用天子礼仪，乘坐金根车，设置旄头云旗，令人开路清道，几乎与皇帝没有区别了。

杨坚所做的这一切，目的是为登基做舆论准备，同时试探大臣们的态度。南北朝时期，改朝换代频繁，皇帝像走马灯似的更替，人们的忠君意识比较淡薄。大臣们都觉得，北周气数已尽，杨坚具有雄才，取而代之是可以的。史书没有记载，有哪个大臣提出反对意见，相反，大臣们都进言，劝杨坚早日登基称帝。

李德林早就为周静帝写好了禅位诏书。李德林是有名的才子，他写的禅位诏书，引经据典，文采飞扬，大讲天下非一人所有，有德者继之。杨坚看了，十分满意。

太史庚季才，甚至为杨坚看好了登基的时间，说："我夜观天象，又查了皇历，认为在二月份登基为好。二月的太阳，过了卯时进入酉时，正处在天空的正中，这叫二八之门。二月十三日，是甲子日，甲数是九，子数也是九，意寓长久；二月十三日又是惊蛰，万物复苏，是阳气旺盛之时；过去周朝的周武王，在二月十三日统一了天下，历经八百年，汉高祖刘邦，也是在这一天称帝的。所以，二月十三日，是最好的登基日子。"

杨坚听庚季才说得有根有据，十分在理，心中大喜，于是决定，就在这一天登基称帝。

581年二月甲子日，杨坚举行了盛大的禅位仪式，那个年幼的小皇帝，可能都不明白是怎么回事，就把皇位禅让给了杨坚。整个禅让过程，井然有序，一片祥和，没有发生任何意外。北周的大臣们，职务没有变动，摇身一变，成为新朝的臣子了。他们全都趴在地上，口呼万岁，向新皇帝叩头庆贺，人人喜气洋洋。

关于国号问题，当时杨坚是随王，按照惯例，应该立国号为"随"。可是，杨坚觉得，"随"字中有"走"字，不吉祥，遂改用谐音字代替，定国号为"隋"。其实，"隋"字，是指祭祀用过的残肉剩食，又与"惰"字相通，更不吉祥。杨坚手下有许多饱学之士，不知道为什么没有人给他指出来。

杨坚改朝换代，登基称帝，心中万分高兴。他封妻子独孤伽罗为皇后，立长子杨勇为皇太子，宗亲和大臣们皆有封赏，他们全都兴高采烈。可是，有一个人却十分郁闷，她就是杨坚的女儿杨丽华。

杨丽华性格柔顺，虽然贵为皇太后，却并不干政，只是在杨坚辅政时，动用了一下权威，发挥了重要作用。杨丽华支持父亲辅政，却不同意父亲篡位，因为她既然成为宇文家族的一员，自然要维护宇文家族的利益。再说，父亲当了皇帝，她这皇太后的位置往哪里摆啊？因此，杨丽华对父亲的篡权行为，感到后悔、悲伤和痛恨，但是，她已经无能为力了。

杨坚是靠女儿起家的，心里也觉得对不住女儿，但亲情没有皇位重要，杨坚也顾不上那么多了。北周灭亡了，杨丽华皇太后的身份自然没有了，杨坚只好封女儿为乐平公主。杨丽华是历史上唯一一位由皇太后变为公主的人。杨丽华没有儿子，只有一个女儿，杨坚想让她改嫁，杨丽华坚决不从，活到四十九岁病逝。

杨坚在登基前后，采取了两项重大措施。一是宣布恢复汉姓，二是恢复汉魏时期的官制。北朝在一百多年间，基本上是由少数民族政权统治着，许多汉人改成了胡姓，杨坚在此之前，一直叫普六茹坚。到了这个时候，朝廷官吏大多数是汉人，整个社会以汉人为主体，而且少数民族民众也都汉化了。所以，杨坚此举，得到了绝大多数人的拥护和支持，也标志着汉文化从此光明正大地占据了主导地位。

杨坚对待北周的旧臣，采取了宽容态度，几乎全部予以任用，对少数心怀不满的人，也不予追究。但是，他对北周皇室，却心存猜忌，总怕他们会死灰复燃，于是，采取了野蛮的杀戮政策。李德林等大臣劝谏，杨坚执意不听，大开杀戒，几乎杀光了北周宗室，那个小皇帝自然不能幸免。

杨坚任意杀害宗室，暴露了他残忍的一面，同时也造成严重后果，使刚刚建立的隋朝政权，面临着一场新的危机。

抗击突厥化解危机

杨坚废周建立隋朝，诛杀北周宗室，地处北方的突厥人不干了。隋朝刚刚建立不久，突厥就出动四十万大军，南下攻击隋朝。杨坚沉着应战，打退突厥，成功化解了危机。

《隋书》记载，突厥的先祖，是甘肃平凉一带的杂胡，世居金山南侧。金山形状像头盔，当地人把头盔叫突厥，因而，这些杂胡被称为突厥。也有人说，突厥人的祖先，原先在西海，被邻国所灭，因此向东迁移，居于山上。

关于突厥的起源，《周书》《北史》等史籍都有记载，但说法不一。现在一般认为，突厥是继匈奴、柔然之后，在北方兴起的又一个游牧民族，成分比较复杂，是活跃在蒙古草原和中亚地区一些游牧民族部落的统称。

在南北朝时期，趁着中原混战，突厥势力迅速崛起，形成了部落联盟，称首领为可汗，相当于皇帝。突厥人的特点和生活习俗，与当年的匈奴差不多，他们披头散发，衣襟向左，从小在马背上长大，十分彪悍。那个时候的突厥，与现代突厥不是一个概念。

当时的北齐和北周，经常互相攻打，为了获得外援，他们争相与突厥结好，送去大量财物，还实行和亲政策。突厥可汗很高兴，常对人说："我在南边有两个孝顺儿子，何患贫也！"

杨坚辅政不久，就张罗赵王宇文招女儿千金公主的婚事，把她嫁给了突厥可汗沙钵略，派大臣长孙晟等人作为送亲使者，把千金公主送到了突厥。千金公主美丽端庄，聪明贤惠，因她母亲是汉人，千金公主自幼受汉文化熏陶，精通诗书，能赋善文，尤其绘画技艺高超。

千金公主出身王府，生活优越，她是不愿意远离亲人，到遥远陌生地方去的，但她深明大义，知道和亲突厥的重要性，也没有其他办法，只好嫁给了沙钵略。婚后，千金公主努力适应新的生活，遵守为妻之道，表现很好，因此，沙钵略可汗对她十分尊重和宠爱。沙钵略还很器重送亲使者长孙晟，留他在突厥住了一年多。长孙晟是唐太宗李世民的岳父。

杨坚借千金公主出嫁之机，将五个王爷召进京城，不久杀掉。杨坚篡位建立隋朝之后，又大开杀戒，几乎将北周宗室戮杀殆尽。消息传到突厥，千金公主哭得死去活来，恨得咬牙切齿，每日不吃不喝，只是恳求丈夫，出兵为她报仇。

沙钵略是突厥部落联盟的大可汗，属于英雄豪杰。原来的北周、北齐，都争着巴结他，如今北方统一，明显对突厥不利。杨坚辅政后，又断绝了向突厥进贡，沙钵略对他很不满意。如今，爱妻悲痛欲绝，苦苦哀求，沙钵略便一口答应下来。

沙钵略把属下第二可汗、阿波可汗、达头可汗、步离可汗召来，说："周朝是我亲戚，如今杨坚灭了周朝，杀害我的亲戚，我如果袖手旁观，怎么有脸见我夫人呢？"突厥人喜欢抢掠，那是他们重要的生活来源，听说有仗可打，一个个摩拳擦掌。于是，突厥调集四十万大军，又联络了北齐的残余势力高宝宁部，气势汹汹地向隋朝杀来。

听说突厥大军南犯，杨坚并不惊慌，因为他从心里看不起突厥。杨坚没有与突厥接触过，但他的父亲杨忠，曾经多次与突厥打过交道，有时与突厥为敌，有时与突厥联合攻打北齐。杨忠常对杨坚说："突厥人和我们完全不一样，他们打仗，是为了抢夺财物，有利益会拼命，没有财物可抢时，谁也不肯向前。他们没有组织，没有纪律，不搞训练，打仗一窝蜂，号令不统一，遇到强敌就逃散。所以，别看突厥人凶狠，其实是乌合之众，并不可怕。"

听父亲这样一说，杨坚便不把突厥人放在眼里，他辅政后，就停止了向突厥进贡财物。如今，听说突厥来犯，杨坚迅速调兵遣将，派阴寿、韩僧寿、李充、李光等人，分别把守各个战略要地，命大臣虞庆则为元帅，领兵迎战沙钵略率领的突厥主力。

虞庆则率军抵达并州，加固城防，准备抗击突厥，可等了多日，不见突厥的影子。虞庆则便命手下将领达奚长儒，率两千骑兵去侦察敌情。

达奚长儒是鲜卑人，他胆略过人，勇冠三军，是出名的猛将。达奚长儒领命后，带领部下搜索前进，不知不觉走出了很远。忽然，沙钵略率领突厥主力迎面而来，黑压压的一片，望不到头，足有十几万之多。

达奚长儒的士兵一见，大惊失色，想要拨马而逃。达奚长儒知道，突厥人多马快，如果部队逃散，突厥大军定会趁机掩杀，他这两千多人，一个也跑不了，光踩就能踩死了。

达奚长儒当机立断，令士兵丢弃马匹，聚拢在一起，组成一个四方形战阵，士兵们手持盾牌，刀枪朝外，准备御敌。达奚长儒身先士卒，大声吆喝，鼓舞士气。达奚长儒在军中威望很高，他的士兵又训练有素，虽然人少，却士气高涨。此时，士兵们人人心里明白，逃跑已不可能，只有拼死力战，才有希望死里求生。

突厥人见这一小队士兵，不仅不跑，反而聚拢在一起，狂笑着冲了过来，不料，却像撞到了铜墙铁壁一般，不大一会儿，就在战阵周围留下一片尸体。突厥人不甘心，接连发起第二次、第三次冲锋。

战阵被冲垮了，但士兵们并没有溃逃，反而又很快聚拢起来，仍然保持着四方形战阵。这样反复多次，战阵始终没有溃散，突厥人却伤亡惨重。

达奚长儒指挥着士兵，保持方阵，且战且退，坚持了三天三夜，打退敌人十四次集团冲锋。后来，士兵们箭射完了，武器损坏了，就开展肉搏，许多人的拳头，都打得露出了白骨。突厥伤亡一万多人，隋军士兵也只剩下数百人了。终于，他们退到了并州城下。

并州城内的虞庆则，看见这场惊心动魄的战斗，心中发虚，担心突厥会趁机冲进城来，因而高悬吊桥，并不出城接应。

突厥见始终不能消灭这支小部队，自己却胆怯了，他们烧掉尸体，大哭一场，然后撤军走了。

战后，杨坚大力褒扬达奚长儒和将士们，所有的将士官升三级，阵亡者由他们的子孙承袭。达奚长儒被封为上柱国，后来任夏州总管、襄州总管、兰州总管、荆州总管等职，最终病逝于任上。

达奚长儒指挥的这场战斗，规模不算大，影响却不小。突厥见十几万大军，竟然消灭不了两千人的隋军，严重丧失了信心，失去了斗志，在士气上已经输给隋朝了。

杨坚在派兵抵御突厥的同时，又派长孙晟为使者，到突厥去搞离间活动。长孙晟曾经在突厥住了一年多时间，了解突厥情况，又与几个可汗关系不错，他利用突厥的内部矛盾，拨弄是非，威逼利诱，使突厥可汗之间的矛盾进一步加剧。

第二年，突厥发生严重灾荒，牛羊大批死亡，食物缺乏，以致到了砸骨头吃的程度。杨坚利用天灾和突厥内部矛盾，派出著名将领高颎、虞庆则、窦荣定、史万岁等人，兵分八路，反击突厥。突厥遭受重创，士兵死亡一半以上，内部又发生分裂，阿波可汗投降隋朝。此后，突厥分裂成东、西两部分，势力衰退，再也无力进攻隋朝了。

杨坚成功击退了外敌，化解了危机，赢得了比较稳定的环境，下一步，他就要在治国理政上大显身手了。

"三省六部"强化皇权

　　杨坚与其他篡位的权臣不同，他本人没有立过功勋，只是靠女儿起家，靠小人上台，通过欺负孤儿寡妇，篡权登上皇位，因此，杨坚历来被人们诟病为"得国不正"，他这皇帝当得并不光彩。

　　然而，杨坚当皇帝以后，却干得十分出色，他做的几件大事，不仅在当时作用很大，对后世也产生了深远影响。其中，杨坚创立的三省六部中央官制，其基本框架，一直沿用到清末。

　　秦始皇统一天下、建立大一统王朝以后，为了加强集权，实行了三公九卿中央官制。三公是指丞相、太尉、御史大夫，九卿是指丞相属下的九个高官。丞相是最高行政长官，处于一人之下、万人之上的地位。

　　三公尤其是丞相的权力很大，不可避免地与皇权产生了矛盾，很多朝代都出现了皇权与相权之争。汉武帝为了解决这个问题，改革中央官制，设立内外朝，削弱了丞相权力，突出了皇权。汉光武帝刘秀，干脆把三公改名为司徒、司空、司马，进一步弱化其权力，把决策权和行政权都归于尚书台，尚书台直接对皇帝负责。到了魏晋南北朝时期，由于朝廷更替频繁，特别是出现许多少数民族政权，中央官制十分混乱，叫什么名称的都有。

　　北周中央官制的核心，是六官制，即天、地、春、夏、秋、冬六官。天官大冢宰，地官大司徒，春官大宗伯，夏官大司马，秋官大司寇，冬官大司空。这套官制，是权臣宇文泰创立的，自然适应于权臣的需要，而不利于皇权。在这种体制下，谁成了权臣，谁就有可能篡位夺权，建立新朝，杨坚就是这样。

杨坚建立隋朝、登基称帝之后，首先考虑的，是如何加强皇权，抑制权臣，以保证大隋朝能够千秋万代。所以，他登基不久，就宣布废除六官制，实行汉魏官制。

　　所谓实行汉魏官制，并不是恢复过去汉魏时期的官制，而是杨坚为了强化皇权，吸取南北朝时期各个国家以及历代政权的经验做法，经过整合，形成了一套新的中央官制。这套新的中央官制内容很多，涉及面很广，其核心内容和基本框架，是三省六部制。

　　所谓三省，是指内史省、门下省、尚书省。内史省负责研究重大决策事项，提出决策建议，并起草皇帝诏书，属于决策机构。门下省负责对内史省提出的决策建议以及皇帝诏书进行审查把关，有封驳之权，属于审查机构。尚书省负责对内史省、门下省形成的决策予以落实，是行政机构。三部门的长官都属于宰相，共同对皇帝负责。

　　所谓六部，是尚书省下设的六个行政部门。吏部，负责官吏队伍建设；礼部，负责祭祀、外交、教育等事务；度支（户部），负责户籍、赋税、田地、民政；兵部，负责军事；都官（刑部），负责司法；工部，负责屯田、水利及各项工程建设。

　　此外，杨坚设置了三师、三公。三师、三公都由德高望重之人担任，参与朝政，也相当于宰相，但属于荣誉职务，没有实际权力。杨坚还设置了御史台、都水台，以及太常等十一寺、左右卫等十二府，作为三省六部制的辅补。

　　杨坚创立的三省六部制，比从前的三公九卿制有很大进步，对巩固皇权、强化中央集权更加有利。过去的三公制，是由朝廷先任命三公，再由三公分别组建机构，而三省制却倒了过来，先组建尚书、门下、内史三个机构，再任命各机构的长官。这样，朝廷就由对大臣个人的依赖，转化为对机构的依赖，三省长官的地位和权威大大降低，皇权随之提升。

　　实行三省制，对过去丞相的权力进行了分割，形成了决策权、审查权、行政权三权分离，使之相互配合又相互制约。这样，权力不集中在某一个人手里，就很难出现权倾朝野的权臣了，皇权自然得到巩固。

三省制的运行程序，也比较科学合理，一项重大决策和皇帝诏令的出台，要经过研究起草、审查把关、付诸实施三道关口，这样，既保证了决策的正确性，不至于出现大的失误，又避免了出现漏洞、被佞臣钻空子的现象。试想，在这样的体制下，还会出现像杨坚那样凭着伪造遗诏上台的事情吗？

　　三省六部制对强化皇权有明显好处，所以，唐朝建立以后，仍然采用这种体制，并对其进行了完善。此后，这种体制被历代沿袭下来，虽然在名称和权力划分等方面有所不同，但基本精神，仍然是三省六部制的内容。所以说，创立三省六部的中央官制，是杨坚对中国社会发展做出的重大贡献之一。

《开皇律》影响千年

　　杨坚创立三省六部制，巩固了皇权。皇权是要统治天下的，靠什么统治呢？杨坚比较重视以法治国，他登基不久，就制定了著名的《开皇律》。《开皇律》代表了隋朝立法的最高成就，在中国法制史上占有重要地位，它与三省六部制一样，对后世产生了深远影响。

　　《开皇律》是隋朝的法律制度，因杨坚的年号是"开皇"，所以被称为《开皇律》。

　　北周的法律严苛而繁杂，史书说，"内外恐怖，人不自安"。杨坚登基后，想要长治久安，就不得不制定新法。于是，杨坚在称帝的当年，就命高颎、郑译、杨素等人，组织法律专家在北魏、北周旧律的基础上，修改制定新的法律。后来，又让著名学者苏威，主持新法律的修改和制定。

　　高颎，是隋朝杰出的政治家、战略家、军事家。他在平定尉迟迥叛乱的时候，主动请缨，去前线担任监军，为平叛发挥了重要作用，受到杨坚信任。杨坚称帝后，任命高颎为尚书左仆射，属于尚书省的长官之一。苏威，是西魏著名改革家苏绰的儿子，他博学多才，很有能力，此时担任吏部尚书。

　　高颎、苏威等人认真负责，他们以北魏、北周旧律为基础，参考北齐和南朝的一些法律，结合当时社会的需要，精心修订新的法律。杨坚对修订新法十分重视，亲自参加讨论，提出了许多指导性意见。经过三年努力，完成了《开皇律》。

　　《开皇律》有三大特点：第一，体例简要。《开皇律》并不长，只有十二篇五百条。十二篇体例有：名例律、卫禁律、职制律、户婚律、厩库律、擅兴律、贼盗律、斗讼律、诈伪律、捕亡律、断狱律、杂律。中国古代的法律，经过了由简到繁，再由繁到简的发展过程，《开皇律》标志着这一过程的完成，显示了中国古代立法技术的进步和成熟。《开皇律》的这十二篇体例，后来被唐律所沿用。

第二，刑罚宽平。《开皇律》在中国刑罚制度发展史上，被公认为简明宽平，并不严苛。一是量刑较为宽松。与过去量刑相比，删去死罪八十多条、流放罪一百五十多条、其他罪行一千多条，使刑罚大为减轻。二是废除酷刑。对死刑种类只保留斩首、绞刑两种，废除了长期存在的车裂等死刑种类。三是确立了五刑。对犯罪者，只采取笞、杖、徒、流、死五种刑罚手段，废除了宫刑、鞭刑等。这五刑制度，后来被历代王朝所沿用，成为法典中一项基本制度。

不过，《开皇律》虽不严苛，但在施行过程中，执行得并不好，尤其在隋炀帝时期，皇帝为所欲为，干出了许多暴虐之事，因而，隋朝并不是一个法律宽松的朝代。

第三，首创十恶不赦制度。《开皇律》首次将十种大罪，概括为十恶，被列为最严重的犯罪行为。十恶是：谋反、谋大逆、谋叛、恶逆、不道、大不敬、不孝、不睦、不义、内乱。规定犯十恶之罪的人，不得被赦免，从此，就产生了"十恶不赦"这个词。由于十恶之罪直接危害封建制度的君权、父权、夫权，所以，自隋朝以后，历代封建法典都把它列为不赦之重罪。十恶不赦制度在中国历史上存在了一千三百余年。

《开皇律》承袭前朝法律建设长期发展的经验，经过删繁就简，补充完善，使封建法典进一步系统化、规范化，代表了当时法律建设的最高成就，为我国封建法律的定型做出了重要贡献。

《开皇律》在历史上占有重要地位，它上承汉律之源流，下开唐律之先河，其中的各项基本制度，均被唐律直接继承，后来又为宋、明、清各朝所沿用，对中国社会产生了重大而深远的影响。

《开皇律》也有缺陷和不足，它最大的问题是，维护了贵族官僚的特权，没有体现出法律面前人人平等的原则。《开皇律》规定，贵族官僚犯罪，可以通过"议、减、赎、当"等方法，减轻对他们的刑罚。官员犯罪，可以比平民减一等处罚，也可以用官职抵罪，这使得贵族官僚的特权固定化、法律化，产生了不好的社会影响，这是它的消极作用。

总体而言，《开皇律》的积极作用比它的消极作用大得多，影响中国社会千余年，这是杨坚做出的又一重大贡献。

开创科举影响世界

　　杨坚创立三省六部制，修订《开皇律》，产生了深远影响，而他开创的科举制，不仅影响了中国社会，而且影响了整个世界。

　　中国古代的选官制度，历经多次变化。在夏商周时代，主要实行世卿世禄制，通过家族血缘关系来选拔官吏，属于世袭制，平民百姓很少有做官的机会。在春秋战国时期，这种极不合理的选官制度被打破。秦国率先实行按军功大小，进行选官授爵，这是秦朝能够迅速强大，进而统一中原的重要原因。

　　两汉时期的选官方式，主要采取察举制和征辟制。察举制是从下到上，由基层向上边举荐官吏，也称举孝廉；征辟制是从上到下，由朝廷和官府直接征召官吏。这样选拔的官吏，几乎全是豪门大族，平民百姓仍然难有机会。

　　在魏晋南北朝时期，主要实行九品中正制。九品中正制把品评与选官结合在一起，注重门第出身，结果形成"上品无寒门，下品无士族"的士族垄断局面。

　　这些选官制度的最大弊端，是人为因素占主导地位，由于被选拔者的德才能力无法量化，优劣取舍全由选拔者说了算，所以很难体现公平，致使大量优秀人才不能脱颖而出。

　　为了解决这个问题，南北朝时期出现了通过考试、择优录用的做法。刘裕建立南朝宋以后，针对各州郡送来的孝廉多是滥竽充数的现状，采用考试的办法予以甄别，首开考试选官之先河。南齐将考试成绩分为上、中、下、不及格四等，不及格者不予授官。梁武帝专门设立五经馆，经考试合格者授予官职。北朝也采取了考试的办法，而且出现了分科别类的考试。这些都是科举制的萌芽，但没有形成制度和规范，也没有成为选拔官吏的主要渠道。

隋朝建立以后，需要大量的人才，特别是消灭和降服内外敌人、巩固政权之后，急需治国人才，而隋初的官员，大多数是凭借军功擢升的，他们冲锋陷阵可以，但治理国家和地方，就勉为其难了。

杨坚决定，他要用文人治理天下，东汉光武帝刘秀，就是这样做的。于是，杨坚下诏说："功臣正宜授勋官，不可预朝政。"意思是说，有军功的人，可以用金钱、荣誉、待遇进行奖励，但不能让他们担任朝廷官职。

杨坚打算靠文官治国，这是治国理念的一大进步。可是，怎样选拔有才能的官吏呢？杨坚起初采用了下求贤诏、让地方政府推荐等多种办法，但效果不够理想。杨坚通过吸取借鉴南北朝时期考试择官的做法，制定了一项新的选官制度，就是科举制。

587年，杨坚下诏，要求各州每年推荐三人，到中央参加科举考试。当时的科举考试分为秀才、明经两科，隋炀帝时期，又增设了进士科。被推荐参加考试的人，不问门第出身，只要考中，再经过吏部铨选，就可以当官了。从此，科举制逐渐取代了九品中正制，成为选拔官吏的重要形式。

杨坚创造的科举制，是对从前历代选官制度的一次颠覆性革命，体现了公平公正、唯才是举的原则，特别是把读书与做官紧密结合在一起，使大批人才涌现出来，激发了社会活力，具有重大的进步意义。

杨坚创立的科举制，对改善官吏队伍结构、提高官吏队伍素质起到了重要作用，也录取了许多人才。唐朝著名宰相房玄龄，就是在他十八岁那年，考中隋朝进士的，从此开始了他的仕途生涯。如果没有隋朝的科举制，房玄龄能不能入仕做官，就说不准了。不过，由于隋朝存在的时间不长，通过科举入仕的官员数量不多，因而没有发挥出很大的作用。

科举制是个新生事物，因而并不完善，考试类型不是很多，程序也不完备，特别是，考生不能自由投考，而是须由地方政府推荐，因而许多人没有参加考试的机会。但是，这种新的选官制度，适应社会发展的需要，具有很强的生命力。唐朝建立以后，继承和完善了科举制，允许考生自由投考，无须政府推荐，形成了比较健全的选官制度。科举制经历宋、明、清，一直沿用到清朝末年，长达一千三百多年。

目前，对科举制从何时开始，存在争议。有些学者认为，科举制的主要特征，是没有限制，允许考生自由投考，因而认为科举制开始于唐朝。有些学者认为，科举制开始于隋朝。笔者则认为，科举制的主要特征，应该是在"考"字上，体现的是公平原则，有条件限制不是主要方面，即便现在的公务员考试，也是有条件限制的。所以，从科举制发展历程来看，笔者认为，科举制应该起源于南北朝，形成于隋朝，完善于唐朝。

科举制不仅对中国社会产生了深远影响，也对世界的用人制度产生了重大影响。在14世纪，科举制传到欧洲，引发高度关注。1853年，英国模拟中国的科举制，建立了文官考试制度，此后，美国、法国等许多国家，都建立了文官考试制度，而且一直沿用至今。

西方人认为，中国的科举制，与"四大发明"一样，是一项伟大的创举。因此，在西方人眼里，中国最伟大的皇帝，不是秦始皇、李世民、康熙等人，而是隋文帝杨坚。2001年，英国最具影响力的《卫报》，评选出世界百位伟大帝王，杨坚的排名，位居中国皇帝之首。

西方人的看法，未必准确，不过，杨坚开创了科举制，对世界产生了重大影响，提高了中国的影响力，这是不争的事实。

三大政策推动经济发展

杨坚称帝以后，在军事、政治、法制、用人制度等方面大显身手，在经济方面也成就非凡，他推出三大政策，刺激了经济发展，开创了开皇之治。

在中国几千年的历史长河中，被称为"某某之治"的时期，那是屈指可数的，只有政治清明、社会安定、经济发展，各方面都朝气蓬勃的时候，才能称得上这个称号，而杨坚统治的开皇年间，就赢得了这样一个光荣称号，确实很不简单。

杨坚开创开皇之治，采取了很多措施，其中实行了三大经济政策，起到了重要作用。

杨坚实行的第一项大的政策，是推行均田制。均田制，是从北魏冯太后开始实行的按人口分配土地的制度，对稳定民众、发展生产十分有利，但由于战乱不断、社会动荡，实行的效果并不理想。杨坚称帝的第二年，为了恢复和发展经济，就下令在全国推行均田制。

当时，北方经历了长期战乱，无主的土地很多，大量土地荒芜。朝廷将这些土地，按家庭人口多少分给农民，农民向政府交纳租税，并承担一定的徭役和兵役。这些土地，当时属于国有，但朝廷规定，农民耕作一定年限以后，可以归其所有。推行均田制，使大批无地农民获得土地，激发了他们的生产积极性，这是隋朝能够迅速恢复和发展经济的重要原因。

杨坚实行的第二项大的政策，叫输籍定样。输籍定样，是划分农户等级和纳税标准的办法。北方长期战乱，政府对民众的控制力很弱，大批贫民依附于豪门大族。豪族为了逃避税赋，藏匿了大量人口，以致政府对民众的人口、户数和经济状况，并不十分清楚，很难进行管理。

585年，在高颎的建议下，杨坚下令实行输籍定样政策。在全国范围内，开展人口户籍登记，根据每户的财产状况，划分为上户、中户、下户，这有点像我国土地改革时，划分地主、富农、中农、贫农那样。然后，国家根据每户的经济状况和成年男女的数量，征收不同标准的税赋。这样一来，富人多缴，穷人少缴，税赋承担比较合理，贫民不用再依附豪门了，豪族势力得到抑制，国家税赋大量增加。

杨坚实行的第三项大的政策，叫大索貌阅。大索貌阅，是在户籍登记中进行核查，防止假报，实际上是为推行输籍定样而采取的一项保证措施。

当时，政府征税的对象是成年男女，少年和老年人不纳税，不少人就少报或多报年龄，被称为诈小诈老，也有瞒报人口和财产的情况。杨坚下令，在全国范围内开展大索貌阅，进行清查核实。大索，就是严格清点户口和财产，搜索隐匿；貌阅，就是根据人的体形面貌，当面进行核对，防止青壮年假冒少年或老年人。

杨坚对开展大索貌阅采取了严厉措施，一旦发现假冒，给予严厉处罚，并对里正、保长等地方官吏，处以流刑的惩罚。官方还鼓励百姓互相检举，给予奖励。因此，大索貌阅效果十分显著，当年就貌阅增加男丁四十四万人。隋朝建立之初，全国人口约一千二百万人，到589年灭陈前，迅速增加到三千三百万人，后来达到近五千万，这在很大程度上，是实行输籍定样和大索貌阅的成果。

与此同时，杨坚在经济上还采取改革货币、设置粮仓、发展商业和手工业等许多措施，使经济得到快速发展，出现了开皇之治盛况。

杨坚当皇帝十多年之后，有关部门报告，说国库中的财物已经放不下了，连走廊里也堆满了货物，请求多建仓库。

杨坚很吃惊，说这几年经常打仗，开支很大，对将士的奖赏也不少，怎么国库里还装不下了呢？有关部门说，这几年开支是不小，但收入更多，光布帛一项，每年就要入库数百万段。杨坚听后大喜，下令建造了不少新的国库。

隋朝在各地兴建了许多粮仓，著名的有兴洛仓、回洛仓、常平仓、黎阳仓、广通仓等，每个粮仓，存储粮食都在百万石以上。1969年，在洛阳出土了一座隋朝粮仓——含嘉仓遗址。含嘉仓还不是隋朝最大的粮仓，面积就达四十五万平方米，内有 259 个粮窖。隋朝存储粮食之多，在历史上是很有名的。李世民曾经说过，隋朝储存的粮食，够天下人吃五六十年的，可见隋朝之富足。

　　不过，有学者说，隋朝是国富民穷，朝廷通过各种方式，把民间的财富都聚集到国库里去了，老百姓并不富裕。当隋炀帝杨广穷兵黩武、大兴土木，把国库挥霍殆尽的时候，老百姓活不下去了，于是纷纷起来造反，致使隋朝二世而亡。

　　由此可见，藏富于民，还是有好处的。民众是国家的基石，只有民富，才能国强；百姓活不下去，朝廷也就完蛋了。

兴建世界第一大都

　　杨坚建立隋朝以后，在军事、政治、经济等方面均取得非凡成就，出现了欣欣向荣的新景象。可是，杨坚觉得还不够，需要建设一个有形的东西，让人一看，就能感受到新王朝的宏大气魄。于是，杨坚决定，他要兴建一座规模庞大的城市，作为新王朝的都城。

　　隋朝篡夺的是北周江山，自然也继承了北周的都城长安。这个长安城，是西汉刘邦时期建立的，此后西晋末期、前赵、前秦、后秦、西魏、北周等多个朝代，都拿它作为都城，已经用了近八百年了。但是，长安城没有总体规划，建筑零乱，格局不够严整，再加上多次经历战火，破败不堪。另外，长安城离渭水很近，河水经常泛滥，对都城造成威胁。更严重的是，古代排污技术落后，城中水资源遭受污染，史书说"水皆咸卤，不甚宜人"。于是，杨坚产生了迁都的想法。

　　迁都是大事，杨坚不是随心所欲之人，他需要与大臣们商量，结果，大臣们有的赞成，有的反对，意见并不统一。这时，曾经替杨坚选择登基日期的庚季才说话了，他说："长安城是陆续修建的，很不规则，特别是皇宫不在城市中心，而是在西南角，这对皇室很不利。臣夜观天象，上天垂示，应该迁都。"杨坚最信任的大臣高颎、苏威以及太师李穆等人，都表示支持迁都。杨坚很高兴，下诏说，迁都符合天道人心，我们要顺天行事，营建新都。

　　杨坚下定了迁都的决心，可是，迁往哪里去呢？关中地区披山带河，地理位置很好，又是关陇贵族集团的核心地带，杨坚不想离开这里。其实，杨坚早就看好了一块地方，旧的长安城在渭水北岸，杨坚想把新都建在渭水南岸龙道原的南坡，那个地方地势宽阔，离渭水也远，很适合建一座大的都城。

新城的位置确定了，那么，由谁负责筹建呢？杨坚命高颎总负责，又选中了一个叫宇文恺的人，让他负责具体规划和施工。宇文恺，出身于武将世家，他的父亲和兄弟们，都是带兵打仗的武将，他哥哥宇文忻，就是那个自诩比韩信厉害的将军，唯有宇文恺不喜欢打仗。宇文恺自幼博览群书，精熟各种工艺技能，尤其擅长建筑，是古代著名的城市规划和建筑工程专家。

宇文恺接受任务后，十分兴奋，他立志设计建设一座前所未有的大城。宇文恺为建设新城定了三条原则：一是规模要大，尽显新朝气派；二是要确保安全；三是要体现文化特色。杨坚很赞同。

宇文恺组织一帮专业人员，花费了很长时间，搞出了一个整体规划。按照规划，新建的都城，东西宽 9721 米，南北长 8651 米，总面积 84 平方公里。新城的规模，比旧长安城大 2.4 倍，是当时世界上最大的城市。

那个时候，世界上规模最大的城市，是阿拉伯帝国的巴格达城和东罗马帝国的拜占庭城，而隋朝新建的都城，比巴格达城大 6.2 倍，比拜占庭城大 7 倍，是名副其实的世界第一大都。

新城不仅规模宏大，结构也比较合理。整个城市划分为三个区域，第一个区叫宫城，是皇帝办公和生活区域，位于城市北边中间位置，象征着北极星；第二个区叫皇城，是朝廷百官的办公和生活场所，位于宫城南面；第三个区叫郭城，是平民百姓居住的地方，从东、西、南三个方向，拱卫着宫城和皇城，象征着众星捧北斗。在皇帝住的宫城北面，划出了一大片禁苑，驻扎军队，以确保皇宫安全。

新城还显示出浓厚的文化氛围，从皇城南门一直到都城的南门，画出一条笔直的中轴线，取名朱雀大街。朱雀大街宽 150 米，比今天的北京长安街还宽很多。在朱雀大街东西两边，布局着完全对称的若干居民小区，显得庄重美观。唐朝大诗人白居易有诗赞道："百千家似围棋局，十二街如种菜畦。"另外，新城内有几个自然的高岗，也被充分利用，从北到南，分别建筑皇帝宫殿、朝廷官衙和寺院道观。新城处处透露着文化气息，这种文化的核心，是想表现出君尊民卑、皇权至上。

新城气魄宏大，美轮美奂，应该会耗费大量钱财，甚至会劳民伤财。其实不然，杨坚是历史上出名的节俭皇帝，他处处精打细算，修建宫殿所需的木材、石材等，都是从旧长安城拆过来的，很少购买新的，以至于并不坚固。到唐玄宗年间，太庙突然坍毁，唐玄宗很吃惊，说隋文帝建太庙时间并不长，怎么倒塌了呢？大臣报告说，当初杨坚建太庙时，用的是北周太庙的木材，而北周太庙是前秦时候建的，几百年过去了，木材焉有不朽之理？

杨坚在营造新城时，充分考虑到民众的承受能力，不是一次性建好，而是分期建设。第一期工程，只动用了几万民工，花了十个月时间，建筑了几个主要宫殿和必要的办公生活设施，杨坚就搬进去了，之后又陆续建设了多年。所以，营建新都，并没有引起官怒民怨，更没有铺张浪费。

杨坚把新都取名为大兴城。大兴城的确很兴盛，人口达到几十万，有东、西两个大市场，贸易十分活跃，还有很多外国人。大兴城不仅是世界上最大的都城，也是世界上最大的商业城市，对促进隋朝经济发展起到了重要作用。

唐朝建立以后，仍然把大兴城作为都城，改名为长安城。唐朝经过进一步修缮和扩建，使长安城成为世界名城，人口达到一百多万。

遗憾的是，如此宏伟壮丽的建筑，竟然在唐末战乱时毁于战火，其遗址位于今西安市的大片地带。1996 年，隋大兴唐长安城遗址，被国务院公布为全国重点文物保护单位。

出兵江南平定天下

杨坚建立隋朝的时候，疆域只有北方地区，南方还有西梁和南陈。当时，尽管已经呈现出北强南弱的格局，可杨坚并没有急于出兵江南，而是致力于巩固和发展自己在北方的势力。南方和北方，仍然处于对峙状态。

杨坚经过七八年的努力，巩固了自己的统治，实现了政治稳定，社会安定，经济发展，国力强盛，下一步，他就要平定江南，完成国家统一大业了。

从西晋灭亡、国家分裂开始，南方和北方长期形成对峙，已经接近三百年了。其间，不断有人试图统一，可由于各种原因，都没有成功。杨坚是胸怀大志之人，北方强盛之后，自然要谋求平定江南，统一天下。

当时，在南方有两个政权，即西梁和南陈。西梁是西魏扶持起来的傀儡政权，它对西魏、北周和隋朝，都是俯首帖耳，所以不足为虑。而南陈，是继南朝宋、南齐、南梁之后南朝第四个朝代，虽然它的领土和实力已经远不如那三个朝代了，但毕竟建国已有三十多年，文化繁荣，经济比较发达，更有长江天险，所以不容小觑。

南陈的皇帝，是历史上大名鼎鼎的陈叔宝，史称陈后主。陈后主多才多艺，诗赋音律样样精通，文学成就非凡，可就是缺乏治国理政才能。更要命的是，他信任和重用的宰相江总等一班大臣，几乎都是一些只会吟诗作赋而不会理政的文人。陈后主还喜欢追求享乐，沉湎于酒色，他与大臣们在一起的时候，很少讨论国家大事，而是饮酒赋诗，观舞听乐。皇帝和大臣们如此作为，必然造成南陈朝纲紊乱，国力衰退，武备松弛，离灭亡也就不远了。

杨坚建立隋朝之后，首先忙于巩固统治、抵御突厥、推行改革、富国强兵，并没有急于对南陈下手，反而采取了麻痹政策。杨坚刚当上皇帝，就派使臣去南陈示好，并嘱咐使臣说，"勿以严辞相争"，要求态度要谦和。杨坚带头做出表率，他在写给陈后主的信中，使用"坚顿首"的字眼，好像是臣子对皇帝那样的口气。另外，杨坚还下令，不再接纳南陈来降的官员，千方百计与南陈和好。杨坚所做的这一切，明显是黄鼠狼给鸡拜年，可陈后主硬是看不出来，反而得意扬扬、妄自尊大起来，放心地花天酒地，不把隋朝放在心上。

杨坚不仅与南陈和好，对西梁那个傀儡政权，也极力拉拢。杨坚称帝后，派使臣出使西梁，赏赐黄金三百两、银一千两、布帛万段、马五百匹。第二年，又把西梁皇帝萧岿的女儿聘为杨广的王妃，她就是后来著名的萧皇后。西梁对隋朝感激涕零，萧岿和他的太子萧琮，都跑到长安拜谒杨坚。

587年，杨坚觉得势力已强，准备着手平定江南了。杨坚认为，西梁这个傀儡政权，已经没有必要存在了，下令让萧琮带领群臣去长安。此时萧岿已死，萧琮当了西梁皇帝。萧琮感到此去情况不妙，但不敢不从，只好带领群臣二百多人去了长安。果然，萧琮等人到了长安以后，就不让回去了。杨坚对萧琮还不错，封他为上柱国、莒国公。萧琮活了五十岁病逝。

杨坚一面诏令萧琮入京，一面派大将崔弘度率军进驻西梁境内。此举引起西梁军民不满，有十万余人投降了南陈。杨坚闻之大怒，下令废黜了西梁国号，同时派高颎去安抚西梁百姓。高颎很有办法，他软硬兼施，很快稳定了局面。

杨坚灭掉西梁之后，下一个目标就是南陈了。隋朝比南陈强大很多，但要想横渡长江、吞并南陈，也不是一件容易的事。当年前秦苻坚率百万大军，企图攻打南朝，结果淝水之战遭到惨败，前秦也因此崩溃灭亡。杨坚是个谨慎之人，他汲取历史教训，决不打无把握之仗。

杨坚采纳了高颎的建议，早在几年前，就采取了疲敌战术。每当南陈稻米即将成熟收割的时候，杨坚就调集大军，陈列在长江北岸，做出一副渡江攻打南陈的样子。南陈恐慌，只好组织军民日夜防守，严阵以待，可是隋朝并不进攻，而南陈的稻米却都烂在了地里。这样连续几年，搞得南陈疲惫不堪，粮食歉收，社会不稳，同时也让南陈军民产生了"狼始终不来"的错觉，放松了戒备。

588 年，杨坚决定出兵江南、一统天下，几乎所有的大臣都赞同，并纷纷出谋献策。杨坚认为，进行平陈战役，最关键的是渡江之战，只要渡过长江天堑，就可以稳操胜券。杨坚综合了谋臣的建议，决定采取声东击西、重点突破的战术。杨坚在长江上游，造建战船，摆出一副顺江而下、直击建康的阵势，当年西晋灭掉东吴，就是这样干的。同时，在长江中游武昌一带，也部署了军队。这样，调动了陈军大部分兵力，去守卫长江中上游。而杨坚的真实意图，是想重点突破长江下游，突破了长江下游，就可以兵临建康城下，会给南陈一个致命打击。

杨坚调集了五十一万八千人的大军，兵分八路，东临海滨，西至益州，千里之地，旌旗招展，声势浩大。杨坚把八路兵马分为三个集团，由杨坚的族弟杨素率两路兵马，负责长江上游作战；由杨坚三子杨俊率一部分兵马，负责长江中游作战；由杨坚次子杨广负责突破长江下游，直接攻打南陈的都城建康。各路大军统一归杨广指挥，杨广当时只有二十多岁，真正起作用的，是大臣高颎，高颎相当于杨广的秘书长。

杨坚在平陈战役正式打响之前，还搞了一场心理战。杨坚颁布了一个诏书，列举了陈后主二十项大罪，号召江南民众协助隋军，共同推翻昏君。杨坚命人将诏书制作三十万份，在江南广泛散发，有效地削弱了南陈军民的反抗意志。

在一切准备好了以后，588 年底，杨坚下达了攻击南陈的命令。战斗首先从长江上游打响，杨素率军乘坐战船，顺江而下，到了今湖北宜昌一带的虎头滩，遇到南陈军队拦截，双方开展激战，最终杨素获胜，首战告捷。杨素率军继续东进，到达武昌一带时，与杨俊率领的军队会合，声势更加浩大。南陈急忙调兵遣将，在长江上中游与隋军对峙。

杨坚的意图是，在长江中上游牵制陈军，而真正的突破重点，是长江下游。这个时候，长江上中游打得热火朝天，而长江下游却风平浪静。长江下游水面宽阔，渡江难度更大，隋军正在耐心等待，准备寻找最佳的突破时机。

没有想到的是，昏庸的陈后主给隋军帮了大忙。春节期间，陈后主打算在建康搞一个盛大的阅兵式，建康的军队不够用，就调长江下游的部分军队去参加阅兵式。将领们纷纷反对，陈后主恃着有长江天险，认为隋军飞不过来，因而对将领们的意见不予理睬。

杨广见长江下游防守空虚，心中大喜，令贺若弼、韩擒虎两员大将，伺机抢渡长江。这时，老天爷也来帮忙，隆冬时节，江面上大雾弥漫，贺若弼、韩擒虎趁着大雾，分别从京口（今江苏镇江）和采石（今安徽马鞍山西南）一带渡江，一举突破长江天险，然后，从东、西两路夹击建康，很快抵达建康城下。

陈后主听说隋军从天而降，慌了手脚，急令萧摩诃出城迎战。萧摩诃是南朝名将，有关羽再世的美名，年近六旬，身经百战，经验丰富。当时，在建康的陈军，尚有十万之众。南陈有如此良将和众多军队，应该是能够抵抗一阵子的。可是，陈后主又自作孽了，私通于萧摩诃之妻。萧摩诃闻报后，恼怒心寒，无意作战，结果兵败，他自己也束手就擒，降了隋朝。南陈另一个大将任忠，也向隋朝投降了。

隋军随即包围了建康城，奋力攻打，没费多大劲，就攻破城池，活捉了后主陈叔宝。都城沦陷，皇帝被俘，长江上中游的军队自然人心涣散，很快被消灭了。

隋朝由于准备充分，计谋高超，只用三个月时间，就灭掉了南陈。可是，在岭南地区，还存在着一股不小的势力，杨坚要想完全征服南方、一统天下，还需要收服这股势力。

巾帼英雄第一人

岭南，是指我国南方五岭以南的广大地区，大致包括今广东、广西和云南、福建的部分区域。

杨坚平定江南的时候，岭南一带的首领是位女性，被称为冼夫人。冼夫人深明大义，不追求割据称霸，而致力于国家统一，为隋朝统一全国做出了重要贡献，被历代人们所尊崇。新中国成立后，周恩来总理称赞她是"中国巾帼英雄第一人"。

《隋书》记载，冼夫人，是高凉（今广东茂名一带）冼氏的女儿。冼氏世代都是南越的首领。南越是百越众多部落中的一支，主要聚居在今广东一带。

冼夫人从小就与其他女孩子不同，她喜欢玩耍打闹，长大后身体强壮，而且聪明智慧，很有谋略。她与男人一样，上阵打仗，还会排兵布阵，人们都很佩服她。

冼夫人有很强的正义感，反对恃强凌弱。她哥哥冼挺，倚仗势力强大，经常掠夺别的州县。冼夫人多次规劝哥哥，冼挺便不再到处抢掠，逐渐与周边州县改善了关系。冼夫人经常劝人们保持友善，她带头做了许多善事，因而威望很高，信义卓著。

在南梁时期，罗州刺史冯融，听说冼夫人贤名，让儿子冯宝娶她为妻。冯融是北燕皇室的后裔，北燕灭亡时，冯氏逃到岭南定居下来。冯融虽然担任罗州刺史，但因他是外地人，没有根基，所以号令不畅。如今，冯氏与当地强大部族联姻，便结束了孤立无援的地位，依靠冼氏势力，能够更好地管理地方。

冼夫人的丈夫冯宝，当时任高凉太守。冯宝德才兼备，风流倜偎，夫妻俩感情很好。冼夫人协助丈夫处理政务，她约束本族民众，遵守南梁法令，推行朝廷政令，有效治理地方。史书说："自此政令有序，人莫敢违。"冼夫人为此做出了特殊贡献。

南梁末期，爆发了侯景之乱。高州刺史李迁仕，想趁乱起兵造反，派人去召冯宝。冯宝不知道李迁仕谋反，想应召前往。冼夫人急忙阻止了丈夫，说："刺史无故召令太守，想必不是好事，李迁仕可能要造反。"

冯宝惊诧，问夫人如何得知。冯夫人说："我听说，朝廷令李迁仕去援救建康，李迁仕称病不去，反而日夜铸造兵器，明显有反意。如今召令你去，肯定会扣你当人质，然后胁迫部众参加谋反。所以，你不要去，看看情况再说。"

果然，没过几天，李迁仕就公开造反了。冯宝问冼夫人怎么办，冼夫人说："建康被围，朝廷危急，顾不上岭南了，我们应该替朝廷分忧，扑灭这个叛乱。李迁仕兵力不强，也不会想到我们去攻打他，只要施用计策，李迁仕是不难被消灭的。"

冼夫人挑选了千余名精壮士兵，挑着担子，诈称给李迁仕送货物，资助起兵。冼夫人亲自带领众人，来到城下。李迁仕果然没有戒备，心中大喜，下令打开城门。冼夫人率众入城，杀将起来，迅速控制了重要位置。冯宝率后续部队，一齐冲进城去，城中守军猝不及防，非死即降。李迁仕仓皇逃出城去，后来被杀。这样，一场叛乱刚刚发动，就被冼夫人用计平息了。

侯景之乱过后，南梁皇室又起内斗，局势更加混乱不堪，岭南地区一些少数民族部落纷纷起兵自立，割据一方，民众不得安宁。这个时候，冯宝又不幸病逝。面对国乱家难，冼夫人挺身而出，凭借强大的部落势力和她崇高的个人威望，跑遍了岭南各州，劝说各部落不要割据自立，而将各种势力团结在自己周围，很快稳定了岭南局势。

557年，陈霸先建立南陈。冼夫人认为，陈霸先是一位能够安邦定国的英雄，派儿子冯仆带领各部落首领，去朝见陈霸先，请求归附南陈。陈霸先大为高兴，封冯仆为阳春郡守，封冼夫人为中郎将、石龙太夫人，赐络驷安车一乘、鼓吹一部，还有旌旗和节符仪仗，委托冼夫人治理岭南。

在南陈时期，冼夫人忠实地推行朝廷的法令政令，为岭南地区的稳定和发展做出了重要贡献。在此期间，广州刺史欧阳纥阴谋造反，诱使冯仆一同参加。冯仆报告了母亲，冼夫人斩钉截铁地说："我家做忠臣，已历经两代，不能辜负了国家。"冼夫人毅然出兵，剿灭了欧阳纥。

冯仆后来英年早逝，他有三个儿子，分别叫冯魂、冯暄、冯盎。他们在祖母冼夫人的培养教育下，个个德才兼备、文武双全，成为冼夫人治理地方的得力助手。冯盎的曾孙，是后来唐玄宗时期著名宦官高力士。高力士本名叫冯元一，一生对唐玄宗不离不弃、忠心耿耿，被誉为"千古贤宦第一人"。

隋朝灭掉南陈之后，岭南一带陷入恐慌，各州无所依托，纷纷奉请冼夫人为主，尊称她为圣母，希望她带领大家保境安民。此时，冼夫人已近七旬，威望甚高，她义无反顾地担负起了维护岭南稳定的重任。

杨坚素闻冼夫人的名声，知道她深明大义，没有割据称王的野心，便采取了招抚的策略。杨坚命江州总管韦洸去安抚岭南，韦洸率军走到岭下，就停止不前了。杨坚派出使者，去见冼夫人，使者拿着被俘的陈后主写给冼夫人的劝降信，并手持当年冼夫人献给陈后主的犀杖和兵符为证。

冼夫人见到劝降信和物证之后，确信南陈已亡，于是，她集合各部落首领数千人，痛哭一番，然后，决定归顺隋朝。冼夫人派长孙冯魂，亲自到岭下迎接韦洸进入岭南。杨坚没有动刀兵，就顺利收复了岭南地区。

不过，岭南情况复杂，仍有一些人心中不服。第二年，广州的王仲宣起兵反隋，冼夫人派孙子冯暄领兵平叛。冯暄与王仲宣的将领陈佛智是好朋友，他感到很为难，进兵迟缓。冼夫人大怒，下令将冯暄抓起来，打入监牢，又派另一个孙子冯盎领兵出战。冯盎见祖母动了怒，不敢怠慢，很快平定了王仲宣叛乱。

战后，隋朝派裴矩为使臣，安抚岭南各州。冼夫人不顾年事已高，骑着高头大马，身披铠甲，打着绵伞，亲自陪着裴矩，安抚各地，岭南一带很快稳定下来。

杨坚为了表彰冼夫人的功绩，册封她为谯国夫人，统领六州兵马；赦免了冯暄，任命他为罗州刺史；拜冯盎为高州刺史；追封冯保为谯国公，追封冯仆为平原郡公。

602年，冼夫人寿终正寝，享年八十岁。

冼夫人在岭南历事三朝，虽然势力很强、名望很高，却不追求称王称霸，而是致力于国家统一、绥靖地方、安抚百姓，使岭南稳定长达半个多世纪，特别是协助隋朝统一天下，促进了北方与岭南的大融合，在中国历史进程中做出了重要贡献。

也有人认为，冼夫人是"见风使舵"的政客。其实，冼夫人属于大忠，她并不盲目忠于某个皇帝，而是忠于国家。她审时度势，顺应潮流，避免了岭南地区的动荡、流血和杀戮，最终受益的是广大人民群众。所以，岭南人民对冼夫人十分崇敬，尊称她为"岭南圣母"，在各地建庙祭祀，历经千年而不衰。

2000年，江泽民视察高州冼太庙时，高度评价冼夫人为维护国家统一、增进民族团结所做出的贡献，称她为"我辈后人永远学习的楷模"。

由此可见，周恩来总理盛赞冼夫人是"中国巾帼英雄第一人"，是名副其实、当之无愧的。

"认贼作父"的大义公主

　　认贼作父，是一个很难听的贬义词，而北周的千金公主，就"认贼作父"了。千金公主原本与杨坚有着血海深仇，后来却成了杨坚的干女儿，被杨坚封为大义公主。不过，大义公主并非心甘情愿，而是为了大义，不得已而为之。

　　《隋书》记载，千金公主，是赵王宇文招的女儿，母亲是汉族人。她从小长于王府，生活优越，受过良好的教育，长大后熟读诗书，多才多艺，而且长得美貌，聪明贤惠。

　　577年，北周灭掉北齐，统一了北方。地处蒙古草原的突厥，因与北齐有关系，扬言要替北齐报仇。当时，突厥势力强大，北周又刚经历了灭齐战争，难以抵抗，于是，不得已采取和亲政策，答应让皇室之女，嫁给突厥可汗为妻。千金公主不幸被选中了，她当然很不乐意，但没有办法，为了国家利益，只好牺牲掉自己的青春和幸福。

　　千金公主要嫁给的突厥可汗，名叫佗钵，已经是个老头子了。不久，佗钵得了病，公主出嫁被搁置下来。千金公主心里很高兴，认为是上天在眷顾她。

　　不料，佗钵可汗死了以后，新可汗沙钵略又派使者前来迎亲。当时杨坚担任辅政大臣，他想借机把几个王爷召进京城除掉，清除篡位道路上的障碍，便热心地张罗千金公主的婚事。千金公主只得痛哭流涕地告别父母，踏上了遥远而陌生的北方之路。那一年，千金公主十七岁。

　　幸运的是，由于千金公主知书达理，贤惠美丽，沙钵略可汗对她十分尊重和宠爱，夫妻俩感情很好，千金公主逐渐适应了新的环境和生活。千金公主庆幸自己遇上了一个好丈夫，认为上天对她还是公平的。

没有想到的是，在千金公主出嫁的第二年，北周不断传来噩耗，先是她的父亲宇文招被杨坚杀害，并被夷灭九族，她的几个叔叔也随后被杀，接着，杨坚篡周建隋，几乎将北周宗室戮杀殆尽。面对这突如其来的大灾大难，千金公主悲痛欲绝，日夜哭泣，请求丈夫为她报仇。

沙钵略见爱妻遭受如此大难，自然十分怜悯，他对杨坚断绝进贡早就不满，又担心隋朝壮大于己不利，于是，沙钵略调集四十万大军，南下攻打隋朝。不料，杨坚早有防备，将突厥打得大败。杨坚又派长孙晟实施离间计，挑动突厥内部火并，造成突厥分裂，许多人投靠了隋朝，沙钵略的统治出现危机。

千金公主见请求丈夫出兵，不仅没有能够为自己报仇雪恨，反而使丈夫的地位岌岌可危，只好把国恨家仇压在心底，先帮助丈夫走出困境再说。千金公主是十分明智的，分得清事大事小。

千金公主劝丈夫与隋朝息兵讲和，杨坚刚刚建国，要做的事情很多，也不想与突厥打下去了，于是双方和好。当时，表示和好的重要标志，是和亲。千金公主是北周的和亲公主，与隋朝无关，而隋朝想要派新的公主过来，沙钵略却不接受。双方为了这事，一时没有好的办法。

这个时候，千金公主自己想了一个办法，她强忍内心悲愤，主动给杨坚写了一封信，说为了促进两家和好，避免生灵涂炭，她愿意当杨坚的干女儿，做隋朝的公主。杨坚见信后，觉得这确实是个好办法，于是顺水推舟，赐千金公主杨姓，认她做女儿，封她为隋朝的大义公主，希望她深明大义，为隋朝与突厥和好做出贡献。从此，千金公主就变成大义公主了。

此后很长一段时间，隋朝与突厥之间没有发生战争，双方使者不断，获得暂时的安宁。可是，对大义公主来说，国灭家亡的血海深仇，她怎么会忘记呢？大义公主从大义出发，暂时抛开个人仇恨，协助丈夫处理政务，改善各方面关系，巩固其统治地位，帮助丈夫走出困境，逐步恢复了实力。

587年，沙钵略病逝，由其弟处罗侯继位。一年后，处罗侯在西征时阵亡，沙钵略的儿子继位，称为都蓝可汗。按照突厥风俗，大义公主又嫁给都蓝可汗为妻。突厥可汗的妻子，相当于汉族朝廷的皇后，与汉人皇后不同的是，可汗妻子是可以从政的，有很大的影响力。大义公主继续发挥聪明才智，她帮助都蓝可汗拓展疆域，扩大势力，突厥又强盛起来。

与此同时，杨坚利用与突厥暂时和好的机会，抓紧治理内部，巩固统治，富国强兵，然后，一举灭掉南陈，平定了南方。不过，杨坚从大义公主认仇人为父的做法上，看出她很有心计，不同寻常，因而对大义公主产生了警惕。

589年，杨坚灭掉南陈之后，把陈叔宝用过的一面华贵的屏风，送给了大义公主。杨坚此举，表面上是示好，实际上是在警告突厥，让突厥接受南陈的教训，老老实实，不要与隋朝为敌，否则，也会落个同南陈一样的下场。

大义公主见到南陈的屏风，自然明白杨坚的用意。北周和南陈都亡于杨坚之手，大义公主同病相怜，不禁百感交集，国恨家仇一齐涌上心头。此时，突厥已经强大了许多，大义公主又萌生了复仇的心思，她当即提笔，在屏风上题诗一首。

《隋书》全文记载了大义公主的诗："盛衰等朝暮，世道若浮萍。荣华实难守，池台终自平。富贵今何在，空事写丹青。杯酒恒无乐，弦歌讵有声！余本皇家子，飘流入虏庭。一朝睹成败，怀抱忽纵横。古来共如此，非我独申名。惟有《明君曲》，偏伤远嫁情。"

大义公主不愧是位才女，这诗写得相当好，淋漓尽致地表达了她的坎坷身世和亡国之痛。杨坚既然对大义公主产生了警惕，自然有办法知道这首诗的内容。杨坚觉得，大义公主是始终不会忘记仇恨的，留下她是个很大的隐患，于是动了杀机，想设计要了大义公主的性命。

593年，有个叫杨钦的人，从长安来到突厥，神神秘秘地找到大义公主，声称自己是大义公主姑夫刘昶的心腹，有要事前来禀告。刘昶是北周驸马，此时担任隋朝将军。杨钦说，刘昶想起兵反隋，恢复周朝，派他来联系大义公主，要求突厥出兵相助。其实，这完全是子虚乌有的事，刘昶当时又老又病，生活都不能自理，怎么能谋反呢？所以，有学者认为，这是杨坚的阴谋。

大义公主远在北方草原，并不了解隋朝的情况，加上报仇心切，便信以为真，赶紧告诉了都蓝可汗。大义公主为了督促都蓝可汗出兵，又让一个叫安遂加的人，去劝说可汗。安遂加是都蓝可汗的心腹，也是大义公主的秘密情人。在两人一唱一和的鼓动下，都蓝可汗有些动心。

这时，杨坚派长孙晟出使突厥，说隋朝有个叫杨钦的罪犯，逃到了突厥，需要把他逮捕归案。都蓝可汗一口否认，说没有此人。长孙晟不知用了什么办法，自己找到了杨钦，可能是事先串通好的。长孙晟把杨钦捆起来，押送到都蓝可汗面前。都蓝可汗见了，一脸尴尬。

长孙晟对都蓝可汗说："杨钦已经招供，他与大义公主勾结，合伙欺骗您，说我大隋朝内部有叛乱，怂恿您出兵。其实，我朝十分团结稳定，而且军力强大，您如果上当出兵的话，不仅会损兵折将，还要背上不义的名声。"都蓝可汗听了，十分吃惊，半信半疑。

长孙晟接着又说："大义公主之所以欺骗您，是因为她早就和您不是一条心了。大义公主与您身边的安遂加有私情，这事人所共知，连我们大隋朝都知道了，大概只瞒着您一个人吧。"都蓝可汗一听，目瞪口呆，脸涨红得像猪肝，他命人将安遂加捆起来，连同杨钦一起，交给长孙晟带回去处理。

长孙晟这次出使突厥的任务，就是挑拨都蓝可汗与大义公主的关系，借可汗之手除掉公主。大义公主出轨之事，如果放在中原地区，她必死无疑。可是，突厥对这种事并不十分看重，所以，都蓝可汗并没有处罚大义公主，但对她冷淡下来，两人关系产生了裂痕。

杨坚见此计实现了一半的目的，便趁热打铁，下诏废黜了大义公主的封号，宣布她不再是隋朝的公主了，同时给都蓝可汗送去四名美女，表示继续和亲。杨坚是想告诉都蓝可汗，大义公主已与隋朝没有关系了，他可以放手处置。可是，大义公主在突厥很有影响力，她又在辅佐都蓝可汗发展势力方面立有功劳，都蓝可汗仍然没有下决心杀她。

杨坚不死心，又收买了都蓝可汗的弟弟染干，让他设计除掉大义公主，许诺事成之后，将隋朝公主嫁给他，还扶持他扩大势力。

染干找到都蓝可汗说："大义公主背叛了您，隋朝也抛弃了她，留着她还有什么用呢？现在人们都在议论，说您如此宽容大义公主，实在不像个男人。"

染干的话，犹如火上浇油，激怒了都蓝可汗。都蓝可汗终于下了决心，处死了大义公主，杨坚的阴谋得逞了。大义公主死时，年仅三十三岁。

大义公主是个悲剧人物，她身背血海深仇，忍辱负重，胸怀大义，不得已"认贼作父"，最终却死于阴谋之下，令人悲哀和怜叹！

杨坚兼任突厥可汗

在中国历史上，既是汉族皇帝，又兼任少数民族可汗的，十分罕见，杨坚是第一个。杨坚不仅被突厥认作可汗，还被尊奉为"圣人可汗"，可见他在突厥人心目中的崇高地位。可汗，是一些游牧民族最高首领的尊称，相当于汉族的皇帝。

《隋书》记载，杨坚设计杀了大义公主，却并没有削弱突厥的力量。当时，在蒙古草原上，突厥主要有两大势力，东面是都蓝可汗，西面是达头可汗，双方不断发生冲突。另外，在都蓝可汗的北边，还有一个小可汗，就是他的弟弟染干，被称为突利可汗。

突利可汗地盘不大，实力弱小，野心却不小，他想借助隋朝的力量，来扩大自己的势力。于是，突利可汗派使者去长安，向隋朝示好，并请求娶隋朝公主为妻。杨坚见有机可乘，便答应下来，但有一个条件，就是必须设法杀了大义公主才行。突利可汗十分卖力，极力挑唆哥哥，终于把大义公主杀掉了。

都蓝可汗杀掉大义公主以后，请求隋朝再派一个公主嫁过来，两家继续和亲。隋朝几乎所有的大臣都同意，认为这是与突厥保持和好的好机会。长孙晟却有不同意见，他认为都蓝可汗迟早会与隋朝为敌，不应该再通过嫁公主来增强他的影响力了，而应该把公主嫁给突利可汗，扶持他与都蓝可汗抗衡，何况当初还有承诺在先。杨坚觉得长孙晟的主意高，采纳了他的意见。从此，隋朝对突厥采取了扶弱抑强的策略。

杨坚挑选了一名宗室之女，封为安义公主，嫁给了突利可汗。隋朝让突利可汗派出大批人员，到长安学习汉文化，精心培养亲隋派。

隋朝还把原来资助都蓝可汗的物资，转而给了突利可汗，在各方面扶持他，使突利可汗的势力迅速扩大。突利可汗很高兴，认为隋朝讲信用，更加坚定了他抱隋朝大腿的决心。

隋朝这样做，自然惹恼了都蓝可汗，他对别人说："我是大可汗，反不如小弟染干。"都蓝可汗看出了隋朝扶弱抑强的企图，觉得隋朝抛弃了他，弟弟背叛了他，他也应该随之改变策略。于是，都蓝可汗不再与达头可汗为敌，而是捐弃前嫌，修复关系，准备与达头可汗联手，共同对付隋朝。

599年，都蓝可汗和达头可汗联合出兵，气势汹汹地扑向隋朝。杨坚既然敢于抑制都蓝可汗，肯定早已做好了准备，而且胸有成竹。杨坚派出四子杨秀、五子杨谅，以及名将高颎、杨素等人，率军迎敌，经过几次大战，将突厥联军打得大败，达头可汗也受了重伤。

都蓝可汗见打不过隋朝，恼羞成怒，便朝弟弟突利可汗下手了，拿他撒气。突利可汗实力弱小，不是都蓝可汗的对手，被打得七零八落，伤亡惨重，连安义公主也死在了乱军之中。突利可汗只带数人仓皇逃出，如同丧家犬一般。

突利可汗逃出来之后，该往哪里去呢？有人建议投奔隋朝，有人反对，说："我们现在一无所有，连隋朝的公主也死了，他们还会收留我们吗？不如投奔达头可汗，毕竟都是同族人。"突利可汗觉得有理，打算向西逃窜。

这时，出使突利可汗并跟着他一块儿逃出来的长孙晟，发挥了关键性作用，他力劝突利可汗投奔隋朝，并且打保票说，隋朝一定会帮助他们东山再起的。突利可汗很信任长孙晟，于是改变主意，跟着他一块儿去了长安。

果然，杨坚不仅没有嫌弃他们，反而热情款待。杨坚决定，拿出大量人力物力，帮助突利可汗重整旗鼓。杨坚封突利可汗为"意利珍豆启民可汗"，意思是聪明、智慧、勇敢，简称启民可汗，使突利可汗有了正式的名分。从此，突利可汗就变成启民可汗了。

杨坚给了启民可汗大量钱财，让他招抚流亡的突厥人，很快聚拢起数万人。杨坚命长孙晟负责，动用隋朝的军民，在朔州建了一座大利城，作为启民可汗的居住地。因安义公主死了，杨坚又挑选了一个宗室之女，封为义成公主，嫁给了启民可汗。杨坚不遗余力地扶持启民可汗，令他感激涕零。

杨坚出动大军，对都蓝可汗发动攻击，穷追猛打。都蓝可汗节节败退，部众溃散，地盘丢失，他本人也被部下杀死了。启民可汗跟在隋朝大军后面，收复地盘，安抚民众，很快取代了都蓝可汗的地位。

杨坚灭了都蓝可汗之后，仍不罢休，矛头又指向了达头可汗。601 年和 602 年，杨坚两次出兵，重创达头可汗。同时，长孙晟又使出他惯用的离间计，在达头可汗内部挑拨是非，制造矛盾。达头可汗实力严重受损，内部又众叛亲离，面临灭亡了。

603 年，杨坚发动了对突厥的最后一战。杨坚命杨素、长孙晟、启民可汗率领大军，攻击达头可汗。三人是有明确分工的，杨素作为军队统领，负责打击敌人；长孙晟作为受降使者，负责招降纳叛；启民可汗作为草原新主人，负责安抚百姓，战后重建。杨坚考虑得相当周到。

隋朝大军兵强马壮，准备充分，势如破竹，所向披靡，达头可汗根本抵挡不住，损兵折将，一败涂地。在长孙晟的游说下，达头可汗的附属部落纷纷归降。最后，达头可汗带领残兵败将，向西逃往天山一带。

就这样，杨坚彻底征服了突厥，启民可汗也由一个丧家犬变成了突厥的大可汗。不过，启民这个大可汗，与以往的可汗有着本质上的不同，他所有的一切，不是靠自己的力量获得的，而完全是拜隋朝所赐。所以，此时的突厥，实际上已经成为隋朝的附属国了。

启民可汗对此十分清楚，也感激得五体投地。于是，他当上大可汗之后，随即上表称臣，盛赞隋朝的恩德，尊称杨坚为"圣人可汗"，表示千秋万世，永远效忠大隋。

启民可汗的感恩，是真情实意、发自肺腑的。在杨坚去世多年之后，启民可汗还经常说："当初我力量弱小的时候，圣人可汗就爱怜我，赐给我公主，给我很大帮助，结果引起哥哥妒忌，差点灭了我。我当时走投无路，向上只看见天，向下只看见地，又是圣人可汗收留了我，并帮助我成就大业。这样的大恩大德，我是永世不忘啊！"

　　杨坚采取扶弱抑强的策略，相当成功，他建立了一个附属国，解决了困扰多年的突厥问题，杨坚也成了历史上第一个既是汉族皇帝，又是突厥可汗的人。

　　在杨坚解决突厥问题过程中，有一个大臣发挥了极其重要的作用，他就是被称为突厥通、擅长以夷制夷的长孙晟。

以夷制夷的长孙晟

有个成语，叫作以夷制夷，意思是说，利用敌方的矛盾和力量，克制和打击敌人。这种策略能够事半功倍，但难度很大，需要有高超的智慧和计谋才行。

以夷制夷的名词出现较晚，但在实践中，很早就有人使用过。隋朝时期的长孙晟，就是善于运用以夷制夷策略的高手。

《隋书》记载，长孙晟，是河南洛阳人，出身官宦世家。长孙晟生性聪慧，喜欢读书，涉猎文史，又喜爱武艺，擅长骑射，属于文武兼备。当时北周尚武，许多贵族子弟都弓马娴熟，但每次比赛，没有人能够胜过他。

长孙晟十八岁那年，担任了司卫上士，官职不大，也没有出色的表现。人们都不了解他，唯有杨坚，见到长孙晟后，赞叹不已，拉着他的手，对众人说："长孙郎武艺超群，胸中又有奇策，日后会成为名将的。"长孙晟比杨坚小十岁。

580 年，隋朝对突厥实行和亲，将千金公主嫁给突厥可汗沙钵略。杨坚为了炫耀，专门挑选了数十名文武双全的人，组成送亲使团，任命长孙晟为使团副长官，护送千金公主去突厥。

突厥沙钵略可汗是个英雄人物，自命不凡，所以，他对其他使者都不屑一顾，唯独对长孙晟青睐有加，称赞不已，经常与他饮宴、交谈、游玩、打猎，关系十分密切。

有一次，长孙晟与沙钵略外出游玩，忽见天空两只大雕飞着争食。沙钵略给了长孙晟两支箭，笑着说："您能射落它们吗？"

长孙晟只接过一支箭，看准角度，弯弓发射，"嗖"的一声，两只大雕一齐跌落下来，近前一看，原来一箭射穿了两只雕。沙钵略吃了一惊，众人也都惊讶不已，十分佩服。这就是成语"一箭双雕"的来历。

沙钵略见长孙晟箭术精妙，更是喜欢，他把贵族子弟召来，拜长孙晟为师，向他学习箭法。这样，长孙晟在突厥收了不少徒弟，人缘很好，名气也很大。

长孙晟完成送亲使命后，本该返回隋朝，可沙钵略舍不得让他走，再三挽留，竟留他住了一年多。在此期间，长孙晟对突厥的山川地形、风土人情、部落情况都摸得很透，了如指掌，同时与许多部落首领建立了友好关系。从此，长孙晟成了隋朝为数不多的突厥通。

杨坚篡周建隋，杀戮周室宗亲，引起突厥强烈不满。千金公主更是悲愤交加，请求丈夫出兵，为她报仇。沙钵略可汗召集属下第二可汗、达头可汗、阿波可汗、突利可汗等人，调集四十万大军，南下攻击隋朝。

杨坚听说突厥来犯，立即调兵遣将，准备御敌。长孙晟去见杨坚，详细讲述突厥的情况，他一边说着，一边画出了突厥的地形地貌，指出哪里可以进兵，哪里可以扎营，哪里可以埋伏，都一清二楚。杨坚很高兴，全部采纳了他的建议。

长孙晟还对杨坚说："突厥内部很不稳定，矛盾重重，我们可以利用他们的矛盾，采取远交近攻、离强合弱的策略，借用他们的力量，来削弱和瓦解敌人。"杨坚很是赞同，命长孙晟负责此事。

长孙晟接受了任务，马上行动起来，他知道达头可汗、阿波可汗、突利可汗等人，都与沙钵略可汗有矛盾，于是分别派出使者，去搞离间活动。

使者向西找到达头可汗，以隋朝皇帝的名义，赐给他一面象征权力的狼头纛，表示承认他是突厥的最高首领。达头可汗是沙钵略的叔叔，早有此意，如今得到隋朝支持，正中下怀，从此便不听沙钵略的号令了。

长孙晟亲自带领随从，向东找到突利可汗。此时的突利可汗，名叫处罗侯，是沙钵略的亲弟弟。突利可汗也对沙钵略不满意，早在长孙晟停留突厥的时候，他就与长孙晟偷偷结成了同盟。如今，长孙晟到了他那里，两人重续旧谊，相谈甚欢，突利可汗与哥哥更加离心离德了。

长孙晟接着又找到阿波可汗，他与阿波可汗的交情也不错。此时，阿波可汗与隋军交战，刚吃了败仗。长孙晟对他说："你打了败仗，倒不可怕，可怕的是，沙钵略会趁此机会，以处罚你为理由，吞并了你的部落。"沙钵略确实早有吞并阿波可汗的企图，听长孙晟这样一说，阿波可汗自然相信了，于是，便按照长孙晟给他指出的光明大道，归顺了隋朝。

这样，长孙晟奔走于突厥各个部落之间，凭借高超的智慧和计谋，离间瓦解了敌人，沙钵略可汗下属的四个可汗，被长孙晟拉走了三个。

沙钵略可汗见手下人背叛，勃然大怒，发兵攻打阿波可汗的老巢，还杀了他老娘。阿波可汗奋起反击，与达头可汗联合起来，在隋军的帮助下，大败沙钵略，将他驱逐到东边去了。这样，突厥一分为二，东边是沙钵略可汗，西边是达头可汗和阿波可汗。从此，突厥再也不能对隋朝构成威胁了。

沙钵略这次出兵，不仅没有为千金公主报仇，反而搞得众叛亲离，地盘丢失了一大半，陷入了困境。他只好与隋朝息兵求和，千金公主也暂时放下个人仇恨，认杨坚为干爹，变成了大义公主。

沙钵略遭此打击，心情郁闷，没过多久就死了。他的弟弟处罗侯乘机继位，可只过了一年，处罗侯就阵亡了，沙钵略的儿子继位，被称为都蓝可汗。都蓝可汗胸有大志，也有能力，他在大义公主的协助下，逐渐恢复了势力。

589 年，杨坚平定江南、一统天下。他见都蓝可汗实力有所增强，感到迟早是个大患，便想彻底解决突厥问题。长孙晟再一次大显身手，仍然使用以夷制夷策略。

长孙晟出使突厥，他抓住大义公主出轨的把柄，挑拨都蓝可汗与大义公主的关系，造成两人之间的裂痕。长孙晟又秘密联系突利可汗，与他结成同盟。这个突利可汗，名叫染干，是都蓝可汗的弟弟，有的史书说是他的堂弟，是处罗侯的儿子。在长孙晟的运筹下，终于挑唆都蓝可汗杀了大义公主，为隋朝除去了一个隐患。

长孙晟向杨坚提出扶弱抑强策略，全力扶持突利可汗。在此期间，长孙晟几乎时刻都在突利可汗身边，为他出谋划策，招抚部众，扩大势力，还为他修建了居住地大利城。最终，隋朝出兵灭掉都蓝可汗，驱逐达头可汗，扶持突利可汗当上了统治蒙古草原的启民可汗。

此时，启民可汗实际上是个傀儡，突厥变成了隋朝的附属国，杨坚兼任了突厥的"圣人可汗"。长孙晟以夷制夷策略获得巨大成功。

在征服突厥的过程中，长孙晟以夷制夷策略发挥了极其重要的作用，功勋卓著，他先后任左领军将军、相州刺史、武卫将军、右骁卫将军等职。

609 年，长孙晟病逝，终年五十八岁。朝廷深表悼惜，赐赠甚厚，又让儿子长孙无忌承袭了他的官爵。长孙无忌后来成为唐朝名相，位居凌烟阁功臣第一位。长孙晟的女儿，则嫁给了唐太宗李世民，成了李世民的皇后，也是历史上有名的贤后。

开国功勋高颎

杨坚篡周建隋以后，文治武功，成就非凡，大隋王朝一派兴旺。这除了杨坚本人雄才大略之外，一批文臣武将也功不可没。在众多功臣当中，高颎堪称第一。

《隋书》记载，高颎，渤海蓨县（今河北景县）人，汉族，与高欢是同乡。高颎的父亲高宾，曾在东魏做官，后投靠西魏，受到大将军独孤信器重，引为僚佐，并赐姓独孤氏，因此，高颎与独孤信渊源很深。独孤信是杨坚的岳父。

高颎生于541年，与杨坚同岁。高颎家中有一棵柳树，有百尺多高，繁茂挺拔，如同车盖。大家都说："这家里以后要出贵人。"高颎长大后，熟读诗书，聪明敏捷，胸襟宽阔，谋略过人。

高颎十六岁那年，独孤信被权臣宇文护杀害，许多人不敢再与独孤信亲属来往，只有高颎依旧如故，经常前去探望。独孤信的女儿独孤伽罗，夸赞高颎人品高尚，高颎与杨坚的关系，自然也十分亲密。

高颎与杨坚一样，虽有才干，但仕途不顺。高颎入仕后，参加过平齐战役，又参加了平定隰州叛乱，立有功劳，但在二十多年间，他只担任了记室、内史上士、下大夫之类的小官，与杨坚仕途差不多。可是，杨坚生了个好女儿，后来以国丈身份入朝辅政，飞黄腾达起来。杨坚没有忘记提携高颎，把他调入丞相府，当了相府司录。

580年，尉迟迥起兵叛乱，矛头直指杨坚。杨坚派名将韦孝宽前去平叛，同时想找一个心腹之人，去做监军。杨坚先后找了刘昉、郑译、崔仲方，三人都不愿去，以各种理由推辞了。高颎知道以后，主动请缨，并表示愿为丞相驱使，不怕有灭族之灾，这令杨坚十分感动。

高颎到了前线，发挥聪明才智，尽心尽力协助韦孝宽，只用六十八天时间，就平息了叛乱。杨坚大为高兴，高颎回到京城后，杨坚设宴为他庆功，把自己用的御帐赏赐给他，提拔他为丞相府司马，从此对高颎信任有加。

581年，杨坚改朝换代，建立隋朝，任命高颎为尚书左仆射，相当于宰相，兼纳言，封为渤海郡公。高颎升迁之快、受宠之深，朝中百官无人能及。高颎觉得自己升得太快了，担心众人不服，上表力辞，并推荐名望甚高的苏威接替。杨坚为了成全他让贤的美名，同意了，但没过多久，就下诏恢复了高颎的职位，而且又增加了一个职务，任命他兼任左卫大将军。这样，高颎拥有了行政权和军事权，总领朝政事务。

高颎智谋过人，才能出众，他在巩固新政权、创立三省六部制、开创科举制、修订《开皇律》、推行三大经济政策、营建大兴城、征服突厥等方面，都发挥了极其重要的作用，杨坚对他很满意。《隋书》说："所有奇策密谋，都是高颎所定，世人没有知道内情的。"

高颎兢兢业业，日理万机，他经常坐在朝堂前一棵槐树下办公。后来，有关部门整修宫廷，想要砍掉这棵树，杨坚予以制止，说留下这棵树诏告后人，以纪念高颎的功劳。

杨坚治理好内部之后，便想攻取江南，征求高颎的意见。高颎献出了疲敌之计，即每当南陈稻谷将熟的时候，隋朝就摆出一副进攻的样子，使得南陈全力防御，结果稻谷无人收割，都烂在了地里。高颎又派人潜入江南，烧毁南陈的粮仓和物资储备。这样几年下来，南陈国力大减。

588年底，杨坚见时机成熟，出动五十一万大军，兵分八路，攻击南陈，任命杨广为元帅，高颎任元帅长史，三军事宜，都由高颎决断。在平陈战役中，杨广是挂名的，真正的决策者和指挥者，是高颎。在高颎指挥下，隋军只用三个月时间，就灭掉南陈凯旋。战后，高颎因功升为上柱国，被封为齐国公，食邑一千五百户，赏绸帛九千段。

杨坚平定江南之后，又腾出手来，对付北边的突厥。高颎亲自率军，与杨素等人一起，消灭了都蓝可汗，赶跑了达头可汗，扶立突利可汗为启民可汗，成立了傀儡政权，彻底征服了突厥。高颎又立下大功，得到赏赐无数。杨坚还赏给他一座行宫，对他礼遇更甚。

高颎文韬武略，通晓世务，把朝政处理得井井有条。高颎还心胸开阔，竭诚尽节，选贤任能，像苏威、杨素、贺若弼、韩擒虎等人，都是高颎推荐的，他们都各尽其才，成为一代名臣。

高颎功勋卓著，位极人臣，难免遭人妒忌。将军卢贲、右卫将军庞晃等人进谗言，杨坚很生气，疏远并贬黜了他们。有个大臣诬告高颎谋反，杨坚大怒，把那人杀了。杨坚安慰高颎说："你就像一面铜镜，常被磨擦，可是，越磨就会越亮。"

多年来，高颎竭尽全力辅佐杨坚，忠心耿耿，屡献奇策；杨坚也十分倚重高颎，对他高度信任，言听计从，君臣之间十分和睦。没有想到的是，到了晚年，高颎触犯了杨坚的个人利益，便失宠了。

原来，杨坚和独孤皇后都宠爱次子杨广，想废黜太子杨勇，由杨广取而代之。可是，杨勇的女儿，是高颎的儿媳妇，两家是亲戚关系。高颎是朝廷第一大臣，废黜杨勇，必然要征求高颎的意见，于是，杨坚含蓄地向高颎透露了这个意思。高颎一听，立刻长跪不起，极力劝阻，说："长幼有序，怎能废太子呢？"杨坚默然。独孤皇后知道以后，很不满意，总是找机会说高颎的坏话。

高颎妻子去世，杨坚劝他再娶一个。高颎说："臣已经老了，退朝之后，唯有吃斋念佛而已，不想再娶了。"可是过了不久，高颎的妾生了一个儿子。独孤皇后趁机说："陛下关心高颎，想让他续妻，但高颎心存爱妾，当面欺骗陛下，陛下还能信任他吗？"杨坚怕老婆是出了名的，在老婆的不断挑唆下，开始疏远高颎了。

后来，杨坚想讨伐辽东，高颎固谏不可。杨坚不听，任命儿子杨谅为元帅，高颎为元帅长史，由他决断军机。高颎率军出发不久，遭遇大雨和染上疾病，结果无功而返。独孤皇后又趁机挑拨，说高颎不真心出力。杨谅也对父母哭诉，说高颎独断专行，根本不把他放在眼里，还差点杀了他。娘俩一唱一和，挑起了杨坚的怒火。独孤皇后原本与高颎的关系是非常好的，还曾夸他人品高尚，如今为了自己的利益，也不顾情意了。

不久，杨坚借故免除了高颎的职务。不过，两人毕竟有几十年的情谊，偶尔还在一块儿饮酒。有一次，杨坚、独孤皇后、高颎三人饮宴，三个人都感觉不自在，眼泪汪汪的。杨坚自欺欺人地说："朕没有对不起你，是你自己对不起你自己。"高颎什么话也没说，只是默默地流泪。

杨坚对侍臣们说："过去，我对高颎胜过自己的儿子，一天不见都不行；现在，我一点也想不起他来了，就好像世上从来没有过高颎这个人一样。看来，切不可拿自己要挟君王，自称天下第一啊！"

杨坚之所以罢免高颎，原因很简单，就是为了让杨广代替杨勇当皇帝，所以，高颎这个障碍，非清除不可。后来，杨坚又借故废黜了高颎的爵位，把他贬为平民。这样，高颎就一点影响力也没有了。

高颎成了平民，反而长舒了一口气，感觉心里踏实多了。因为他在位极人臣的时候，母亲曾经告诫过他，说："你富贵已到极点，就差一件事了，那就是杀头。"高颎每当想起母亲的话，都惴惴不安，如今成了平民，没有了权势，认为这就可以免祸了。

高颎还是太善良了，没有看透帝王的蛇蝎心肠。杨坚虽然没有杀他，可杨广继位以后，他就在劫难逃了。杨广杀掉了哥哥杨勇，也除掉了高颎、贺若弼、宇文弼等一批功臣。高颎死时六十六岁。

《隋书》评价说："高颎当朝执政二十年，朝野推服，天下升平，世人都说他是真宰相。他被杀以后，天下没有不伤感叹惜的，人们都在称冤不已。"

在封建制度下，像高颎这样鸟尽弓藏的冤案，是数不胜数的。

治国能臣苏威

在杨坚众多大臣中，苏威以善于治国理政而著称。他身兼五职，殚精竭虑，协助高颎处理国政，政绩斐然，为开皇之治立下汗马功劳。

《隋书》记载，苏威，是京兆武功（今陕西武功）人。苏威从小就十分聪明，显得很成熟。他五岁那年，父亲死了，苏威痛哭流涕，极尽悲哀，如同成年人一般。

苏威的父亲，名叫苏绰，是西魏名臣、著名改革家。他总结概括了汉族统治者的治国经验，形成"六条诏书"，作为西魏的治国纲领，使西魏由弱小逐步强盛起来。

苏威长大以后，满腹学问，才华出众，有父亲苏绰的风范。此时已是北周时期，北周权臣宇文护很欣赏苏威，任他为官，还把女儿嫁给他。苏威见宇文护权势过重，担心招惹灾祸而连累自己，就躲进山寺，以读书为乐。后来，宇文护果然被周武帝诛杀，其兄弟子侄和亲信都受到牵连，苏威虽然是宇文护的女婿，却安然无恙。

周武帝素闻苏威贤名，屡次授予官职，苏威都称病不受。苏威满腹才华，却不慕富贵，不求功名，他的名声越来越大了。

到了杨坚辅政时期，高颎屡次说苏威贤明，劝杨坚将其招至麾下。杨坚也听说过苏威名声，于是召他入府。杨坚与苏威交谈后，认为他果然名不虚传，很有才干，十分喜欢，经常把他引到卧室内，与他亲密交谈。

可是，苏威看出杨坚有篡位野心，不想帮他，只过了一个月，就不辞而别，逃之夭夭。高颎想把他追回来，杨坚说："他是不想参与我的大事，姑且让他去吧。"

581年，杨坚废掉北周，建立隋朝。杨坚称帝后，对扶持他登基的人论功行赏，封官晋爵。苏威没有寸功，杨坚却很大方地授予他太子少保的高官。杨坚还追封苏威的父亲苏绰为邳国公，食邑三千户，让苏威承袭。

苏威入朝谢恩，杨坚很高兴，又任命他为纳言、民部尚书，相当于宰相。苏威上表辞让，杨坚说："船大装得多，马快跑得远，你有大才，就别推辞了。"

苏威上任干的第一件大事，是主持制定了税收政策和征税办法。苏威的父亲苏绰，曾为西魏制定过征税之法，成效显著。苏威借鉴父亲的做法，又结合当时的实际情况，制定了新的税赋制度。新制度体现了税赋公平、轻赋薄税原则，兼顾了国家利益和百姓利益，社会反响良好，杨坚很满意。

苏威建议实行勤俭建国，反对宫中使用豪华之物，杨坚采纳了。杨坚下令，将皇宫中用白银制作的帷幔钩子全部换掉，所有器具，一律不得雕琢文饰。杨坚身体力行，带头节俭，不吃肉食，不佩戴金玉饰品，不穿华贵衣服。在杨坚带动下，隋朝形成了节俭之风。

苏威处事公正，敢于直言进谏。有一次，有个臣子犯了罪，杨坚大怒，拔出剑来，要亲手杀掉他。苏威谏言道："那人犯了罪，自有法律惩罚他，哪有皇帝亲手杀人的道理？"杨坚正在气头上，不听，苏威就堵在殿门口，挡住杨坚，不让他出门。事后，杨坚气消了，觉得苏威是对的，向他道歉，并夸赞说："如果臣子都能像你一样，我就没有可忧虑的了。"杨坚赐给苏威十几万钱和两匹好马。

从此，杨坚对苏威更加器重，又任命他兼任大理卿、京兆尹、御史大夫，与高颎共同执掌朝政。苏威与高颎配合得很好，两人同心协力，为开创开皇之治做出重大贡献。

当时，朝政事务主要由高颎、苏威、杨雄、虞庆则掌管，人们称他们为"四贵"。在"四贵"当中，只有苏威一人，对杨坚称帝没有任何功劳，完全凭借出色的治国才能，才登上高位的，可见确实很不简单。

苏威担任的五个职务，都是实职，权力很大，责任也很大。他整日夙兴夜寐，兢兢业业，与高颎一起，为稳固隋朝统治、创立三省六部制、开创科举制、营建大兴城、征服突厥而日夜操劳，付出了全部心血。苏威还负责督考、监选、举荐官吏，选拔了一大批治国人才。高颎主持制定《开皇律》以后，过了几年，杨坚又命苏威主持修订，进一步修改完善，使《开皇律》成为历史上具有代表性的法典之一，影响中国社会一千多年。

苏威身兼数职，位高权重，自然遭人嫉妒。有人上奏说，苏威一人兼着五个重要职务，自己独揽大权，而不能推荐贤士。杨坚对满朝大臣说："苏威志向远大，朝夕孜孜以求，他如果没有遇上我，是没法实现自己才能的；而我如果得不到苏威，也很难治理好国家。你们都很有才干，都是我的股肱之臣，但在理政方面，没有人能比得过苏威。"

苏威的结局，比高颎好得多。他由于没有参与皇位之争，所以，杨坚死后，隋炀帝杨广照样重用他。在杨广时期，掌握朝政的有宇文述、裴矩、裴蕴、虞世基、苏威五人，人们称其为"五贵"。在"五贵"当中，只有苏威是前朝元老。苏威凭着自己的治国才能，成了不倒翁。不过，在杨广时期，苏威性情大变，不敢直言进谏，只是明哲保身，而且比较圆滑。

苏威晚年的做法，有点让人诟病。宇文化及杀了杨广之后，仍然重用苏威，任命他为光禄大夫、开府仪同三司。宇文化及死了以后，苏威投靠了李密，李密失败以后，又投靠了越王杨侗，被授予上柱国、邳公。杨侗被杀后，苏威又投靠了称帝的王世充，被授予太师。在隋末战乱期间，苏威反复易主，随波逐流，完全不像年轻时的性格。

621年，秦王李世民消灭了王世充，苏威要求拜见李世民。李世民看不起他，拒绝接见，并派人责备他说："你是隋朝宰辅，国家大乱你不能匡救，致使生灵涂炭，君死国亡。你见了李密、王世充等乱臣贼子，却拜倒称臣，毫无骨气。所以，秦王不想见你。"

苏威挨了一闷棍，受此羞辱，仍不醒悟，他又跑到长安，向李渊请求拜见，结果仍然遭到拒绝，苏威再次受辱。其实，苏威当时已近八旬，又老又病，完全没有必要再投新主了。不知道苏威是怎么想的，大概是老糊涂了吧！

可见，人没有十全十美的，而且人的性格，会因为环境的变化而改变。

才华横溢李德林

在扶持杨坚登基的功臣中，李德林是比较特殊的一位。李德林才华横溢，天下闻名，杨坚在辅政期间极力拉拢他，李德林也为杨坚登基发挥了重要作用。然而，李德林不会揣摩帝王心思，更不会奉迎，所以，他辅佐杨坚成就帝业以后，很快就失宠了，并且官越做越小。

《隋书》记载，李德林，博陵安平（今河北安平）人，出身官宦世家。李德林天资聪慧，几岁时，就能将左思的《蜀都赋》烂熟于心，人们都夸他是神童，说他将来一定会成为天下杰出的人才。

李德林十五岁时，对四书五经、古代典籍、天文地理、阴阳之学，无不精通，而且擅长写作，文章优美，远近闻名，被人们誉为少年学者。

李德林不仅博学多才，而且性情直率，为人诚实，特别是生性至孝。在他十六岁那年，父亲病逝，李德林亲自驾着灵车，回故乡安葬。当时是隆冬季节，李德林只穿着单薄的孝衣，赤着双脚，边走边哭，人们都被他的孝心所感动。

李德林成年之后，名气更大，他被举荐为秀才，选入京师邺城。当时的北齐朝廷，召他入朝，先后担任奉朝请、参军、员外散骑侍郎、给事中等职。李德林主要负责起草朝廷的诏诰文书，这对他来说，是小菜一碟。李德林还写了大量的诗词文赋，他写的一篇《春思赋》，名闻天下。有人评价说，李德林的文章，气势宏伟，浩浩荡荡，犹如长江东流；而别人写的文章，只不过是涓涓细流而已。

577年，周武帝率军攻占北齐，进入邺城。周武帝素闻李德林大名，下令保护李德林，对他礼遇有加，甚至对他说："这次平定齐国，最大的收获，是见到了先生您啊！"周武帝还用鲜卑话对众臣说："我原来只听说过李德林的名声，现在看了他写的诏书文章，感觉他就像天上的神仙一般。"

周武帝任命李德林为御正下大夫，并赐予成安县男爵。李德林随周武帝到了长安，从此为北周效力。那一年，李德林四十六岁。

杨坚奉命处理政务时，对这位天下闻名的大才子，自然极力讨好拉拢。他对李德林说："朝廷令我处理政务，我学疏才浅，希望能得到您的帮助。"态度十分诚恳和恭敬。李德林说："承蒙阁下看得起我，德林虽然平庸，但有一颗赤诚之心，愿以死报答。"李德林为杨坚在处理政务方面，出了不少好主意。杨坚像对待兄长一样尊重李德林，对他言听计从，两人关系十分密切。

580年，北周太上皇宇文赟病危，侍臣刘昉、郑译伪造太上皇遗诏，让杨坚顺利当上了辅政大臣，主持朝政。刘昉、郑译办成如此大事，也想从中捞取好处，提出让杨坚当没有实权的大冢宰，刘昉当小冢宰，郑译当大司马，掌管军队。

杨坚很不高兴，但又不想与刘昉、郑译闹翻，便去请教李德林。李德林沉吟片刻说："不如抛开周朝官制，另搞一套。您当大丞相，假黄钺，统辖内外军务；设立丞相府，郑译做长史，刘昉为司马。这样，谁也说不出别的来。"如此棘手的问题，被李德林三言两语给解决了。杨坚很高兴，直夸李德林智谋过人。

杨坚阴谋篡权，引发相州总管尉迟迥叛乱。杨坚命韦孝宽前去平叛，又给他派去三名大将。不料，前线密报，说三名大将可能与尉迟迥有勾结。杨坚大惊，乱了方寸，打算临阵换将。李德林听说以后，急忙找到杨坚，劝阻了他，并建议他派个监军。事后证明，李德林是对的，三名大将并未与尉迟迥勾结，反而英勇杀敌，很快平息了叛乱。杨坚十分感激地对李德林说："如果不是先生，我几乎铸成大错。"

581年，杨坚清除了篡位道路上的一切障碍，强迫北周小皇帝禅位于他。在禅位过程中，都是李德林帮助杨坚策划，所有的诏书表章，全都出自李德林之手。当时，高颎还是个小人物，苏威不愿帮助杨坚，逃跑了，李德林成了杨坚第一谋士，是帮助他登上帝位的第一功臣。

杨坚称帝后，任命李德林为内史令，相当于秘书长，封为安平公。隋朝建立之初，李德林尽心辅佐杨坚，献计献策。各种皇帝诏书、朝廷公文以及紧急战书，繁复交错，李德林处理起来得心应手，不出丝毫差错。李德林还向杨坚献上了平陈之策，杨坚很是赞赏。

杨坚当了皇帝，至高无上，地位变了，性情也变了，喜欢听奉承和顺耳的话。李德林是诚实之人，表里如一，他自恃对杨坚忠心耿耿，感情深厚，说话不注意分寸，有几次忤逆了皇上的旨意，杨坚开始不高兴了。

李德林的才华，主要体现在写文章上，而对于治国理政，他确实不如高颍、苏威。李德林偏偏喜欢议论朝政，而他的意见，往往与高颍、苏威产生矛盾，他们之间的关系，相处得也不好。杨坚更不满意了，对李德林说："你作为内史令，掌管朝廷机密，不该频频地干预政事，让人觉得你心胸不够宽阔。"

李德林少年时候就出了名，等到地位、名望很高的时候，不免有些自负。世上有些争名之流，对他嫉妒和不服气，有人甚至进谗言。李德林在受宠的时候，这些谗言不起作用，而当他失宠时，谗言的威力就大了。杨坚听了一些流言蜚语，对李德林越来越不满意，终于，在一件事情上，杨坚朝李德林发火了。

杨坚废周建隋之后，总是觉得北周宗室是个隐患，很想彻底铲除。大臣虞庆则看透了杨坚的心思，建议杨坚把北周宗室全部杀光，以绝后患。杨坚征求高颍的意见，高颍本意并不同意，但觉得杨坚心意已决，便没有反对，其他大臣也表示赞同。可是，李德林却坚决反对，固执争辩，认为那样做不仁义，会失去人心的。杨坚大恼，变了脸色，怒骂道："你这个书呆子，懂得什么？以后不要再参加朝议了。"

李德林失宠了，所以，他在十几年间，从未得到升迁，原来在他下边的高颍、苏威、虞庆则等人，纷纷爬到了他的头上，李德林始终原地踏步。

李德林却不计较官职地位，照样尽职尽责地做好自己分内的事情，由于没有出现差错，杨坚也不好免他的职。李德林的性格也没有多大改变，照样该说就说，从不隐瞒自己的观点。李德林认为，这样做都是为了朝廷，他问心无愧。

590年，李德林又一次顶撞了杨坚，杨坚大怒，把他赶出朝廷，贬为湖州刺史，后来，又转任怀州刺史。

李德林被贬了官，并没有为此消沉，更没有怨声载道，照样是恪尽职守。有一年，怀州遭遇大旱，李德林带领民众，挖井灌溉田地，抗击旱灾，受到百姓拥护。

李德林在从政之余，撰写了大量文章，共八十卷，可惜大多数都散佚了。李德林还编纂了齐史，但没有完成就去世了。后来，李德林的儿子李百药，在父亲遗稿的基础上，写成了《北齐书》，流传至今。

592年，李德林病逝于任上，终年六十一岁。杨坚念及旧情，追赠他为大将军，谥号"文"，用牛、羊、豕三牲作太牢祭奠，这是很高的规格。

《隋书》评价说，李德林不懂得与君主和睦相处，所以才没有平步青云。

然而，李德林忠诚直率、表里如一的为人之道，比做高官要好得多，也是一种应该被人们尊崇和学习的优秀品格。

虞庆则功成身死

在杨坚诸多功臣当中，像李德林那样，不被重用，还是幸运的，有的则是功成身死，丢了性命。杨坚称帝以后，不像有的皇帝那样大肆杀戮功臣，但也杀了几个，"四贵"之一的虞庆则，就是其中的一个。

《隋书》记载，虞庆则，京兆栎阳（今陕西西安阎良区）人，出身于北方豪族，他的父亲虞祥，曾任北周的灵武太守。

虞庆则身高八尺，雄健刚毅，武艺高强，他身穿沉重的铠甲，却十分灵活，策马疾驰，左右开弓，英武过人，人们都很佩服他。

在战乱年代，正是虞庆则这类武将大显身手的好机会。虞庆则从军以后，久经沙场，屡立战功，不断升迁，官至并州总管长史。他与高颎关系不错，杨坚辅政时，经高颎推荐，虞庆则升任石州总管。

虞庆则不仅能打仗，也喜欢读书，胸有谋略，文武双全。他治理石州很有办法，恩威并用，境内秩序井然。虞庆则是汉人，却十分熟悉胡人的情况，会说流利的胡语，附近有八千户胡人，自愿前来归附。杨坚对他很欣赏，两人关系密切，虞庆则坚定地支持杨坚登基称帝。

581年，杨坚废周建隋之后，提拔虞庆则为大将军，兼内史监、吏部尚书、京兆尹，封为彭城郡公。虞庆则身兼数职，一跃成为朝廷重臣，可见杨坚对他十分器重。

杨坚篡位以后，总担心北周宗室不服，会出乱子。虞庆则看穿了杨坚的心思，建议他诛杀北周皇族，以绝后患。杨坚采纳了他的意见，下令将北周宗室戮杀殆尽。

杨坚篡周和杀戮北周宗室，激起远嫁突厥的千金公主极大悲愤，她请求丈夫沙钵略可汗出兵，为她报仇雪恨。沙钵略遂起四十万大军，分东、西两路，越过长城，向隋朝杀来。一时间，大兵压境，各地纷纷告急，隋朝政权面临极大威胁。

杨坚也兵分两路迎敌，命虞庆则为西路元帅。西路之敌，是沙钵略亲自率领的突厥主力，人多势众，气焰嚣张。虞庆则熟悉胡人情况，知道他们打仗一窝蜂，没有章法，因而并不畏惧。

虞庆则率军到达并州后，命手下偏将达奚长儒，率两千人前去侦察敌情。达奚长儒与突厥十几万大军遭遇，双方兵力悬殊。但达奚长儒没有惊慌，指挥士兵组成方阵，奋力厮杀，激战三天三夜，使突厥伤亡一万多人，创造了中外战争史上的奇迹。

这次遭遇战，打得突厥人心惊胆寒，丧失了锐气和信心。虞庆则指挥大军，又在鸡头山和原州，两次大败突厥，使突厥不能南进一步。

杨坚在武力抗击突厥的同时，又采用以夷制夷策略，派长孙晟去搞离间活动，造成突厥内部分裂，使突厥南侵以失败告终，巩固了新生的隋朝政权。

在抗击突厥中，虞庆则功不可没。后来，虞庆则又率军平定了李世贤叛乱，再立新功。虞庆则因功升迁为尚书右仆射，相当于宰相，与高颎、苏威、杨雄一起执掌朝政，被称为"四贵"。

沙钵略可汗进攻隋朝，不仅没有获胜，反而造成内部分裂。地处西部的达头可汗，是沙钵略可汗的叔叔，早就对沙钵略不满，在长孙晟离间下，借沙钵略战败的机会，宣布自立，被称为西突厥。

西突厥借助隋朝的力量，经常对沙钵略进行袭扰，夺取地盘和人口。沙钵略见两面受敌，处境不妙，便想与隋朝讲和，请求隋朝派一重臣前去谈判。

杨坚也想与沙钵略和好，便派虞庆则出使突厥，这分量够重的。虞庆则能文能武，谈判也是高手。他刚见到沙钵略时，沙钵略态度傲慢，端着架子，要求与隋朝分庭抗礼。虞庆则不卑不亢，口若悬河，分析了天下大势，夸耀了隋朝强大，指出了突厥当前的危险，陈述利害，说得沙钵略心服口服。沙钵略一改傲慢之气，表示愿意作为隋朝的藩附，称臣纳贡，谈判获得巨大成功。

沙钵略对虞庆则十分佩服，把自己的女儿嫁给他，并赠送他良马一千匹。沙钵略是一番好意，却不料给虞庆则带来祸端。

原来，虞庆则出使的时候，杨坚知道突厥人喜欢送马做礼物，嘱咐他说："我打算存立突厥，他们如果送马给你，不可多要，只要三五匹就行。"可是，虞庆则却要了一千匹，还娶了沙钵略的女儿，这让杨坚很不满意，认为虞庆则不遵旨意，擅作威福。由于虞庆则出使功劳很大，杨坚没有追究此事，反而拜他为上柱国，晋爵鲁国公，但心里已经留下了很深的阴影。

虞庆则与杨素关系不和，杨素为人阴险，经常在杨坚面前进谗言，诋毁虞庆则。因此，杨坚对虞庆则越来越不满意了。

597 年，岭南一带发生叛乱，许多将领请求前往，杨坚都不准，偏偏让虞庆则率军平叛。岭南路途遥远，气候异常，虞庆则本不想去，因而没有主动请战。杨坚问他："你官居宰相，又是上公爵位，如今贼人作乱，你却没有出征的打算，这是为什么？"虞庆则一听，惶恐请罪，表示愿意前去平叛。

虞庆则率军南征，任命他的内弟赵什柱为随军长史。赵什柱是个阴险狡诈的小人，他与虞庆则的爱妾私通，常常担心东窗事发，见虞庆则这次出征并非情愿，便起了邪念，想陷害虞庆则。

赵什柱散布谣言，说虞庆则原本不愿南征，皇上非让他去，他心怀不满，口出怨言。杨坚听到谣言，相信了。按照惯例，将帅出征，皇帝要设宴送行。在为虞庆则送行的酒宴上，杨坚脸色不悦，勉强应付。见皇帝不高兴，虞庆则也快快不乐。

虞庆则虽然心里不痛快，却没有影响打仗，很快就平定了叛乱。虞庆则派赵什柱骑快马进京报捷。没想到，赵什柱见了杨坚之后，却诬告虞庆则谋反。赵什柱说："虞庆则平定岭南以后，到处察看地形，说此地如此险要，如有能人把守，谁也攻不破，明显有谋反之意。"

赵什柱是虞庆则的亲戚和亲信，他这样一说，杨坚便相信了。他本来就对虞庆则很不满意，现在有了借口，便下令将虞庆则处死了。

可怜虞庆则，因违背皇帝旨意，又遭小人诬陷，功成之后却死于非命，可悲啊！

史万岁耿直被杀

　　史万岁，是古代名将，他为杨坚南征北战，屡建大功，却因性情耿直，不为杨坚所容，竟惨死于朝堂之上，令人悲哀。

　　《隋书》记载，史万岁，京兆杜陵人，粟特族。他的父亲史静，当过北周的沧州刺史，在伐齐战役中阵亡。史万岁作为忠臣之子，继承了父亲太平县公的爵位。

　　史万岁长大后，英俊威武，擅长骑马射箭，勇猛凶悍，敏捷如飞。他还熟读兵书，精通占卜。史万岁从十五岁开始，就上阵杀敌，久经沙场，屡立战功。

　　尉迟迥叛乱的时候，史万岁是梁士彦的部下，跟随他参加平叛。行军途中，天空飞来一群大雁，史万岁取出弓箭，说："我要射第一行中的第三只。"一箭射去，大雁应弦而落。三军将士见史万岁箭术精妙，无不心悦诚服。

　　在与尉迟迥军队作战中，史万岁每次都冲在前面，勇不可当。有一次，官军作战不利，兵卒后退，形势危急，史万岁大喝一声："事情紧急，必须奋力杀敌。"史万岁一马当先，冲入敌阵，振奋虎威，连杀数十人。士兵们受其鼓舞，齐声呐喊，奋勇作战，结果反败为胜。平定尉迟迥之后，史万岁因功升迁为上大将军。

　　过了几年，史万岁受到一桩谋反案牵连，被罢官削爵，流放到敦煌，当了一名戍边的小卒。守边头目彪悍威猛，狂妄自大，起初常常辱骂史万岁。史万岁不肯受辱，亮了一下本事，守边头目吃了一惊，这才知道史万岁不是凡人，从此对他十分友好。

　　史万岁经常单人独马，深入突厥部落，掠夺牛羊。突厥无人能敌，聚集多人围攻他，也被他打得落花流水。史万岁的声威传遍北夷，突厥人提到他的名字，就心惊胆战。

史万岁后来投到秦州总管窦荣定门下，窦荣定是杨坚的姐夫，他听说过史万岁的名声，很器重他。史万岁跟随窦荣定，多次与突厥交战，几乎战无不胜。

有一次，窦荣定率军与突厥作战，双方摆好阵式，即将开始拼杀。窦荣定心生一计，对突厥首领说："士兵们没有罪过，何必让他们相互残杀呢？不如我们双方各派一名勇士，单打独斗，以决胜负。"突厥人同意了，挑选了一名最棒的勇士出战。

隋朝这边，自然是史万岁出战。史万岁一报名号，突厥人全都大惊失色。史万岁打马向前，与突厥勇士交战，只见刀光一闪，突厥勇士的头颅就滚落到地上。突厥人惊恐，立即掉转马头，仓皇撤退了。在抗击突厥战斗中，史万岁屡立功劳，逐渐升为上仪同，兼车骑将军。

打败了北方突厥之后，史万岁又随军平定江南，在灭陈战役中再立新功。南陈灭亡的第二年，江南各地发生叛乱，规模大者数万人，小者数千人，东南沿海一带尤为严重。

朝廷命杨素率军平叛，任命史万岁为行军总管。史万岁独自率领一支部队，从东阳（今浙江金华江上游一带）进兵，攻击叛军。这一带地势复杂，道路崎岖，史万岁率军翻岭越海，转战千余里，历经大小战斗七百多次，终于平定了叛乱。

由于史万岁几个月杳无音信，杨素等人认为，他们已经全军覆没了。史万岁获胜后，因交通阻绝，信使不通，只得将报捷书信放在竹筒里，顺水漂流，幸而被隋军发现，才得知史万岁军队的消息。杨坚十分高兴，升任史万岁为左领军将军，并赐钱十万。

597年，南宁州（今云南境内）少数民族发生叛乱，朝廷命史万岁率军征伐。南宁州路途遥远，情况复杂，史万岁一路跨溪越涧，克服了水土不服、疾病群起等困难，不远万里，深入敌境，所到之处，无城不摧，先后消灭叛族部落三十多个。叛军抵挡不住，请求投降。朝廷同意了，但要求叛军首领到长安去。

叛军首领心怀二志，不愿意去长安，便用金银财宝贿赂史万岁。史万岁一时贪财，没有让叛军首领入朝，把他放走了。不料事发，史万岁将所得金银财物全部沉入江底，销毁证据。因史万岁平定南方有功，杨坚没有追究，升任他为上柱国。

　　没有想到，第二年，南宁州再一次反叛。杨坚的儿子杨秀上书，弹劾史万岁受贿纵敌，致使边患又起。杨坚命人调查，情况属实。杨坚大怒，责骂史万岁，说："我原以为你是个良臣，没想到成了国贼。"杨坚想杀了他，多亏高颎等人请求，才免于死罪，削官为民。杨坚最痛恨贪污受贿之人，从此对史万岁产生了很坏的印象。

　　如果史万岁从此为民，也可能会得善终，可是，后来杨坚想彻底征服突厥，又重新起用了他。史万岁在突厥名声很大，他率军征讨，不用打仗，一报名号，突厥人就闻名而逃。史万岁为征服突厥又立下赫赫战功，官职爵位得以恢复。

　　史万岁与杨素关系不好，杨素便设计陷害他。杨坚想废掉太子杨勇，让次子杨广代替，因而很忌讳大臣们与杨勇来往。杨素抓住他的这个心理，每当杨坚问史万岁在干什么，杨素都撒谎说，他在杨勇那里。果然，杨坚听了，对史万岁更加不满，甚至有些恼怒。史万岁却浑然不知。

　　史万岁率军征讨突厥的时候，由于杨素从中作梗，对许多将士封赏不公。将士们不服，有几百人到朝廷喊冤。史万岁对将士们说："我今天把你们的功劳报告给皇上，事情一定会解决的。"

　　史万岁入朝见杨坚，陈述将士们的功劳。杨坚受了杨素挑唆，认为喊冤的人是史万岁唆使的，不仅不听史万岁陈述，反而对他厉声斥责。

　　史万岁性情耿直，见皇上不讲道理，也十分生气，据理力争，慷慨激昂，与杨坚争辩起来。杨坚见史万岁竟敢冒犯皇威，大发雷霆，喝令武士，当场将史万岁杀害。史万岁时年五十二岁。

　　可怜战功赫赫的一代名将，没有死在战场上，却惨死于皇威之下。

　　史万岁死后，杨坚有些后悔，但为了尊严，还是下诏罗列了他许多罪名。百姓听说史万岁死了，不管是认识的还是不认识的，都感到十分惋惜。

后人对史万岁给予高度评价，唐代追封古代名将六十四人，宋代追封七十二人，史万岁都名列其中。

贺若弼死在舌头上

有个成语，叫祸从口出，意思是说，说话不谨慎，就容易惹祸。现实中确实有不少这样的事情，隋朝名将贺若弼，就是一个典型的例子。

《隋书》记载，贺若弼，河南洛阳人，鲜卑族。贺若弼出身将门，少有大志，擅长骑射，博闻强识，受到人们称赞，因而他十分自负，与人交谈时，常常慷慨激昂。

贺若弼的父亲贺若敦，当过北周的金州刺史，是北周名将，屡立战功，也很自负，爱发议论，结果得罪了权臣宇文护，被宇文护陷害处死。

在刑场上，贺若敦把儿子叫到跟前，说："我立志平定江南，可惜无法实现愿望了，希望你能继承我的遗志。"

贺若敦知道儿子说话随便，又嘱咐道："我是因为出言不慎而死的，你一定要接受我的教训，不要祸从口出。"贺若弼流着泪答应了。

贺若敦仍不放心，让人找来一把锥子，亲手把儿子的舌头刺出血，再三告诫他，一定要管好自己的舌头，凡是对自己不利的话，千万不要乱说。

后来，周武帝诛杀了权臣宇文护，开始重用贺若弼。贺若弼跟随名将韦孝宽，攻克了淮南、寿阳等数十城，夺取了长江以北大片土地，立下不少战功。贺若弼因功升迁为寿州刺史，成了朝廷重臣。

周武帝对太子宇文赟不太满意，管教甚严。大臣乌丸轨私下里与贺若弼议论，认为太子不能身担大任，贺若弼也有同感。于是，乌丸轨便向周武帝奏明此事，说："我和贺若弼都认为，太子不是帝王之才，恐怕会误了国家。"

周武帝把贺若弼召来，想当面听听他的意见。贺若弼猛然想起父亲锥刺舌头之事，没敢说实话，违心地说："太子的德望一天比一天高，我没有发现他有什么过错。"周武帝听了，默默不语。

事后，乌丸轨责备贺若弼。贺若弼说："非议太子，这是掉脑袋的大事，我想起父亲临终前的教诲，所以不敢随便议论，怕招惹祸端。"果然，宇文赟继位以后，杀掉了乌丸轨，贺若弼却平安无事。

581年，杨坚废周建隋之后，就有吞并江南的志向，想找一个有勇有谋之人，经略长江北岸，做好灭陈的准备。高颎推荐了贺若弼，说："朝臣之内，文武干才，没有人能比得上贺若弼。"于是，杨坚任命贺若弼为吴州（今江苏扬州一带）总管，率军镇守长江北岸。同时，又任命韩擒虎为庐州总管，与贺若弼共同经略江北地区。

贺若弼明白自己肩负的使命，想起能够实现父亲平定江南的遗志，心情十分激动。他给寿州总管源雄赋诗一首，表达了自己渴望建功立业的心情，诗曰："交河骠骑幕，合浦伏波营。勿使麒麟上，无我二人名。"

贺若弼在任期间，按照朝廷的总体部署和对陈政策，一方面积极备战，整顿兵马，训练部队，筹措器械和物资，做好伐陈准备；另一方面，采取麻痹敌人和疲敌策略，尽量不引起南陈的警觉和防范。贺若弼还向朝廷献上十条平陈计策，获得杨坚称赞，杨坚赐给贺若弼一口宝刀。

588年底，杨坚觉得时机成熟，出动五十一万大军，以杨广为元帅，任命高颎为元帅长史。隋军兵分八路，从长江上游、中游、下游三个方向，大举进攻南陈。

平陈战役首先在长江上游和中游打响，目的是牵制陈军，而主攻方向，则是在长江下游。在长江下游，由贺若弼和韩擒虎率领的两支精锐部队，已经做好充分准备，随时准备渡江，东西并进，直捣南陈都城建康。

589年正月，长江上游和中游打得热火朝天，长江下游却悄无声息。元帅杨广一直没有下达渡江的命令，他在等待最佳的时机。贺若弼却等得不耐烦了，他苦心经营江北数年，等的就是这一时刻。贺若弼实在按捺不住，不等杨广下令，就擅自率领所属的八千兵马，趁着浓雾，一举渡过长江。杨广闻报，十分生气，但也只好命韩擒虎随后渡江。

贺若弼渡江后，立即攻占了京口（今江苏镇江），生擒南陈刺史黄恪。陈军见隋军已攻破长江天险，人心惶惶，军无斗志，有六千多人投降。贺若弼好言安抚，全部释放。隋军军纪严明，秋毫无犯，有一军士买民间的酒喝，被贺若弼下令斩了。百姓们纷纷归附。

贺若弼马不停蹄，挥师西进，攻击建康。建康城中的南陈皇帝陈叔宝，闻讯后大惊，急令老将萧摩诃率军迎敌。萧摩诃是南陈名将，所带兵马是贺若弼的数倍，占有很大优势。可是，陈叔宝自作孽，他趁萧摩诃出战之际，竟然把他的爱妾抢入宫中，致使萧摩诃心寒恼怒，无意作战，结果陈军大败，萧摩诃束手就擒，投降了隋朝。

在贺若弼与萧摩诃交战之际，韩擒虎趁机攻入建康，活捉了陈叔宝。等贺若弼赶到建康时，战斗已经结束了。贺若弼见韩擒虎轻松攻占建康，俘虏了南陈皇帝，立下大功，心中不服，口出怨言，与韩擒虎争功。两人相互对骂，甚至挺剑而出，闹得不可开交。

贺若弼率先渡江，并消灭南陈主力，立有大功。杨广却认为，贺若弼擅自出战，违反军令，要将他军法处置。幸亏杨坚宽容了他，亲自接见，赐给御座，褒奖其功，提升他为上柱国，封为宋国公，食邑三千户，任命他为右领军大将军，不久又升为右武侯大将军，并赏给大批金银财宝。

贺若弼受此殊荣，觉得实现了父亲的遗志，心满意足，扬扬得意，开始骄横起来。他自认为功名在群臣之上，常常以宰相自居，言行也不谨慎了。

后来，高颎、杨素担任了左、右仆射，相当于宰相，官职在贺若弼之上。贺若弼大为不满，常对人说："这两个人，不过是饭桶而已，凭什么身居高位？"杨坚听了，很不高兴，斥责他一番。

贺若弼由于居功自傲，目中无人，口无遮拦，得罪了不少人。大臣们纷纷弹劾他，杨坚下诏，免去他的官职一年多，作为惩罚。

贺若弼不思悔改，仍然认为自己功大才高。有一次，杨广问他："杨素、韩擒虎、史万岁都是良将，相比之下，谁更优秀呢？"

　　贺若弼回答："杨素是猛将，但不是谋将；韩擒虎是战将，但不是统帅之才；史万岁只是个马上将军，更不是大将之才。"

　　杨广又问："那么，谁是大将之才呢？"贺若弼默不作声，半天才说："那就靠您慧眼识才了。"贺若弼的意思很明显，只有他自己，才是大将之才，别人都不如他。杨广觉得贺若弼骄傲自大，心中不悦，他继位后，就逐渐疏远了贺若弼。

　　贺若弼更加不满，他完全忘记了父亲对他的告诫，时常口出怨言，乱发议论。杨广知道后，心中恼怒，并对他起了猜忌之心。

　　607年，贺若弼跟随杨广去塞北巡视，到了榆林。杨广搭了一个很大的帐篷，召见突厥启民可汗及属下首领，设宴热情款待他们。

　　贺若弼见了，不以为然，认为没有必要这么铺张，去讨好这些突厥人，便与高颎、宇文弼等人一起，私下里议论杨广的过错。

　　有人报告了杨广，杨广大怒，以诽谤朝廷罪，下令将贺若弼、高颎、宇文弼处死。贺若弼死时六十四岁，他最终还是死在了自己的舌头上。

韩擒虎死后当阎王

阎王，是我国民间道教信仰的鬼神，是阴间最高的统治者，掌管人的生死。传说中的阎王之一，是隋朝名将韩擒虎。

《隋书》记载，韩擒虎，河南东垣（今河南新安）人，汉族。韩擒虎与贺若弼一样，也是出身将门，他的父亲韩雄，以勇猛有气节而闻名，当过北周的大将军以及洛阳、虞州等八州刺史。

韩擒虎年少时，就长得威武雄壮，而且粗犷豪迈，有胆有识。他原本叫韩擒豹，十三岁时，因打死一只老虎，便改名为韩擒虎了。

韩擒虎从军以后，在战场上英勇无敌，屡立战功。他跟随周武帝，参加了伐齐战争，攻占金墉城，立下大功。他又跟随宇文忻，平定了合州。之后，他率军镇守边界，多次打败南陈军队，名震江南。

杨坚建立隋朝之后，立志吞并江南、统一全国，命贺若弼为吴州总管，同时任命韩擒虎为庐州总管，让他俩经略江北，做好伐陈准备。当时的吴州，在南陈都城建康的东面，庐州则在建康的西面。杨坚的打算是，平陈战役先在长江上游和中游打响，牵制陈军，而贺若弼和韩擒虎分别率军，突破长江下游，分东西两路，夹击建康。

589年正月，贺若弼趁长江上中游战斗正酣之际，不等命令，率先渡江，攻占京口，随即向西进军，攻击建康。韩擒虎也接到杨广的命令，令他快速渡江，从西面向建康发动攻击。

韩擒虎已经做好了渡江作战的一切准备，在接到命令的当天夜里，他亲自率领五百精锐士兵，偷偷渡过长江，来到采石城下。此时，夜深人静，采石城中的守军，有的进入梦乡，有的喝醉了，韩擒虎不费吹灰之力，就占领了采石城，控制了长江渡口。

杨广命杜颜率领的军队，与韩擒虎会合，由韩擒虎统一指挥，使韩擒虎的兵力达到两万多人。韩擒虎率领大军，迅速向建康攻击前进。此时，陈军主力正在建康以东与贺若弼交战，建康以西的兵力相对薄弱。韩擒虎在江南威名远扬，陈军士兵都怕他，一战即溃，纷纷投降，南陈将领樊巡、鲁世真、田瑞等，先后投降了隋军。韩擒虎一路攻关拔寨，所向披靡，很快抵达建康城下。

建康城内，一片惊慌，大臣们纷纷逃散。陈叔宝环顾四周，见身边只剩下一个叫任忠的将领了。任忠曾经建议，集中兵力守卫建康，不要出战，等待外地援军来救。可是，陈叔宝不听，命萧摩诃出城迎战，结果兵败。此时，陈叔宝手足无措，只好向任忠道歉，说："不听公言，酿成大错。"说着，拿出一箱金子，送给任忠，恳请他领兵守城。

任忠知道大势已去，无力回天，出城向韩擒虎投降，并引导隋军攻破南掖门。韩擒虎率五百士兵，率先破城而入。城中士兵想要抵抗，任忠大喝一声，说："我都投降了，你们还想干什么？"于是，南陈士兵纷纷放下武器。

韩擒虎攻占建康，活捉了南陈皇帝陈叔宝，立下大功。等到贺若弼打败萧摩诃，来到建康时，城中只剩下打扫战场了。贺若弼很窝火，与韩擒虎争功不休。

杨坚得知攻占建康，灭了南陈，十分高兴，专门下诏说："贺若弼和韩擒虎，两人都是深谋大略，我委托他们经略江北，他们做的，一切都与我想的一样。如今攻占建康，平定江南，主要靠二人的力量啊！"于是，两人都被封为上柱国，赏赐也都一样。

韩擒虎表示满意，贺若弼却说："我与陈国主力殊死作战，生俘敌帅，才灭了陈国。韩擒虎并没有与敌人恶战，只是乘虚进了建康，凭什么他的功劳与我一样大？"

韩擒虎反驳说："你不听命令，擅自出兵，致使将士伤亡惨重。皇上不追究你的罪过，就格外开恩了，你还谈什么功劳？"

杨坚赶紧打圆场，说他们两人都建立了特殊功勋，扬国威于万里之外，名声传遍天下，就不要再争执了。可是，在杨坚心里，对贺若弼是不满意的，而对韩擒虎，却一直恩礼很厚。

不久，突厥使者来朝拜，杨坚专门把韩擒虎召来，向突厥使者夸耀说："这就是灭掉陈国、活捉陈叔宝的那个人。"而对于贺若弼，杨坚根本没有提他一个字。

592年，韩擒虎病逝，享年五十五岁。他的儿子韩世谔，继承了他的爵位。

《隋书》记载说，韩擒虎在得病期间，他的邻居看见一大队人马，摆着盛大的仪仗，来到他府前。领居问他们来干什么，他们回答："来迎接大王。"说完，忽然就不见了。

又有一个病人，恍恍惚惚来到韩擒虎府上，说要拜见大王。管家问他，拜什么王？那人说："拜见阎王。"管家认为他胡说八道，要打他。韩擒虎却说："他说得没错，我活着做上柱国，死了就去当阎王，我很满足了。"没过几天，韩擒虎就安详地去世了。

《隋书》对韩擒虎死后当阎王的记载，肯定是传说，可见，在唐初的时候，这个传说就已经很流行了。

"二十四史"多讳鬼神，很少记载阴阳界的故事。《隋书》是正史，却记载了这个传说。后来，韩擒虎当阎王的故事，出现在很多文学作品当中，广泛流传。

当然，关于阎王爷的传说，有很多种。佛教将阴间之王称为"阎摩罗王"，道教称阴间有"十殿阎王"，民间传说中的阎王，还有包拯、寇準等人，而韩擒虎，只是其中之一。

正直敢言的刘行本

　　杨坚建立隋朝，平定天下，靠的是一批谋臣和能征惯战的武将。杨坚在治国理政的时候，也注重任用一些公道正派的良臣，以维护朝廷秩序，使得政治比较清明。在这些良臣当中，刘行本以正直敢言而著称。

　　《隋书》记载，刘行本，沛县（今江苏沛县）人，父亲当过南梁的官员。后来，刘行本跟随叔父归顺了北周，寓居于京兆府的新丰。

　　刘行本喜欢读书，博览史籍，满腹学问，虽然缺衣少食，生活困窘，但却安然自若。刘行本性情耿直，为人正派，很有志向，在宇文护时期，开始步入仕途，担任中外府记室。

　　刘行本工作认真，勤勤恳恳，宇文护很欣赏他。可刘行本并不依附权贵，更不阿谀奉承，所以，当周武帝诛灭宇文护、亲自理政之后，照样欣赏和重用他。刘行本先任御正中士，兼任皇帝起居注，后经屡次升迁，升任掌朝下大夫。

　　掌朝下大夫是皇帝身边近臣，负责掌管内外朝仪，其中一项具体工作，是掌管皇帝的笔砚，皇帝临朝时，负责把笔砚放到皇帝面前的御案上，供皇帝使用。可是，北周的习惯是，掌朝下大夫要把笔砚先递给承御大夫，再由承御大夫拿给皇帝。承御大夫也是皇帝身边的近臣，负责佩刀护卫皇帝。

　　当刘行本当上掌朝下大夫时，要将笔砚送给皇帝，承御大夫按习惯又要去接，刘行本却说："笔砚不能给你。"周武帝问为什么，刘行本很认真地说："朝廷设立官职，各有其责。我的责任是负责皇上笔砚，承御大夫的职责是护卫皇上，我既然不能佩带承御大夫的刀，承御大夫怎么能拿我的笔呢?"周武帝认为他说得对,下令此后两人各负其责。

周武帝死后,儿子宇文赟继位。宇文赟昏庸,骄奢淫逸,不理政务。刘行本看不下去,多次进谏,宇文赟不仅不听,反而心生厌烦,将刘行本赶出朝廷,到地方上去当太守。当时协助处理朝政的杨坚,对刘行本印象很好,认为他是一位忠诚正直的官吏。

杨坚当了辅政大臣之后,很器重刘行本,两人关系不错。尉迟迥叛乱的时候,刘行本坚定地站在杨坚一边,支持朝廷平叛。尉迟迥派兵攻打怀州,怀州兵马不多,但刘行本把百姓组织起来,与官军一道坚守城池,打退了叛军。杨坚对刘行本十分赞赏,调他回京,担任谏议大夫,代理治书侍御史,不久,又升任他为黄门侍郎。

刘行本公正无私,敢于直言进谏。有一次,一个郎官犯了错,杨坚发了火,命人在宫殿前鞭笞他。刘行本走上前去,进谏道:"这个人一向清廉,过错也不大,不宜重惩,请皇上宽恕他。"

杨坚正在气头上,没有理他。刘行本又向前走了几步,大声说:"皇上把我放到您身边,是为了能够听到我的谏言。我的话如果是对的,皇上怎能不听?如果我说的是错的,皇上可以处惩我,不能连理都不理!"刘行本说完,把官笏扔在地上,生气地退了下去。杨坚感到自己的做法不妥,赶快向刘行本道歉,并赦免了那个郎官。

刘行本处事公平,依法办事。有个州官,贪污了三百文钱,按法律规定,应该杖责一百。州官的上司对杨坚说:"这个家伙,刚上任时我就告诫过他,决不能贪污,可他故意违反,所以,杖责一百太轻了,应该再加一年徒刑。"

杨坚询问刘行本的意见,刘行本说:"法律既然推行,就必须依法行事,不能因为没听上司的话,就加重处惩。如果那样,就是损害朝廷信誉,不是治国之道。"杨坚认为刘行本说得对,赐给他一百匹绢。

杨坚很信任刘行本,拜他为太子左庶子,让他去教导太子杨勇。刘行本深知自己责任重大,不敢有丝毫松懈,对杨勇的过失,决不姑息,及时指出,督促他改正。杨勇对刘行本很敬畏,改正了不少过错。

太子是未来的皇帝，有些人心术不正，千方百计讨好太子，有的则以娱乐、酒色引诱太子，想密切与太子的关系。刘行本十分痛恨这样的人，一经发现，立即将他们交给执法者处理，决不容情。因此，许多人都怕他。

可惜，刘行本在任上病逝了，史书没有记载他终年多少。

杨坚对刘行本去世十分惋惜。后来，太子杨勇被废黜时，杨坚伤感地说："唉！如果刘行本在的话，杨勇是不会落到这个地步的。"

执法不阿的赵绰

在隋文帝杨坚时期，有一位大臣，以执法不阿而流传于世，受到人们赞誉，他就是大理寺长官赵绰。

《隋书》记载，赵绰，河东（今山西永济一带）人。他生性质朴正直，刚强果决，在北周时期，先后担任天官府史、夏官府下士、内史中士、掌教中士、录事参军、掌朝大夫等职，以性情刚毅、勤勉能干而著称。

杨坚称帝以后，任命赵绰为大理丞。赵绰清白正直，执法公平，每次上奏、议事，他都神色严正，言谈有据，受到杨坚亲近和重用，不久升为大理正，相当于现在国家的最高法院院长。

赵绰作为法官，处处维护法律尊严，坚持依法办事。隋朝建立之初，社会比较混乱，偷盗抢劫等犯罪十分严重，杨坚很恼火，下令将偷盗抢劫犯一律处死。

赵绰表示反对，说："法律对此有明确规定，怎么能说杀就杀呢？法律是天下的大信，不能失信于民。"杨坚同意了他的意见，并鼓励他说："希望你以后多多进言。"

萧摩诃原来是南陈名将，投降了隋朝，杨坚授他开府仪同三司。后来，萧摩诃的儿子萧世略在江南叛乱，赵绰奏报杨坚，说按照法律规定，萧摩诃应该连坐。

杨坚不想对萧摩诃治罪，说："萧世略还不到二十岁，怎么能叛乱呢？只因他是名将的儿子，被人逼迫才这样做罢了，所以，萧摩诃没有罪。"赵绰坚持说，法律就是这样规定的，应该按照法律办事。杨坚见不能说服赵绰，便令他退朝去吃饭，想不了了之。赵绰却不肯走，说：“臣奏的案件没有裁决，不敢退朝。”杨坚无奈，只好宣布萧摩诃有罪，但以皇帝的名义赦免了他。

赵绰刚正不阿，不畏强权。有一次，刑部侍郎辛亶，穿了一件红色的裤子，俗称“利于官”。杨坚见了，很不高兴，认为他在搞厌蛊，心生厌恶，命赵绰判他斩刑。

赵绰说：“按照法律，辛亶罪不该死，所以，臣不敢奉诏。”杨坚恼了，说：“你敢抗旨吗？那是死罪。”赵绰回答：“臣执法一心，不敢惜死。”杨坚发怒，命高颎将赵绰处斩。

赵绰也不争辩，更不求饶，而是脱掉官服，准备赴死。杨坚问：“你爱惜辛亶，难道不爱惜自己的生命吗？”赵绰说：“我宁愿让陛下杀我，也不愿意看到您杀辛亶。”杨坚气得拂袖而去。

杨坚其实并不是真的想杀赵绰，过了一会儿，命人把他放了。第二天，杨坚气消了，当面向赵绰道歉，安慰勉励他一番，并赐帛三百段。

赵绰把法律放在最高位置，多次纠正杨坚量刑过重的错误。当时，朝廷为了改革货币，禁止恶钱流通。有一次，官吏在街上抓到两个用恶钱换好钱的人，杨坚很生气，下令将两人处死。

赵绰进谏说：“按照法律，他们该受杖刑，而并非死罪。”杨坚说：“这不关你的事，你不要管。”赵绰说：“陛下让我掌管法律，您违反法律，随便杀人，怎么不关我的事呢？”杨坚发火了，说：“天子威严，您想撼动大树吗？”喝令让他退下。

赵绰不仅不退，反而又上前几步，跪拜说：“臣不想撼动大树，只想感动天子的心，请陛下按照法律行事。”杨坚见赵绰如此倔强，也拿他没有办法。大臣柳彧趁机上前劝谏，支持赵绰的意见，杨坚只好同意了。

赵绰对自己的仇人也是依法行事，从不挟私报复。有个叫来旷的官员，素与赵绰不和，上奏皇帝，说赵绰徇私舞弊，私放犯人。杨坚经过调查，证明是诬告，下令将来旷处死，并把案子交给赵绰去办。

杨坚认为，来旷诬告的是赵绰自己，赵绰应该会遵旨而行，将来旷判为死刑。没有想到，赵绰却说：“来旷诬告大臣，固然有罪，但按法律规定，不应该判死罪。"赵绰依法判来旷革职流放。

赵绰多次违背杨坚的旨意，甚至敢于当面顶撞，可杨坚对他越来越信任，有时把他带入后宫，与皇后一起，共同讨论为政的得失，关系十分亲密。

杨坚常对赵绰说："按你的德才，应该封你更高的官职，可我实在找不到能接替你的人。由你掌管法律，我最放心。"

赵绰六十三岁时，在大理正任上病逝。杨坚伤心地流下眼泪，为他举办了隆重的葬礼。

赵绰是中国古代一位杰出的法官，他不惧生死、公正执法的精神，为历代人们所赞颂。杨坚能够宽容、信任和重用他，也不失为一位贤明的君主。到了杨广时期，隋朝就再也没有这样的大臣了。

有才无德的杨素

　　杨坚在建立隋朝、治国理政的前期，重用了一批贤臣良将，所以能够平定天下，开创开皇之治。然而，杨坚后期在用人方面，也有了重大失误，失误之一，就是重用了有才无德的杨素。

　　杨素是个复杂的人物，在历史上十分有名。一方面，他具有卓越的军事才能，是古代名将、军事家，而且文武双全，是一位诗人；另一方面，他品行不端，善于搞阴谋诡计，嫉贤妒能，欺主罔上，特别是帮助杨广登基，造成隋朝二世而亡。所以，不少人把他列为祸国奸臣。

　　《隋书》记载，杨素，弘农华阴（今陕西华阴）人。弘农杨氏，是天下闻名的豪门大族，杨坚也号称出自弘农杨氏，但许多学者并不认同，而杨素却是货真价实的。所以，杨素虽然说是杨坚的族弟，其实两人血缘关系并不近，只是都姓杨而已。

　　杨素出身于官宦世家，他的祖父杨暄，当过北魏的辅国将军、谏议大夫；他的父亲杨敷，是北周的汾州刺史。杨素小时候，家庭败落，穷困失意，并不出众，但他胸有大志，而且不表现出来。人们都不了解他，只有他的堂叔祖杨宽，认为他非同一般，常对子孙说："杨素日后一定会出类拔萃，无与伦比，你们都赶不上他。"

　　杨素勤奋好学，读书常常通宵达旦，不知疲倦，而且善于钻研，在很多方面都很精通。杨素长大后，满腹学问，擅长写文章，书法也很好，还懂得天文地理和占卜之术。他长得长髯丰额，仪表非凡，十分英俊。

　　杨素在北周时期入仕，当了中外记室，后转任礼曹。周武帝命杨素起草诏书，杨素不假思索，一挥而就，词文均美。周武帝很高兴，夸奖他说："年轻人，好好干，日后不愁没有富贵。"杨素却十分自负地说："我无心谋求富贵，只怕富贵来找我。"

在伐齐战争中，杨素崭露头角。他主动请求，愿率其父的旧部为先锋。周武帝欣赏他的勇气，答应了，并赐给他一条竹鞭。杨素率领这支军队，多次与齐军作战，屡立战功。北齐灭亡后，杨素因功被授予开府，封为成安县公，食邑一千五百户。

580年，杨坚当上辅政大臣，把持了朝廷。杨素知道杨坚有篡位之心，主动上门投靠。杨坚很高兴，以族弟相称，任命他为汴州刺史。

杨素在赴任途中，遇上尉迟迥叛乱。荥阳刺史宇文胄响应尉迟迥，占据武牢关，使杨素无法前行。杨素请求率军攻打宇文胄，杨坚任命他为大将军，率河内军队平叛。杨素打仗有勇有谋，很快斩杀了宇文胄，为平叛立下大功。

战后，杨素升任徐州总管，封为清河郡公，食邑两千户。杨坚称帝以后，加封杨素为上柱国，让他参与修订《开皇律》，后来，又升任他为御史大夫，位列三公。正当杨素飞黄腾达、如日中天的时候，却不料祸起萧墙，险些毁了他的前途。

原来，杨素虽然在战场上叱咤风云，但却十分惧怕老婆。他老婆姓郑，是个悍妇，杨素在家里经常受气。有一次，杨素又被老婆欺负，情急之下，说了一句狠话："我如果当了皇帝，一定不让你做皇后。"妻子恼羞成怒，告发了杨素，说他想当皇帝，有篡位之心。这可是要掉脑袋的大罪，幸亏杨坚器重杨素，没有重罚，只是免了他的职务，削官为民。

杨素因为一句气话，丢了官职，在家闲居。杨素知道杨坚有雄才大略，必会吞并江南，于是经常上书，陈述平陈之策，以图东山再起。果然，杨坚想平定江南，便重新起用了杨素，任命他为信州总管，经略长江上游，做好伐陈准备。

杨素在长江上游，建造了大批战船，船高百尺，每船能容纳八百人。伐陈战役首先从长江上游发起，杨素率军顺江东下，战船铺满江面，旌旗盔甲鲜艳耀眼。杨素端坐大船之上，雄健魁伟，令人生畏。陈军士兵见了，都说："杨素就像长江之神一般。"

杨素率军东进，目的是吸引和牵制陈军主力，以利于隋军突破长江下游，攻克建康。这个计划成功实现了，杨素功不可没。平陈之后，杨素因功被封为越国公，食邑三千户，担任内史令。

灭陈之后的第二年，江南很多地方发生叛乱。杨素率军平叛，经过一年多时间，平定了各地叛乱，还剿灭了大大小小的匪患，稳定了江南局势。之后，杨素又率军北征突厥，平定了北方。在数年之间，杨素南征北战，立下赫赫战功。杨素因功升迁为尚书右仆射，相当于宰相，与高颎共掌朝政，他的官职、荣誉和地位，也达到顶峰。

杨素具有卓越的军事才能，几乎战无不胜，可是，他的统兵方法，却十分残暴。每次出战之前，杨素都要杀人立威，他故意寻找士兵的过错，当众斩杀，而且不止杀一两个，少者杀十几个，多者上百人，以至于鲜血都流到士兵脚下。士兵们都战战兢兢，杨素则面不改色。

杨素打仗，也与众不同。两军对阵时，杨素先令二三百人出战，如果胜了，给予重奖；如果不胜，有退回来的，杨素就全部杀掉，一个不留。然后，再派二三百人出战，结局也是如此。士兵们慑于杨素淫威，只得拼死向前，没有敢后退的。所以，杨素治军，以严厉凶狠著称。

杨素当上宰相、执掌朝政之后，也是如此。凡是归附、逢迎他的，即便没有才能，杨素也一定予以推荐提拔；凡是冒犯他的，不管功劳多大，杨素必定设法陷害，而且常常暗箭伤人，令人防不胜防。像史万岁、贺若弼、李纲、柳述等人，都曾被杨素暗地中伤，有的丢了性命，甚至连杨坚的儿子杨勇、杨秀，杨素都敢设计陷害。特别是高颎被罢相之后，杨素更是一手遮天。所以，朝廷内外，没有不惧怕杨素的。

杨素位高权重，显贵荣耀。他的府第华丽奢侈，规格体制模仿皇宫，府内奴仆数千人，乐伎小妾数以千计。杨素生活糜烂，穷奢极欲。杨素的兄弟、儿子及家族之人，都任朝廷高官，权势熏天。

杨坚的次子杨广，为人虚伪狡诈，他早就觊觎太子之位，总想取而代之。杨广知道杨素既有权势，又有手段，便千方百计拉拢他。杨素觉得，如果帮助杨广谋取太子之位，必定有大利可图，于是卖力地帮助杨广。两人结成同盟，施展各种手段，让杨坚逐渐疏远了太子杨勇，而宠爱杨广，最终由杨广取代了太子之位。

604年，杨坚在患病期间，发现杨广有不法行为，心中大怒，立即召唤原太子杨勇，意图再次更换太子。在这关键时刻，杨素与杨广合谋，撤换了皇宫侍卫，派心腹控制了皇帝，使杨坚无能为力，最终使杨广登上皇位。

杨广登基后，他的弟弟杨谅不服，起兵造反。杨素又率领大军，平息了杨谅叛乱，巩固了杨广的地位。

杨素为杨广登基立下了汗马功劳，可是，杨广却很忌惮他。606年，杨素患病，杨广多次私下里询问御医，探听杨素的病情，希望他能够早死。

杨素自然察觉到了，对弟弟杨约说："看来，我不能活下去了。"杨素拒绝吃药医治，主动病死，终年六十二岁。

杨素死后，长子杨玄感继承了他的爵位。后来，杨玄感起兵造反，兵败被杀，杨素的兄弟、儿子及家族之人，全部被诛杀。

杨素文武全才，可惜德行不正。许多人认为，杨素为了私欲，扶助杨广上台，结果葬送了隋朝江山，他是间接导致隋朝灭亡的千古罪人。

由此可见，选用人才，应该首先看德，有德无才固然不行，有才无德危害更大，因此，必须德才兼备、以德为先。

杨坚惧怕老婆

在封建社会里，皇帝至高无上，极少有怕皇后的，而杨坚却是个例外。杨坚一世英雄，名震天下，同时，他惧怕老婆，在历史上也是很有名的。

《隋书》记载，杨坚的妻子，叫独孤伽罗，鲜卑族。独孤伽罗的父亲，是北周大臣独孤信。独孤信有八个儿子、七个女儿，独孤伽罗是他最小的女儿。当时人们普遍信佛，独孤信为小女儿取了一个具有佛教色彩的名字，叫伽罗，意为香炉木、沉香木、奇楠香。独孤信的长女，是北周明帝的皇后；他的四女儿，是唐高祖李渊的母亲、李世民的奶奶。独孤信家族作为三朝外戚，实属罕见。

独孤伽罗于544年出生在洛阳，她从小受到良好的教育，知书达理，史书说她"雅好读书，识达今古"。独孤伽罗十四岁那年，由父亲做主，把她嫁给了十七岁的杨坚。独孤信是当时八柱国之一，位高权重，又是杨坚父亲杨忠的老上司，杨坚算是高攀了。

杨家自然愿意这门婚事，婚后，小两口儿十分恩爱，山盟海誓，相约白头偕老，永不变心。不久，独孤信与权臣宇文护产生矛盾，被迫自杀，独孤家族地位一落千丈。杨坚受其牵连，多年不得升迁，而且时常处于危险之中。在这险恶环境中，夫妻俩相互安慰，相互鼓励，相依为命，同舟共济，感情更加浓厚。

多年之后，他们的女儿杨丽华当了皇后，杨坚做了辅政大臣，夫妻俩终于时来运转，苦尽甜来。当时，杨坚面临两个选择，或者当权臣，辅佐年幼的皇帝；或者取而代之，自己当皇帝，但搞不好会身死族灭。独孤伽罗认为，当权臣也有危险，宇文护就是例子，不如干脆自己当皇帝，改朝换代，建万世之功。独孤伽罗鼓励丈夫说："大事已然，骑兽之势，必不得下，勉之！"坚定地支持杨坚登基称帝。

杨坚称帝后，封独孤伽罗为皇后。从此，独孤皇后竭力帮助丈夫，对隋朝发展产生了重大影响。有一次，幽州总管阴寿送给皇后一箱珍珠，价值八百万。独孤皇后说："这不是我所需要的，我需要的是国家安宁。当今突厥屡次侵犯我国，将士守边十分辛苦，不如把这些财宝奖赏给将士们。"人们知道后，对独孤皇后十分敬佩。

独孤皇后与杨坚感情深厚，每天上朝，她总是与皇帝同车前往，但她并不进入朝堂；杨坚下朝后，独孤皇后再接他一块儿回到后宫。对杨坚的过失，独孤皇后随时劝谏；对国家大事，独孤皇后经常提出自己的意见。杨坚对她既宠爱，又尊重，皇后提的意见，杨坚几乎言听计从。所以，隋文帝时期的一些重大决策，很难分清哪些是杨坚的意见，哪些是皇后的主意。群臣都尊称皇帝和皇后为"二圣"。

独孤皇后十分关心国家大事，对杨坚给以重要影响，但她很注意把握分寸，从不直接干政。有个大臣为了讨好皇后，建议百官夫人加封时，以皇后的名义下诏。杨坚征求皇后的意见，独孤皇后断然拒绝，说："千万不可，女人不得干政，我不能开这个先例。"

独孤皇后注意维护朝廷权威，对亲属要求很严。她姑姑的儿子犯了罪，按律当斩，杨坚看在她的面子上，下令赦免了他。独孤皇后说："这关系到朝廷法纪，怎么能徇私情呢？"杨坚尊重皇后的意见，最终依法处死了她姑姑的儿子。

独孤皇后十分节俭，从不穿华丽衣服，也不涂脂抹粉。杨坚也是有名的节俭皇帝，夫妻俩不爱奢华，堪称一对节俭夫妻。夫妻俩朝夕形影不离，所以，杨坚几乎没有其他女人，专宠皇后一人，这在历代皇帝中，是很少见的。杨坚一生，共有五个儿子、五个女儿，全是独孤皇后生的，可见独孤皇后的专宠程度。

杨坚毕竟是至高无上的皇帝，皇宫中美女众多，俗话说，爱美之心，人皆有之，杨坚也不例外。杨坚晚年时，有一天，他遇见一个宫女，生得花容月貌，楚楚动人，一问，原来是尉迟迥的孙女。杨坚一时没有把持住，与宫女发生了关系。

这事对于皇帝来说，再平常不过了。可是，独孤皇后听说以后，却勃然大怒，立即命人将宫女杀掉。

杨坚感到既生气又委屈，别的皇帝都是美女无数，他却连一个宫女都不能碰。可是，杨坚不敢朝皇后发火，一气之下，干脆离家出走了。

杨坚独自一人，骑马离开皇宫，不分路径，一口气跑出二十多里地。高颎、杨素听说后，赶紧骑马去追，追上杨坚后，劝皇帝回去。杨坚却不愿意回去，含着泪说："我贵为天子，却没有一点自由。"

高颎、杨素二人抓着杨坚的马缰不放，苦苦劝解，杨坚叹息不止，不肯回头。最后，高颎有点急了，说："陛下岂能为一妇人而轻天下！"杨坚心有所动，于是跟着二人回去了，回到皇宫，已是半夜时分。独孤皇后见皇帝回来了，放了心，主动向前认错，夫妻俩又和好如初。

事后，杨素把高颎劝杨坚的话，悄悄告诉了独孤皇后。独孤皇后听说高颎称她"一妇人"，认为对她不敬，十分不满。后来，因高颎反对废黜太子杨勇，独孤皇后便挑唆杨坚，罢了高颎的官。

独孤皇后生了五个儿子，可她不喜欢太子杨勇，而宠爱次子杨广，于是，她与杨素联手，设法让杨坚废黜了杨勇，而由杨广取而代之。独孤皇后做梦也没有想到，正是她宠爱的这个儿子，葬送了隋朝江山。这是独孤皇后最大的失误和罪过。

602年，独孤皇后病逝，终年五十九岁。独孤皇后与杨坚共同度过了近五十年的风雨人生和恩爱生活，她的死，对杨坚打击很大。杨坚尽管后来又宠爱了宣华夫人和容华夫人，但无法代替独孤皇后在他心中的位置。独孤皇后去世两年后，杨坚也一病不起，与世长辞了。杨坚在临终前，对侍从们说："如果独孤皇后还在，我不会是这个样子的。"

杨坚惧怕老婆，根本原因是真心爱她，这正是难得的英雄情怀，是一种应该赞扬的美德。无情未必真豪杰！

被废的太子杨勇

　　杨坚有五个儿子，都是一母所生，但五个儿子的性格、经历和结局，却各有不同。长子杨勇命运最为悲惨，他起初被立为太子，风光无限，可后来被废，最终被弟弟杨广杀害。

　　《隋书》记载，杨坚与独孤伽罗结婚后，先后生了长女杨丽华和长子杨勇。夫妻俩感情深，孩子是他们爱情的结晶，自然十分疼爱。杨勇年龄不大，因为祖父杨忠的功劳，就被封为博平侯。

　　等到杨坚当了辅政大臣，被封为随王的时候，杨勇已经成人，被立为世子，授为大将军、左司卫，后来出任洛阳总管、东京小冢宰，管辖过去齐国的领地。之后，又入朝为官，升任上柱国、大司马，兼任内史御正，并统领京城的禁卫军，可见杨坚对他十分器重。

　　581年，杨坚建立隋朝，随即立杨勇为皇太子，确立了他的继承人地位，国家的军政大事，都让杨勇参与决断。

　　杨勇容貌英俊，生性好学，博览群书，喜欢文学，善于词赋，结交了许多文人。当时姚察、明克让、陆开明等文人名士，都是杨勇的朋友。杨勇经常与他们在一起，写诗作赋，谈论文学。

　　杨勇性格宽仁和厚，率意任情，表里如一，不矫揉造作。他重视民生，关心百姓生活。当时，崤山以东流民很多，影响了社会稳定，杨坚打算把他们充军到北方边塞。杨勇认为不妥，极力劝阻，并采取了许多措施，就地安置了大量流民，取得了良好效果。杨坚很满意，此后有些重要决策，都注意听取杨勇的意见。

　　杨坚经常自豪地对大臣们说："前代君王，嫔妃众多，儿子也很多，时常发生争夺太子的事情，造成亡国。而我只有一个皇后，别无侍妾，五个儿子，都是一母所生，是真正的亲兄弟，不会发生那样的事情。"

杨坚的大话，说得有点早了。他没有想到，在皇权面前，只有利益，没有亲情；他更没有想到，他的次子杨广，早就觊觎太子之位了。

杨广的性格，与哥哥杨勇截然不同，他胸有大志，心机很重，虚伪狡诈，特别善于伪装。杨广知道，要想谋取太子之位，必须获得父母的信任和宠爱，于是，他千方百计讨好父母，并按照父母的喜好，精心包装自己。杨坚和独孤皇后都崇尚节俭，杨广的衣食用具也很简朴，从不奢华；杨坚和独孤皇后爱情专一，杨广也不好女色，只专宠萧妃一人，处处表现出与萧妃恩爱无比的样子。杨广特别在母亲独孤皇后身上，下足了功夫，表现得特别孝顺。时间一长，杨坚和独孤皇后夫妻俩，都觉得杨广特别像自己，对他宠爱有加。

而太子杨勇，性情率真，不会掩饰自己。他曾经在蜀铠上，雕饰花纹，其实并不是什么大事，可杨坚见了不高兴，怕他养成奢侈的习性，告诫他说："纵观前代帝王，没有一个不是因为奢侈豪华失去天下的。"杨勇却不以为然，没有引起重视，与杨广相比，他在衣食用具方面就显得奢华多了。

杨勇不会讨好母亲，让独孤皇后感到不悦。独孤皇后喜欢一个姓元的姑娘，给杨勇娶了当太子妃。可是，杨勇不喜欢，对她十分冷淡，一直没有孩子。杨勇喜欢一个叫云昭训的姬妾，与她一连生了三个儿子。杨勇也喜欢其他美女，这令独孤皇后十分不满。后来，太子妃元氏得急病死了，独孤皇后怀疑是杨勇害死的，对他心生厌恶。

独孤皇后拿杨勇与杨广相比，越来越觉得这个儿子不好，比杨广差远了。杨广看出了母亲的态度，心生奸计，向母亲哭诉说："哥哥想害我。"独孤皇后大怒，说："他害死了妻子，又想害自己的弟弟，如此邪恶之人，怎能继承大统？"从此，独孤皇后产生了废黜太子的想法，她多次在杨坚面前批评杨勇的过失，而极力赞扬杨广。杨广在平定江南、征服突厥过程中立有大功，在朝中很有威望。渐渐地，杨勇在父亲那里也失宠了。

独孤皇后铁了心，要废黜杨勇，让杨广上台。为此，她与大臣杨素联手，送给杨素许多金子，让杨素四处活动。朝廷重臣高颎，原本与独孤氏关系很好，但他的儿子娶了杨勇的女儿，极力反对废黜杨勇。独孤皇后不顾多年情谊，多次挑唆杨坚，最终将高颎免职罢官，清除了这个障碍。

杨勇当太子已经二十多年了，与百官联系密切。过冬至节的时候，百官朝觐皇帝之后，又按惯例到东宫朝拜太子。杨坚却不高兴了，下诏说："太子虽然位居皇嗣，但仍然还是臣子，朝拜东宫之事，应全部停止。"许多人都看出来了，太子杨勇的处境不妙。

杨勇自然也察觉到了，但他无计可施，每天忧愁恐惧。杨勇在后园建了一座低矮简陋的小屋，时常住在里面，布衣草垫，希望能借此阻挡厄运。杨勇平时很少出宫，也不与大臣来往，以免引起杨坚的怀疑，一心只求自保。

杨坚知道杨勇心中不安，便派杨素去东宫，探听杨勇在干什么。杨素派人向杨勇通报，杨勇知道杨素的分量，听说他要来，十分重视，早早就穿戴整齐，在客厅等候。

杨素到了东宫，却在外面徘徊，就是不进去，他在故意拖延时间，以便激怒杨勇，让杨勇发火失态。果然，杨勇干等了一上午，等得心焦，见了杨素之后，自然态度不会很好。这正是杨素想要的效果。

杨素回报杨坚，添油加醋说，太子在东宫大发雷霆，口出怨言，发泄不满，建议杨坚加强戒备，小心提防，防止太子作乱。杨坚大怒，终于下决心废黜了杨勇，让杨广取而代之。

600 年，太子杨勇被废。他觉得自己冤枉，十分委屈，多次请求面见父亲。可是，杨广、杨素已经派兵围住了东宫，严密封锁消息。杨勇不甘心，爬到大树上，高声大喊，希望引起皇帝注意。杨素却对杨坚说："杨勇已经疯了。"于是，杨坚始终没有再见杨勇。

604 年，杨坚病重时，得知杨广淫乱宫闱，捶床后悔道："独孤误我，错废了杨勇儿。"杨坚想派人召见杨勇，但已经身不由己了。

杨坚死后，杨广立即派人杀害了杨勇。杨勇有十个儿子，多数被杨广杀害。史书没有记载杨勇的出生年月，他死时大概不到四十岁。

受宠的次子杨广

在杨坚五个儿子当中，杨广性格奸猾诡诈，善于伪装，城府很深。史书说他"内怀险躁，外示凝简"，评价很是不好。杨广掩饰真情，伪装面貌，所以得到独孤皇后宠爱，杨坚也因此改变想法，最终让他继承了皇位。

《隋书》记载，杨广，569年出生，从小机敏聪慧，喜爱读书，擅长写文章，长大后容貌俊美，性格深沉隐晦，外表严肃庄重，内心却十分狡诈。杨坚曾经秘密安排术士来和，为他五个儿子相面。来和唯独看好杨广，说："这个孩子，眉上双骨隆起，贵不可言。"

581年，杨坚建隋称帝，立长子杨勇为皇太子，封次子杨广为晋王，当时杨广只有十三岁。之后，杨广先后担任柱国、并州总管、武卫大将军、上柱国、河北道行台尚书令、淮南道行台尚书令、雍州牧、朝廷内史令等职务。

588年，杨坚出动五十一万大军，发动了伐陈战役，任命杨广为元帅，统领各路兵马，结果只用三个月时间，就灭掉南陈，平定了江南。此役虽然实际指挥者是高颎，立大功的是贺若弼、韩擒虎，但杨广毕竟是元帅，也功不可没。战后，杨广晋升为太尉，并赐辂车、乘马和衮冕服装。

平定江南之后，杨广再次被任命为元帅，与高颎、杨素等人，又率军远征突厥，再立新功。数年之间，杨广挂着元帅头衔，南征北战，确实立有大功，使他名声显赫。天下平定以后，杨坚任命杨广为扬州总管，镇抚江南，让他每年都回京都朝觐。

杨广立有大功，又素有大志，自恃才高，不甘心只当个藩王，便开始谋划夺取太子之位。杨广心里很清楚，要想达到这个目的，必须取得父母尤其是母亲独孤皇后的信任和宠爱，于是便投其所好，一步步实施他的计划。

杨广每次进京，都穿着朴素的衣服，坐着破旧的车子，只带很少的随从，所有的用具，都十分简朴。杨坚和独孤皇后都是勤俭之人，见了自然高兴。江南奇珍异宝很多，可杨广拜见母亲，从不送珍宝等贵重之物，只是进献江南水果和点心之类，显得生活简朴。每次返回辞别母亲时，杨广都长跪不起，悲悲戚戚，似乎依依不舍。惹得独孤皇后也泪流不止，常常与儿子抱头哭泣。而太子杨勇，却不会搞这一套。独孤皇后越来越觉得，杨广比杨勇孝顺懂事。

独孤皇后为杨广娶了萧氏为王妃，萧氏是西梁皇帝之女，端庄贤惠，知书达理，独孤皇后很是喜欢。杨广为了讨母亲欢心，对萧氏十分恩爱，两人出双入对，形影不离，婚后不到三年，就有了两个儿子。而太子杨勇，却对母亲给他娶的太子妃十分冷淡，而是喜欢其他姬妾。杨勇还抱怨母亲，说给他娶的太子妃不如意。相比之下，独孤皇后自然对杨广十分满意，而厌恶杨勇。

杨广的王府，陈设十分简陋，没有一件奢华的东西。杨广嘱咐仆人，不要打扫乐器上的灰尘，而且故意弄断琴弦。有一次，杨坚去杨广府上，见乐器上落满了厚厚的尘土，琴弦也断了，明显很久没有用过。杨广禀告父亲说："儿臣不喜欢声乐。"杨坚很高兴，夸奖了他一番。

杨广不仅处心积虑地讨好父母，对父母身边的宦官侍女，也用心交结。宦官侍女们不论贵贱，只要到了杨广府上，杨广一律热情接待，并给予赏赐。独孤皇后身边的侍女，杨广更是降低身份，极力讨好，甚至让王妃萧氏，陪着她们同桌吃饭、同床睡觉。杨坚身边有个宣华夫人陈氏，当时尚未受宠，杨广也暗中交往，常送她金蛇、金驼等江南贵重之物。所以，宫中之人，几乎都说杨广的好话。杨坚夫妻听了，更加高兴。

杨广对朝中大臣，也是谦恭有礼，极力拉拢，与杨素等重臣，更是结为知己。杨广很注意自己的形象，有一次，在行军途中，忽然下起大雨，随从赶紧递上雨衣，为杨广遮雨。杨广却一把推开，说："全军将士都在淋雨，我要与他们同甘共苦。"因此，杨广在朝廷和军队中的口碑，也是不错的。

杨勇的太子妃得急病死了，独孤皇后怀疑是杨勇害死的，对左右说："元妃身体一直很好，没有什么病，怎么说死就死了，莫不是有人下毒害了她？"

杨广很快知道了这个消息，他觉得是个好机会。在一次返回扬州与母亲告别时，杨广跪在母亲面前，痛哭流涕，长时间不肯起来。独孤皇后觉得奇怪，杨广吞吞吐吐地对母亲说："我不知道什么地方得罪了哥哥，哥哥几次送来有毒的食物，想要害我。我怕今日一别，就再也见不到母亲了。"说完，放声大哭，悲痛不已。独孤皇后闻言大怒，遂下定决心，要废掉杨勇。

杨广见母亲这一头搞定了，赶紧找到杨素，让他加紧活动。杨素早就与杨广结成了同盟，但更换太子，事关重大，他要当面了解独孤皇后的想法。过了几天，宫中举行宴会，杨素借机向独孤皇后夸赞杨广，试探她的态度。独孤皇后与杨素的关系非常好，不再瞒他，把更换太子的意图和盘托出，并送给杨素一些金子。杨素心里有了底，此后更加卖力地帮助杨广。

杨素身居高位，在朝中很有势力，他指使手下党羽，或者散布流言，或者上奏皇帝，纷纷指责太子杨勇的过错，赞颂杨广的美德。杨坚见状，感叹道："皇后多次劝我更换太子，我一直不忍心，没想到太子确实不像话，以至于犯了众怒。"

杨坚对杨素十分信任，杨素在关键时候，多次说太子的坏话，又设计陷害他，使杨坚终于下了决心，废黜了杨勇，改立杨广为太子。

杨广依靠阴险狡诈和虚伪表现，在独孤皇后和杨素的倾力支持下，终于如愿以偿，登上了皇帝宝座。然而，如此德行不端之人，必定会给隋朝带来巨大灾难。

犯法的三子杨俊

　　杨坚和独孤皇后，一生崇尚节俭，但他们的第三子杨俊，却骄奢淫逸，追求享乐，触犯法律。杨坚在这方面做得还不错，他不顾众人说情，坚持依法处置，罢免了杨俊的一切职务，体现了皇子犯法与庶民同罪。

　　《隋书》记载，杨俊，生于571年，比杨广小两岁。杨俊为人宽厚，仁恕慈爱，信奉佛教，曾经请求出家为僧，因父母坚决反对，未能如愿。

　　杨坚称帝后，封杨俊为秦王。杨俊先后担任上柱国、河南道行台尚书令、洛阳刺史、右武卫大将军、秦州总管、山南道行台尚书令等职。杨坚篡周建隋时，因北周宗室势力很弱，使杨坚轻易得手。杨坚接受了这个教训，早早就把五个儿子都封为高官，便于历练。杨俊因为年龄不大，这些官职多数是挂名的，实际事务由手下人办理。

　　588年，杨坚发起伐陈战役，从长江上游、中游、下游三个方向攻击南陈，以上、中游牵制陈军，重点从下游渡江。杨俊被任命为中游隋军主帅，率军驻扎在汉口。当时杨俊只有十七岁，实际上指挥作战的，是名将崔弘度。

　　当时，南陈将领周罗睺、周法尚等人，率军驻扎汉阳。崔弘度立功心切，想去攻打他们。杨俊担心士兵会有伤亡，没有同意，只是与敌军形成对峙。不久，贺若弼、韩擒虎一举渡过长江，攻占了建康。周罗睺等人见南陈灭亡，主动前来投降。

　　战后论功行赏，朝廷予以封赏。杨俊推辞不受，说："没有建立尺寸之功，受之有愧。"杨坚听说后，对杨俊称赞有加，下诏书奖励他。后来，杨俊担任了扬州总管，不久又转任并州总管，成为一方大员。

从以上记载来看，杨俊起初还是不错的。可是，他到了并州以后，逐渐变了样子，生活腐化起来，开始放纵自己，追求享乐。

杨俊为了享受，动用官府的钱，征用大批民夫，为自己修建豪华的府邸，又建造水上宫殿，还为他的妃子制作七宝幕篱。府邸用华丽的珠宝玉石装饰，涂香刷粉，玉墙金阶，梁柱楣栋之间，全都装上明镜，镶嵌宝珠，极尽装饰之美，显得富丽堂皇。

杨俊喜欢美女，有许多姬妾，一个个打扮得花枝招展，穿的衣服艳丽华贵。杨俊每天与她们厮混在一起，饮酒欢宴，听歌观舞，醉生梦死，过着神仙一般的生活。

杨俊耗尽了官府的钱财，仍然不够用，他就违反朝廷法令，放债收取高额利息，又加重赋税，搜刮民脂民膏，弄得百姓怨声载道，痛苦不堪。

杨坚听说了杨俊的不法行为，十分生气，派有关部门前去调查，结果情况属实。杨坚大怒，下令免除了他的官职，并追究杨俊属官的责任，许多帮助杨俊搞奢华的人受到处理，有的被免官，有的被治罪，受牵连的有一百多人。

有些大臣认为杨坚处惩重了，为杨俊说情。左武卫将军刘升进谏说："秦王立有大功，又没有其他过错，只是花费官府的钱，修建了府邸罢了，应该可以原谅。"杨坚说："法律不原谅任何人。"刘升还想再说，见杨坚愤然变色，只好作罢。

杨素也为杨俊求请，说："秦王有过失，训诫一下就行了，处惩不宜过重，请陛下三思。"杨素是杨坚十分信任的大臣，他认为杨坚会给他面子的，何况杨俊是杨坚的亲生儿子。

不料，杨坚十分痛恨奢侈浮华，丝毫不为之所动，对杨素说："朕是五个儿子的父亲，照你的意思，我还要专门为这个儿子制定一个法律吗？想从前，周公不顾亲情，杀了管叔和蔡叔，相比之下，朕比周公差远了，怎么能够徇情，而损害法律的尊严呢？"杨素见杨坚心意已决，便不再说什么了。

由于杨俊好色，拈花惹草，他的王妃崔氏心中怨恨。崔氏是名将崔弘度的妹妹，十分彪悍，便在杨俊的食物里下了慢性毒药，杨俊因此得病。杨俊病重不能起床，派人奉表谢罪。杨坚让使者对杨俊说："我努力奋斗，创此大业，就是要作为传世的典范，想让臣下遵守它而无过失。你是我的儿子，却败坏法律，我不知道怎样责备你。"杨俊于是羞愧、恐惧，病情愈加沉重。

600年，杨俊病重去世，时年三十岁。崔氏下毒之事败露，于是被废黜和赐死。

杨俊死后，独孤皇后非常悲痛，好几天没有吃饭。杨坚干哭了几声，并没有特别悲伤。杨坚下令，杨俊的葬礼从简，并将他生前用过的奢华之物全部烧掉。

秦王府的官员们，请求为杨俊立碑。杨坚不准，说："如果想要留名，一卷史书就够了，何必立碑呢？如果子孙不能保存家业，即便立了碑，那碑石不过白白送给人家做建房的基石罢了。"

杨俊有两个儿子，叫杨浩和杨湛，因崔氏有罪被废黜，都没有继承王位。后来，宇文化及杀了杨广，立杨浩当了傀儡皇帝。不久，杨浩、杨湛都被宇文化及杀害，杨俊因此绝嗣。

遭贬的四子杨秀

在杨坚和独孤皇后的五个儿子当中，四子杨秀性情暴烈，奢靡骄纵，妄行不法，又遭到杨广陷害，结果被剥夺官爵，贬为庶人。

《隋书》记载，杨秀，生于 573 年，比杨俊小两岁，比杨广小四岁。杨坚称帝时，封杨秀为赵王。杨秀先后担任柱国、益州刺史、上柱国、西南道行台尚书令、内史令、右领军、大将军等职，当然也是挂名的。

杨秀长大后，身材魁伟，长髯丰额，性情刚烈，武艺高强，勇猛过人，朝臣都惧怕他。

592 年，杨坚改封十九岁的杨秀为蜀王，命他镇守益州，治理蜀地。蜀地离京师遥远，地广人众，位置重要。杨坚怕儿子难担大任，专门挑选了朝廷重臣、时任兵部尚书的元岩，去当益州长史，辅佐杨秀。

杨坚对元岩说："你人品高尚，又有宰相之才，委屈你去辅佐蜀王。以你的大才，治理蜀地并不困难，但蜀王是个不羁青年，辅佐他并不容易。朕已告诫过他，一切事务，均要听从你的安排，不得对你无礼。希望你尽心尽力，像曹参辅佐齐王那样。"元岩知道，这是皇帝对自己的信任和重托，于是欣然领命。

元岩威严耿直，通晓世事，杨秀对他很敬畏，能够克制自己，按法度办事。在元岩辅佐下，蜀地法令严明，秩序稳定，百姓安居乐业。不料，时间不长，元岩患病去世，杨秀便开始为所欲为起来。

杨秀喜欢奢侈浮华，追求享乐。他斥巨资修建了豪华的府邸，建造白玉王廷，衣食用具都十分讲究。杨秀执法严苛，多杀无辜，剥削百姓，聚敛财物，民众苦不堪言。

杨秀不仅肆意放纵，而且还有野心。他违犯制度，超越规格，车马服饰，均比照天子样式。太子杨勇被废以后，杨广取而代之，杨秀对此十分不满，时常口出怨言。杨广知道后，对他怀恨在心。

杨秀想扩大自己的势力，上书朝廷，请求扩充军队，增加官佐，可杨坚不予批准。西部边境出现战事，朝廷派兵征讨，杨秀推荐自己的亲信统兵，杨坚又不同意。杨坚常对独孤皇后说："秀儿不甘居于人下，肯定没有好结果。我在世，自当不用担心；我死后，他必定会造反。"于是，杨坚逐步削夺了杨秀的权力，分职别任，以限制他的势力。

杨广当上皇太子之后，知道杨秀心中不服，日后必为祸患，于是让杨素暗中察访他的过失，收集罪证。杨秀确实有不少奢靡之事和不法行为，被杨素抓住许多把柄。杨素向皇帝禀报，杨坚决定依法处理。

杨坚把杨秀召回朝廷，要治他的罪。杨广假惺惺地流泪为他求情，杨坚说："往日秦王杨俊骄淫奢华，朕依法处置，没想到杨秀不以为戒，反而比杨俊更甚，决不能宽恕他。"

大臣庆整劝谏道："杨勇已被废黜，杨俊已经去世，陛下的儿子不多了，何必如此处罚？蜀王生性耿直，如被严惩，恐怕不能保全，望陛下三思。"杨坚大怒，要割庆整的舌头，吓得庆整不敢吭声了。

杨广痛恨杨秀，一心要置他于死地，于是设了一个狠毒的计策，来陷害杨秀。杨广暗中令人制作了两个木偶人，分别写上杨坚、杨谅的名字，丝绳束手，铁钉穿心，埋在华山下面，然后再让杨素装模作样地挖出来。杨广又冒充杨秀的名义，写了一篇"檄文"，咒骂皇帝。

杨素将这些"罪状"奏报皇帝，杨坚见了，怒不可遏，下诏责骂杨秀，说他包藏祸心，图谋不轨，是叛逆之臣和不孝之子，列举杨秀十项大罪，痛骂他灭天理，逆人伦，有豺狼之心，坏到了极点。

杨坚毕竟念及父子之情，没有杀杨秀，但剥夺了杨秀一切官职和爵位，贬为庶民，并且将他囚禁起来，不得与妻子儿女相见。杨坚迁怒于杨秀的属官，受牵连获罪的有一百多人。

杨秀遭贬，又被囚禁，愤懑不已，但没有办法，只好上表谢罪说："我因为幸运，成为皇子，九岁就得到了荣华富贵。可我愚笨，不知珍惜，触犯国法，辜负了父母大恩。如今福分已尽，情愿以死谢罪。恳请父皇怜悯，死前能让我与儿子见上一面，然后再赐我一个墓穴，让我的尸骨有个去处。"

此时，独孤皇后已经死了，没有人再关心杨秀。杨秀被囚禁在内侍省，身边只有两个又丑又凶的婢女。后来，杨坚准许他与家人见面，给了他一点安慰。

杨坚死后，杨广当了皇帝。因杨秀已经构不成威胁了，杨广也没有杀他，但继续进行禁锢，对他严加看管。

杨秀有七个儿子，宇文化及杀掉杨广后，大肆戮杀杨坚的子孙，杨秀和诸子均被杀害。杨秀活了四十六岁。

造反的五子杨谅

杨谅是杨坚和独孤皇后最小的儿子，因而从小受到父母宠爱。杨坚打破继承顺序，废了长子，改立次子，不料却勾起其他儿子的野心，除了杨秀之外，杨谅也产生了非分之想。杨坚死后，杨谅举兵造反，结果兵败身死。

《隋书》记载，杨谅出生于575年，比杨秀小两岁，比杨俊小四岁，比杨广小六岁。杨坚称帝时，封杨谅为汉王，当时他只有七岁。

杨谅因为是最小的儿子，杨坚夫妻都很疼爱他。其他儿子在十二三岁的时候，就到地方或军中历练，而杨谅却一直待在父母身边，直到成年后，才被任命为雍州牧，加授上柱国、右卫大将军，第二年，又转任左卫大将军。

597年，二十二岁的杨谅被任命为并州总管，杨坚以巡幸温汤为名，亲自送他到并州赴任。杨谅不仅管理并州，还统辖原齐国的地方，因而他管辖的地盘很大，西起华山，东至渤海，南到黄河，北达雁门关，共五十二州。除此之外，杨坚还特授他遇事不必拘于法令而可以自行决断的特权，这在皇子和大臣中是唯一的，足见杨坚对他不同寻常的宠爱。

598年，杨坚任命杨谅为元帅，率军征伐辽东。杨坚一心想让儿子立功，特派宰相高颎为元帅长史，委托高颎负总责。不料，杨谅年轻气盛，常与高颎意见不合。高颎牢记皇帝嘱托，以大局为重，并不迁就他，结果引起杨谅不满。回师以后，杨谅向母亲哭诉，说高颎独断专行，不把他放在眼里，还诬陷说，高颎几次都想杀了他。独孤皇后十分愤慨，挑唆杨坚将高颎免官。

600 年，杨坚废了太子杨勇，改立次子杨广为太子。杨谅认为，自己管辖的地盘大，兵精粮足，父母又宠爱他，也是有条件当皇帝的，于是产生了谋反之心。

杨谅对父亲说："突厥仍然很强大，太原是军事重镇，应加强防备。"杨坚认为有理，便按照杨谅的要求，征发大批民工劳役，修建城防，加强备战，同时为并州扩充军队，贮存了大量兵器，使杨谅势力进一步增强。

杨谅又招揽人才，积蓄力量。原南陈名将萧摩诃，降隋后不得志，杨谅千方百计将其招到麾下。原南梁名将王僧辩的儿子王頍，很有智谋，也被杨谅重用为咨议参军。杨谅积极招降纳叛，招收亡命之徒和无户籍之人，达到数万之众。

杨广一直关注着杨谅的所作所为，知道他有异心，但杨坚宠爱杨谅，他无从下手。杨广知道父亲疼爱小儿子，于是在陷害杨秀的时候，做了木偶人，故意把杨谅的名字也写上，以激怒杨坚，结果杨秀获罪被废黜。杨秀被囚之后，杨谅心中十分不安，更加小心提防杨广。

604 年，杨坚去世，杨广继位当了皇帝。杨广召杨谅回朝，杨谅不敢入朝，遂决定起兵造反。总管司马皇甫诞劝谏，杨谅不听，把皇甫诞关进监狱。

杨谅起兵，并没有提杨广弑父之事，而是打着"清君侧，诛杨素"的旗号。杨谅如果打着讨伐"弑父罪人"的大旗，号召力一定会相当大的，这说明"杨广弑父"在当时不被人们认可，后来的起义军，大多也没有提及杨广弑父的罪行。

杨谅虽然造反了，但他缺乏谋略，没有明确的战略目标。王頍建议说："大王手下的将士，很多是函谷关以西的人，也有不少函谷关以东的。大王如果打算直接攻打京师，就要用关西人做主力；如果打算占据过去齐国的地盘，就用关东人。"王頍提出了两个战略目标，或者直接夺取皇位，或者割据自立，供杨谅选择。杨谅没有主见，觉得这两个目标都挺好，于是两种办法都用，结果造成兵力分散。

杨谅调兵遣将，分别从太谷、滏口、井陉、雁门等地出兵，攻打各地。杨谅又命将军裴文安，率军攻击京师长安。裴文安出发不久，杨谅忽然改变主意，派人把他召回，重新进行兵力部署。原来，杨谅虽有野心，但从小受父母溺爱，没有上过战场，心里胆怯，不敢攻打长安，而想割据自立。裴文安叹息说："军事行动，必须诡秘神速，出其不意，如此反复不决，大事难成。"

杨广得知杨谅造反，立即派名将杨素率军平叛。杨素出兵神速，亲率五千精骑，一举攻占并州南大门蒲州，大挫敌军锐气，然后，又率四万兵马，马不停蹄，直扑杨谅老巢太原。

杨谅闻讯大惊，亲率大军在蒿泽布阵抵抗。不料，天降大雨，带来很大困难，杨谅打算撤军。王頍急忙劝阻，说："不可，杨素远道而来，人困马乏，而我军以逸待劳，大王又亲自出战，士气旺盛，一定可以打败敌人。如果撤军，显得我们胆怯，会使我军沮丧，增长敌军气焰。"杨谅不听，将军队撤至清源（今山西清徐）。

杨素见状大喜，激励将士，乘势进军，在清源与杨谅军队展开决战。杨谅命萧摩诃领兵出战，萧摩诃虽是名将，但年事已高，已经七十三岁了，手下将士又无斗志，结果兵败被俘，后来被杀。此役杨谅军队大败，被杀一万八千多人。王頍因杨谅不听他的计策，又见大势已去，愤而自杀。

杨谅遭此大败，军心涣散，只好退守太原城。杨素指挥大军，将城四面包围。杨谅知道城池必不能保，束手无策，只好请求投降。杨谅起兵只有一个月，就宣告失败。

百官上奏，说杨谅造反，罪该当死。杨广说："终究是亲兄弟，于心不忍，恕其一死吧。"杨广下诏，把杨谅削爵为民，从杨氏族籍中除名，并把他囚禁起来。

不久，杨谅在禁锢中不明不白地死了，年仅三十岁。杨谅只有一个儿子，后来也被宇文化及杀了。

杨坚经常自夸，说自己的五个儿子，都是一母所生，是真正的亲兄弟。可他没有想到，亲兄弟之间，照样会互相残杀，结果都未能善终，而且杨坚本人，也被人们认为是死于亲生儿子之手。这对于封建制度下的亲情关系，真是绝妙的讽刺！

杨坚是被儿子杀的吗

提起杨坚之死，几乎无人不知，他是被自己儿子杀害的。很多小说、戏曲、影视等文学作品，都描写了杨广这种禽兽不如的罪行，使杨广背上了千古骂名。

然而，文学作品是可以虚构的，并非历史真实，而在正史中，对杨广弑父却没有记载。那么，杨坚到底是不是被儿子杀死的呢？

记载隋朝史事的正史，是《隋书》。《隋书》是唐朝修撰的，唐朝是不会为杨广掩饰的；《隋书》是贞观年间撰写的，离杨坚之死只有二十多年，许多当事人都活着，史料比较准确；《隋书》的主编是魏徵，魏徵被公认为正直之人。所以，《隋书》在史学界评价良好，可信度是很高的。

《隋书》记载，602 年，独孤皇后病逝。独孤皇后与杨坚共同生活了近五十年，是他的贤内助，也是他的精神支柱，两人感情至深。独孤皇后的死，对于垂暮之年的杨坚来说，是毁灭性打击，以至于杨坚整日失魂落魄，悲痛万分。大臣和高僧们着急，纷纷上书，说皇后是观世音菩萨下凡，已被诸神迎接到西方极乐世界去了，以此宽慰杨坚。

杨坚有点相信了，便召集五十多名高僧，在皇宫举行了四十九天的宏大法会，超度皇后亡魂。杨坚还要亲自为爱妻送葬，术士萧吉劝谏道："根据阴阳书，陛下亲自送葬，会对自身不利的。"杨坚却置之不理，冒着严寒，奔波数百里，亲自护送独孤皇后的灵柩到了陵园，送了爱妻最后一程。

独孤皇后死后，杨坚虽然宠爱了宣华夫人陈氏和容华夫人蔡氏，两人日夜不离左右，但仍然无法取代独孤皇后在他心中的位置。第二年，杨坚一反勤俭作风，耗费巨资，为爱妻修建了一座天下最大的禅定寺。禅定寺占地近千亩，比现在的故宫略小一点，里面供奉着中国唯一一颗释迦牟尼的佛牙舍利。杨坚在为独孤皇后做佛事的时候，每次都泪流满面。从以上记载来看，杨坚对妻子的感情，是深厚的、真挚的。

独孤皇后去世时，杨广三十四岁，已当了两年多太子。杨广继位心切，找到术士萧吉，吞吞吐吐地表示，希望他在办理独孤皇后丧事时，能想些办法，让父亲早点到地下与母亲团聚。

萧吉精通阴阳算术，曾经推算杨广能当太子，因而与杨广关系密切。萧吉知道杨广的心意，向他保证说，四年之内，"太子御天下"。杨广大喜。《隋书》在《萧吉传》中，记载了这个事情，似乎暗示着杨广急于接班，有杀害父亲的动机。可是，有杀人动机，与真的杀人是两回事。

604年初夏，杨坚想到仁寿宫避暑。仁寿宫位于今陕西省麟游县，离长安三百多里。593年，杨坚令杨素在此地营造了避暑离宫，此后杨坚和独孤皇后经常来这里避暑。独孤皇后死后，杨坚怕触景伤情，没有再去，今年忽然心血来潮，又想去仁寿宫。

《隋书》在《卢太翼传》中记载，卢太翼，也叫章仇太翼，是著名术士，他经过测算，认为皇帝出行，大不吉利，于是极力劝阻。杨坚不听，扬言回来后与他算账。卢太翼固执，竟然说："陛下如果不听，恐怕就回不来了。"杨坚大怒，下令将他关进监狱，说回来以后，就砍他的脑袋。

杨坚到了仁寿宫不久，果然患病，而且病情日渐沉重，御医束手无策。杨坚感觉不妙，急令尚书左仆射杨素、兵部尚书柳述、黄门侍郎元岩三个心腹大臣，到仁寿宫侍疾，又令杨广入住仁寿宫，以备不测。

杨广见到了父亲，痛哭流涕，杨坚抚摸着杨广的脖子，嘱咐他要克勤克俭，掌握好法度，不要辜负了重任。杨坚还叮嘱杨广，把卢太翼从监狱里放出来，并善待他。

七月甲辰日，杨坚感觉大限将至，诏令朝廷百官，一齐赶到仁寿宫。杨坚流着眼泪，一一与他们握手诀别，众臣无不掩面流涕。杨坚把朝廷事务，全部交给杨广处理。杨坚还写好遗诏，回顾了一生经历，叙说创业之艰难，解释了废黜杨勇、杨秀的理由，盛赞杨广，嘱咐众臣尽忠竭力地辅佐他。这一切，都显得十分正常、十分自然。

可是，谁都没有想到，在这自然平静之中，突然风云骤变。原来，杨广眼见父亲即将归天，除了表面悲伤、内心喜悦之外，还有一些担心和焦虑，他急需要考虑的，是父亲死了以后，他应该怎么办，有哪些大事需要处理。杨广知道，根据历朝历代的经验，每逢皇帝驾崩之际，都是最敏感、最容易出乱子的时候，何况在杨坚身边的三个大臣当中，有两个是杨广的对头。

杨坚病重期间，在他身边侍疾的三个心腹大臣，分别是杨素、柳述和元岩。杨素是杨广的死党，可柳述、元岩二人，却与杨广、杨素有过节儿。柳述、元岩身份特殊，都受到杨坚宠信，杨广不能不防。

柳述，是杨坚的女婿，娶了杨坚最疼爱的小女儿兰陵公主。兰陵公主的前任公公王谊，是被杨素诬陷逼死的。兰陵公主的丈夫病死后，想改嫁柳述，杨广反对。另外，柳述还曾经是废太子杨勇的属下，与杨勇关系密切。因此，柳述和兰陵公主夫妻俩，都与杨广、杨素有仇。杨坚晚年时，对杨素有所猜忌，分了他一部分权力，提拔重用了柳述。

元岩，与那个辅佐杨秀的益州长史同名，时任黄门侍郎，是皇帝近臣。元岩的父亲，曾经与杨素是同事，也与杨素有矛盾。元岩看不惯杨素的为人，而与柳述关系很好。

杨素、柳述、元岩在杨坚身边侍疾，另外还有宣华夫人也在寝宫服侍，其他人无诏不得入内，太子杨广也不例外。杨广内心着急，便写密信给杨素，询问皇帝驾崩后如何处置。杨素自然也很重视，写了好几条意见，派人秘密交给杨广。

不知出于什么原因，送信人把杨素给杨广的密信，误送给了杨坚。杨坚看后，觉得自己还没死呢，他们就忙着登基之事，自然心中愤怒，但没有发作。不大一会儿，宣华夫人慌张地跑进来，杨坚见她神色不对，问其缘故。宣华夫人垂泪说："太子无礼。"杨坚终于大怒，捶着床板说："这个畜生，怎能托付大事？独孤误我！"

杨坚怒不可遏，叫来柳述、元岩，说："速召我儿。"柳述、元岩认为是召唤杨广，杨坚愤愤地说："不是杨广，是勇儿。"于是，柳述、元岩赶紧去起草诏书。这个时候，杨坚传诏杨勇，明显是想重新更换太子，杨广面临巨大危机。

杨素此时处于高度警惕之中，自然知道了这突发事变，心中大急，火速告知了杨广。两人经过紧急商议，当机立断，迅速采取了四项措施：一是立即将柳述、元岩逮捕，关进监狱，后来二人被害。二是撤换宫中卫士，由杨广的亲信宇文述，带领东宫士兵包围了仁寿宫，严禁任何人出入。三是派心腹张衡进入杨坚寝宫侍候，而把包括宣华夫人在内的所有人，全都关到别的房间。四是派杨素的弟弟杨约，火速回长安，假冒皇帝诏书，勒死了杨勇，绝了后患。

当时，杨广、杨素已经控制了朝廷，大权在握，采取这些措施，自然是轻而易举的。这实际上就是一场政变，他们果断囚禁了皇帝，切断了杨坚对外的一切联系。此时，不管杨坚有多大本事，也无能为力了，何况他还是一个垂死的病人呢？

就在杨广、杨素囚禁杨坚的当天晚上，杨坚去世了，终年六十四岁。杨坚是怎么死的，是连气加惊，病情加重而死，还是杨广命人害死的，《隋书》没有记载，只是说驾崩。

《隋书》还记载说，杨坚死后，宣华夫人惶恐不安。不久，杨广派人给她送来一个金盒。宣华夫人担心是毒药，战战兢兢地打开一看，原来是几枚同心结。宣华夫人愤怒，不肯致谢，宫女强行要求，她才向使者致谢。当晚，杨广便与她住在了一起。

从《隋书》以上记载来看，并没有说杨坚是杨广害死的，可见杨广弑父，是没有证据的，如果有证据，《隋书》一定会大书特书，绝不会隐瞒。不过，从《隋书》记载的逻辑推理来看，很容易使人联想到，在突发事变的时候，杨广为了抢夺帝位，残忍地杀害了父亲。

《隋书》作者出于职业道德，在没有证据的情况下，没有记载杨广弑父，却似乎引导着人们，朝这个方面去猜想。所以，有不少学者，对《隋书》的记载存有怀疑，特别是对事变中关键人物宣华夫人的行为，提出了不少质疑。

宣华夫人姓陈，是南陈皇帝陈叔宝的异母妹妹，南陈灭亡时当了俘虏，被充入后宫做了宫女。陈氏性格文弱，又很聪明，令人怜悯。独孤皇后活着的时候，性情妒忌，不准杨坚接近任何女人，唯独允许陈氏可以侍候皇帝。独孤皇后死后，陈氏受到宠幸，被封为宣华夫人。

杨广与宣华夫人陈氏，早就熟悉，而且关系很好。在杨广任扬州总管的时候，就经常送给陈氏一些江南珍宝，希望陈氏为他美言。陈氏也愿意结交杨广，为杨广当太子出了不少力气。《隋书》说："皇太子废立之际，颇有力焉。"

一些学者认为，杨广之所以夺得太子之位，一个重要原因，是他以"不好女色"而取悦于父母。杨广掩饰本性，专宠萧妃十几年，而不近其他女人，怎么可能在父亲病危时，就忍耐不住了呢？何况当时杨广满脑子想的是登基大事，哪里有这种闲情逸致？特别是，凭着杨广与陈氏的友好关系，以及陈氏谨小慎微的性格，即便杨广真的调戏她，陈氏也不可能去告发杨广。后来，陈氏在杨坚去世一年后病逝，年约二十九岁。杨广对她十分怀念和伤感，专门写了一篇《伤神赋》，可见关系非同一般。

所以，很多学者认为，宣华夫人陈氏告发杨广的行为不合情理，如果这个关键情节不真实的话，自然推断不出杨广弑父的逻辑了。

最早记载杨广弑父的，是唐初赵毅所写的《大业略记》。该书说，是杨素、张衡进入杨坚寝宫，用毒药把杨坚毒死了。可是，《大业略记》是野史，赵毅也不是名人，特别是书中错误百出，把陈氏写成了蔡氏，杨坚发丧日期也搞错了，因而不被史学界认可。

到了唐代中朝，有个叫马总的人，写了一本《通历》，说得就更邪乎了。《通历》说，张衡进入杨坚寝宫后，直接朝着垂死的杨坚砍杀，血溅屏风，杨坚的惨叫声、呼救声传出很远。这就更不可信了，杨坚已经病得奄奄一息，还用得着这样大砍大杀吗？

杨坚弑父，由于题材独特，能够吸引人们的眼球，特别是杨广后来的形象很坏，所以，千百年来，一些野史、戏剧、小说等，对此大加渲染，有毒死、勒死、捂死、棒杀、刀砍等多种说法，使得杨广弑父的恶行，几乎路人皆知。可是，在正史当中，均没有杨广弑父的记载。

其实，即便杨广真的盼望父亲早死，他也没有必要下手了，因为杨坚已经濒临死亡，而且还被囚禁，没有任何作为了，杨广还杀他干什么？

笔者认为，流传甚广的杨广弑父，实际上可能并不存在，不过，杨广盼父亲早死，却是真的。根据杨广的为人和性格，为了皇权，他不是不敢弑父，只是没有必要罢了。

即便杨广没有弑父，但杨坚之死，他也逃脱不了干系。在杨坚病重期间，杨广实际上是搞了一场政变，夺取了皇权，加速了杨坚死亡。假如杨坚召回了杨勇，重新更换太子，隋朝的历史，有可能会改写。

《隋书》怎样评价杨坚

　　唐朝是灭隋之后建立的，与隋朝是敌对关系。唐太宗李世民很重视隋朝兴衰的经验教训，让他最信任的大臣魏徵主编《隋书》。那么，《隋书》是如何记述和评价杨坚的呢？

　　《隋书》记载了杨坚的出身、经历、家庭、子女，也记述了一批辅佐他的文臣武将；记载了杨坚治国理政的大事，也记述了他一些平凡小事；记载了杨坚的丰功伟绩，也记述了他的缺陷和过失。总体来看，《隋书》对杨坚的记述，是比较全面和详尽的。

　　杨坚出身将门，青少年时期历经坎坷，后来依靠偶然机遇，当上辅政大臣，比较轻松地篡周建立了隋朝。然而，杨坚上台后并不轻松，他励精图治，对内平息叛乱，对外征服突厥，采取一系列措施巩固统治，然后征伐南陈，统一了全国。

　　杨坚当皇帝二十三年，在治国理政上颇有建树，开创了开皇之治，有些制度创新对后世影响很大。杨坚也有一些缺陷和不足，有些方面出现重大失误，为隋朝二世而亡埋下祸根。《隋书》对杨坚总体上是肯定的，对他的评价也比较客观。

　　从《隋书》记载来看，杨坚是一位大有作为、功绩卓著、对后世产生重大影响的皇帝。杨坚的功绩，主要表现在三个大的方面。

　　第一，结束了中国社会长期分裂的混乱局面，形成了多民族融合的大一统国家。纵观中国古代历史，总是分多合少。公元前221年，秦始皇平息春秋战国五百年来的战乱，建立了第一个大一统王朝，可是，仅仅只有十几年时间，秦王朝就分崩离析了。刘邦建立汉朝，获得了四百年的大体稳定。然而，从220年开始，中国社会进入魏晋南北朝时期，时间长达近四百年。这期间，除了西晋有过短暂统一之外，其他时间都处于分裂状态，是中国历史上著名的国家分裂时期。杨坚建立隋朝之后，结束了这种长期分裂局面，建立了大一统国家，这是他最大的功绩。

由于时代局限性，秦始皇的大一统，主要是统一了中原地区和华夏民族，而杨坚的大一统，则是多民族融合的大统一，疆域面积也更大。杨坚的大一统，促进了南方和北方的经济文化交流，增进了汉族和其他民族的融合团结，最终形成了由多民族共同组成的中华民族大家庭，这个大家庭，一直延续到今天。从这个意义上说，杨坚为国家统一所做出的贡献，不亚于秦始皇。

第二，适应社会发展的需要，探索创立了几项影响深远的制度。

一是创建了三省六部制度。三省六部制的核心，是皇帝集权、宰相分权，重点解决了皇权与相权的矛盾，十分有利于中央集权。所以，唐朝建立以后，直接把这个制度照搬过来，历代也都照此办理，不断完善，一直沿用到清末。

二是开创了前所未有的科举制。科举制经过唐朝完善以后，成为历代王朝选拔官吏的主要形式。科举制不仅对中国社会影响极大，还被西方国家所借鉴，建立了至今存在的文官考试制度。

三是修订了《开皇律》。《开皇律》的精髓，是援礼入法，礼法合一，以法的形式，固定了礼的内涵和目标，达到了礼与法的结合。此后，无论是《唐律》，还是《大清律》，都遵循了这种立法精神。杨坚是一位伟大的改革家，他的这些制度创新，意义重大，影响深远。

第三，精心治国理政，开创了开皇盛世，为唐朝繁荣奠定了基础。杨坚通过采取一系列政治经济政策，实现了政治清明，社会稳定，法律严明，官吏清廉，经济发展，外部没有强敌，内部没有大的忧患，百姓安居乐业，被后人称为开皇之治。在封建社会里，被誉为"某某之治"的时代，并不是很多，都属于盛世。由于国富兵强，隋朝的国际地位也很高，是名副其实的东亚霸主。隋朝的发展，为后来唐朝的繁荣强盛奠定了基础。

《隋书》不仅记述了隋文帝杨坚的丰功伟绩，还记述了他许多好的品质和优点，主要表现在三个方面。

一是勤政。杨坚每天都是天不亮就上朝，中午在朝堂吃简易午餐，天黑以后才回后宫休息，有时晚上还要加班，常常忙到深夜，几乎天天如此，不知疲倦。所有军国大事，杨坚都亲自过问，亲自决策，安排得十分周到。《隋书》说他："废寝忘食，日理万机。"在封建皇帝中，像杨坚这样勤政的，那是凤毛麟角。

二是节俭。杨坚是历史上有名的勤俭皇帝，他从不穿华贵衣服，不佩戴金玉装饰，饮食也很普通，以素食为主。杨坚不喜声乐，不纵欲好色，不爱饮酒，一切都很简朴。这与一些花天酒地、穷奢极欲的皇帝相比，确实有很大区别。

三是爱民。杨坚爱惜民力，很少搞大型土木工程，注意减轻赋税和徭役，使人民得到休养生息。杨坚关心百姓生活，经常派出官员，到各地暗访，考察民间疾苦。杨坚每次外出，只要遇有百姓上书，他一定要停下车来，亲自接待和处理。

有一年，关中受灾，百姓生活遇到困难。杨坚派出一些官员，到百姓家中查看饮食情况，结果发现，百姓大多数吃米糠、豆渣之类的食物。杨坚得知后，潸然泪下，当即表示，自己禁酒、禁肉一个月，与百姓同甘共苦。

595 年，长安一带遭遇大旱，粮食歉收，许多百姓扶老携幼，向东逃荒，杨坚也随着逃荒百姓到洛阳去。杨坚下令，不得驱赶百姓，而是夹在他们中间缓缓行走。遇到路窄处，杨坚就跳下马来，停在一旁，让百姓先走；碰到有挑担子的，杨坚就让侍卫接过担子，送他们一程。《隋书》记载了这个细节，表明杨坚是很爱护老百姓的。

《隋书》除了记述杨坚的功绩和优点之外，也记述了他许多缺陷和失误，并探讨了这些失误对隋朝灭亡的影响。杨坚的缺陷和失误，主要表现在三个方面。

一是缺乏宽厚恢宏的胸襟和气度。《隋书》说他："好为小术，不达大体。"意思是说，杨坚喜欢用小的驭人之术，但不注意大的方面，在把握大局和治国大思路上存在问题。在杨坚时期，由于实行"输籍定样"和"大索貌阅"政策，把民间财富大都聚积到国库里去了，因此，尽管国家富强，可老百姓并不富裕。特别是，当时国库中粮食充盈，但遇到灾荒，杨坚只是做出一些爱护百姓的小动作，却舍不得开仓赈粮。所以，在杨坚时期，虽然表面上是太平盛世，可老百姓的幸福感并不强，这预示着隋朝的统治基础不坚实，后来发生战乱，果然很快就土崩瓦解了。唐朝汲取了这个教训，实行藏富于民政策，实现了国强民富。

二是缺乏识人用人之明。杨坚勤勤恳恳，事必躬亲，这既是优点，也是缺点和问题。杨坚是靠欺负孤儿寡母上台的，内心深处总怕别人不服气、不尽心，也害怕大臣权重篡位，所以什么事都要亲自干。这样时间一长，众臣难尽其才，朝廷不能发挥整体效能。杨坚在用人上也有很大失误，开始时重用高颎、苏威、李德林等一些贤臣，效果很不错。后来，杨坚罢免和诛杀一些贤臣良将，重用了杨素，特别是更换了太子，直接导致二世而亡。

三是缺乏容人之量。杨坚特别严于律己，对自己要求十分严格，这是一个很大的优点。可是，他同样严于律人，而不是宽以待人，不容许别人有一点错误，这对于帝王来说，就是一个大问题了。杨坚生性猜忌，对人刻薄，多威少恩，特别到了晚年，用刑十分严酷。身边侍卫，即便接受别人送的鹦鹉、马鞭之类的小礼物，也必定受到重罚。有一次，杨坚到武库视察，见官署内长有杂草，十分生气，下令处死了几十人。杨坚还常常设下圈套，派人去贿赂大臣，有收下礼物的，一律处死。时间一长，杨坚与大臣们自然离心离德了。

当时，隋朝刚刚建立不久，是一个北方与南方整合、各民族融合、各种矛盾错综复杂的社会，最需要以海纳百川的气度，凝聚各方面力量，形成人才辈出、生机勃勃的局面，共同推动隋王朝的巩固和发展，而杨坚恰恰缺乏这一点。杨坚执法严明，待人苛刻，虽然官吏清廉，很少有腐败大案，但人们畏手畏脚，不能发挥主动性和积极性，以至于国家有难时，很少有人为国分忧。

《隋书》最后评价说，隋朝亡于杨广，但考察隋朝衰亡的起源，实际上从杨坚时候就开始了，不是一朝一夕的事情。如果他们能够及早地重视这些问题，就不会出现不幸的结局了。

杨广狂妄立大志

提起隋炀帝杨广，人们几乎一致认为，他是大昏君、大暴君、亡国之君，是一个以恶闻名的坏皇帝。杨广死后，他的谥号为"炀"。炀的意思是好色、违礼、虐民、逆天，简直坏到家了。

然而，杨广自己的志向，却是要建立空前绝后的千秋伟业，做一个自古以来无人能及的有为君主，要超过汉武帝，甚至要超过黄帝和唐尧，这真是狂妄的大志。隋炀帝的大志与现实之间，反差实在是太大了。

《隋书》记载，杨广的小名，叫作阿麼。阿麼，是一个佛教用语，是美丽善女的意思，可见杨广长得很英俊，是一个美男子。史书记载杨广，说他"美姿仪，少聪慧"。意思是说，杨广既英俊秀美，又从小就伶俐聪明。

杨广长大以后，性格深沉隐晦，严肃庄重，完全没有皇家子弟那种浮华作风，因而引起朝野注目。杨广喜爱读书，多才多艺，善写诗文。特别是，杨广严于律己，勤俭朴素，不好女色，不爱声乐，孝敬父母，有仁爱之名，而且为平定江南、征服突厥立有大功。杨坚夫妇和文武百官都认为，在杨坚五个儿子当中，杨广出类拔萃，是最优秀的。所以，杨坚废黜太子杨勇，改立了杨广。

杨坚在遗诏中说："知子莫若父，杨勇、杨秀悖恶，所以废黜；皇太子广，仁孝著闻，堪成朕志。"可惜，杨坚一世英雄，却被儿子骗了。杨广的这些优良品质，都是装出来的，他称帝之后，其奢华、好色、暴虐的本性，便暴露无遗了。不过，在称帝前长达十几年时间内，杨广能够掩饰本性，克制私欲，蒙蔽了所有人的眼睛，可见他心机之重、城府之深，也是很不简单的。

604 年七月，隋文帝杨坚驾崩，杨广如愿以偿，随即在仁寿宫宣布继位，随后迅速平定杨谅叛乱，巩固了自己的统治。杨广终于不用再小心谨慎、刻意表演了，他可以为所欲为，想干什么就干什么，尽情施展胸中的抱负。

杨广把自己的年号定为"大业"，就是建立千秋万代之伟业的意思。当时的"业"字，是个繁体字，上部是"苦"，下部是"末"，"大业"拆开读，就是"大苦末"，很不吉利。所以，许多大臣不同意，劝杨广换一个年号。可是，杨广固执己见，甘冒不吉利的风险，坚持使用"大业"这个年号。这个年号，体现了杨广渴望建立千秋大业的雄心壮志和强烈愿望。

《隋书》在《列传三十五》中说，杨广的志向，是"轥轹轩唐，奄吞周汉，子孙万代，人莫能窥，振古以来，一君则已"。意思是说，杨广想要建立的大业，是要超过古代的黄帝和唐尧，超过前代周朝和汉朝，同时在后代也无人能及，成为前无古人、后无来者的唯一伟大帝王。这志向可真够大的，也有些狂妄。

杨广想要建立大业，有着很好的基础和条件。隋文帝杨坚经过二十多年的苦心经营，开创了开皇之治。当时，隋朝外无强敌，内无重大隐患，社会稳定，国家富裕，仅众多粮仓里的粮食，就够吃几十年的。那个时候，衡量一个国家强盛的重要指标，是人口。有的史料显示，秦始皇统一全国的时候，人口约三千万，汉朝时达到五千多万。可是，经过三国、东晋十六国和南北朝时期的长期战乱，到隋朝建立之初，全国人口下降为两千多万，当然，有很多隐漏人口未包括在内。经过杨坚二十多年的发展，到杨广称帝时期，全国人口猛增到四千六百多万。史书说："户口滋盛，中外仓库，无不盈积。"

有如此好的基础和条件，新的统治者如果明智，采取好的政策，再克服隋文帝时期的弊端，隋朝完全可以继续发展壮大。可是，杨广有着狂妄大志，总想建立无人能及的千秋大业，为此，他好大喜功，急功近利，穷兵黩武，大兴土木，追求奢华排场，损耗国力民力，百姓不堪重负，结果落了个二世而亡的可悲下场。

杨广在登基之初，下发诏令说："治理国家，关键在于爱护百姓，使人民富裕而有礼教。朕承继帝位，日夜牵挂天下黎民百姓，因国家幅员辽远，朕未得亲临各地，询问民间疾苦，所以，朕决定分头派遣使臣，巡视各地。对孝敬父母、敬爱兄长和信守节义的人，给予表彰；对鳏寡孤独、老年人和患重病的人，给予救济；对声名显著、操行美好和有才之人，让他们入朝任职；对败坏政事的官吏、危害人民的罪人，予以严惩，并为无辜者申冤。"

杨广的诏令说得很漂亮，俨然是一位仁义爱民的君主。可是，杨广最擅长的，是伪装和表演，从他后来的所作所为来看，完全与诏令背道而驰。

604 年十一月初三，杨广称帝只有四个月，就驾临洛阳，随即下发诏令，征调成年男子数十万人，挖掘壕沟，用以设置关卡，加强防卫。壕沟从龙门向东，连接长平、汲郡，抵达临清关，越过黄河后，再延伸到浚仪、襄城，最后到达上洛。

十一月二十一日，杨广下令，开始修建东都洛阳，不到一年时间，一座豪华雄伟的新城便拔地而起。杨坚称帝后，也建了一座大兴城，可他是分期施工，不是一次建成的，而且木材石料都用旧的，因而没有劳民伤财。杨广建洛阳城，完全不是这样，所有建筑材料，都用最好的，还专门从南方五岭一带运来大批奇材异石。杨广认为，只有这样，才能显示大隋朝的富有、宏伟和气派。修建洛阳城，每月征调民夫二百多万人，日夜施工，史书说，有十之四五的民夫累死和病死。

605 年三月二十一日，杨广下令，开挖大运河。杨广修的隋朝大运河，分为四段，前后用了六年时间。大运河有力促进了南北交流和经济发展，发挥作用一千多年，确实是杨广的一大功绩，有人甚至将大运河与大禹治水相媲美。可是，在挖河过程中，征用民夫数百万人，男丁不够用，妇女也被逼上阵，死者达十之五六。开挖大运河，耗尽了国力民力，是隋朝灭亡的重要原因。

四月初三，杨广又下令，远征林邑（今越南中南部）。刘方率军南征，经过数月激战，虽然占领了林邑国都，扬了国威，但隋军损失惨重，伤亡过半，刘方也殉国了。

杨广称帝只有九个月时间，就连续做出挖壕沟、建洛阳、挖运河、征林邑四项大的决策，并立即付诸实施，充分显示了杨广好大喜功、急功近利和不顾百姓死活的执政方式。如此执政，隋朝百姓们就倒了大霉。

此后，杨广一方面穷兵黩武，征服西突厥，打击吐谷浑，震服伊吾，灭掉流求，远征契丹，收服西域，虽然开疆拓土，功绩赫赫，形成"万国来朝"局面，却损耗了大量国力军力。另一方面，他继续大兴土木，挥霍无度。据唐朝史学家胡如雷统计，在杨广统治的前八年间，共修建大型工程二十二项，征用民夫三千多万人次，搞得民不聊生，天怒人怨。这样搞法，即便老子留下的家底再雄厚，也经不起杨广这样的大折腾啊！

从 612 年开始，杨广又集中全国的人力财力，连续三年发动对高句丽的大规模战争。隋朝的国力民力，终于不堪重负，人民活不下去了，纷纷起来造反，隋朝大厦轰然倒塌，当了十四年皇帝的杨广，终于一命呜呼。

杨广大折腾，是为了建立个人的千秋大业。可他不知道，建立任何功业，都必须符合人民的利益，而且要依靠人民。像杨广这样，把自己凌驾于人民之上，把民众作为奴隶，不顾百姓死活，最终只能落个身败名裂、遗臭万年的下场。

杨广修建洛阳城

　　杨广刚刚即位，就做出一个重大决定，斥巨资修建洛阳城。当时，隋朝已在长安定都多年，刚建的大兴城规模宏大，是世界第一大都。那么，杨广为什么还要在东边新修都城呢？

　　有一种说法，流传很广，说杨广因为迷信，才迁都洛阳的。这个说法，来源于《资治通鉴》。《资治通鉴》记载："章仇太翼言于帝曰，陛下木命，雍州为破木之冲，不可久居。又谶云，修治洛阳还晋家。帝深以为然。"意思是说，有个叫章仇太翼的人，对杨广说，您是木命，而西方属金，金能克木，所以不宜在西边久居。根据谶语，您应该到洛阳去建都。杨广认为他说得很对。

　　章仇太翼是著名术士。当初，杨坚想去仁寿宫避暑，章仇太翼经过测算，认为很不吉利，极力劝阻，说去了就回不来了。杨坚大怒，把章仇太翼打入监牢，打算回来后就杀了他。杨坚到了仁寿宫之后，果然患了重病，再也没有回来。杨坚临终前，嘱咐杨广，把章仇太翼从监狱里放出来，并善待他。所以，对章仇太翼的话，杨广应该是很相信的。不过，迁都这样的大事，单凭术士一番话，是太过草率了，很难使人信服。所以，对这个说法，《隋书》并没有记载。

　　《隋书》对杨广修建洛阳的过程，记载得很详细。604 年七月，杨广继位，在办完杨坚葬礼、平息杨谅叛乱之后，于十一月初三到达洛阳。杨广仔细勘察了洛阳地形，登上邙山，说："这不是龙门吗？自古为什么不在这里建都？"大臣苏威讨好他说："自古非不知，只是等待陛下。"杨广很高兴，于是商议在洛阳建都。

　　十一月二十一日，杨广下发诏书，令新建东都。对于为什么要建立新都，杨广的诏令说得很清楚。一是为了安抚东部和江南，有利于统治天下。隋朝统一全国，实际上是靠武力把北周、北齐和江南整合到了一块儿，三个地方的发展水平、生活方式和习惯各不相同，人心也不太稳定。隋朝的都城在长安，离东部地区和江南都很远，如有事情发生，有点鞭长莫及。杨广既然有狂妄大志，必然要关注天下，所以有必要将都城东迁。二是为了安置和管理民众。杨广平息杨谅叛乱之后，把并州几万百姓迁到河南，需要建一座城来安置他们。当年周武王伐纣之后，也是把殷朝遗民迁到洛邑，并修建了城池。三是洛阳地形险固，交通便利，地理位置居中，是理想的建都之地。

应该说，杨广迁都的这三个理由，是符合情理和当时实际情况的。营建洛阳，有利于西北地区、东部地区和江南三方的交流融合，有利于更加有效地管理国家，是巩固隋朝统治、加快发展的战略性举措。可惜，这件好事，杨广却没有办好。

杨坚修建大兴城的时候，是宰相高颎总负责，宇文恺负责设计施工。如今高颎已被免官，杨素身居宰相之位，杨广便命杨素总负责，宇文恺仍然负责设计施工。高颎是忠诚俭朴之人，他负责修建的大兴城，尽管规模宏大，但因分期施工，因陋就简，并没有加重民众和财力负担。杨素喜欢豪华奢侈，与高颎不是一类人。杨素曾经主持修建仁寿宫，建得十分绮丽，劳工死了数万，尸体悉数被焚烧。杨坚很生气，杨素找独孤皇后说情，才免除受责。现在，杨素主持建都，他知道杨广喜欢排场，自然竭尽奢华之能事。

洛阳，以地处洛水之阳而得名。早在公元前 770 年，周平王东迁洛阳，洛阳就成了东周的都城，之后的东汉、曹魏、西晋、北魏，都曾在洛阳建都。由于年代久远，又历经战火，洛阳故城有些破旧，这自然不符合杨广"奄吞周汉"的志向，于是决定，距离故城十八里处，在空地上另建一座新城。

洛阳城参照了大兴城的设计，也分为宫城、皇城和郭城，布局合理，整齐划一，气势宏伟。新建的洛阳城方圆六十七里，比大兴城小四分之一左右，虽然规模稍小一点，但雄伟豪华程度，远非大兴城可比。其中有座乾阳殿，台阶高九尺，大殿高一百七十尺，相当于现在六十米左右。乾阳殿不仅高大，而且很宽，由十三间房子、二十九根横梁组成。乾阳殿在装修上也下了大功夫，雕梁画栋，金碧辉煌。乾阳殿是举行典礼、接见使节的地方，杨广认为，只有这样，才能显示出大隋朝的宏伟气派。

洛阳城虽然比大兴城稍小一点，但在城西建了一个西苑，就比大兴城大多了。西苑方圆二百里，苑内挖一大湖，周长十余里，湖内建有蓬莱、方丈、瀛洲等神山，山高百余尺，山上建有台观殿阁，犹如仙境。西苑内还挖了一条大河，河水与湖水相通。苑内遍种奇树异草，还养了大批珍禽异兽。西苑是专供杨广游玩的地方。

每到春夏季节，西苑鲜花盛开，草木飘香，流水潺潺，鱼跃池塘，美不胜收。可到了冬季，树木凋落，景色就大为逊色了。杨广有办法，让人用五色彩绸，剪制成红花绿叶，到处装饰，池塘内也用彩绸制成荷花和菱角。颜色旧了，就换一批新的，使西苑的景色四季如春。

西苑内沿着河边，建了十六座豪华别院，住着杨广最宠爱的嫔妃。杨广喜欢在月夜之时，带领数千宫女，骑马在西苑游玩，一边游玩，一边演奏《清夜游曲》。游乐完了，就轮流在别院过夜。十六院嫔妃们，争相用精美食品奉献杨广，以求恩宠。不过，杨广当时胸怀大志，一心建立千秋功业，他在西苑游玩的时间并不多。

杨素为了讨好杨广，对营建洛阳特别卖力，他每月征调民夫二百万人，不分昼夜加赶工期。杨素是出名的严苛暴虐，在他的高压下，偌大的洛阳城，只用十个月就建成了。可是，累死、病死和被打死的民夫，竟多达十之四五，有一半的民夫丢了性命。

营造洛阳城，有利于国家重心由边远地区向中心地带转移，有利于统治天下；洛阳城在中国都城建筑史上具有重要地位，此城一直到五代、北宋时期仍在使用。修建洛阳城，算是杨广的一大功绩，可是，他的这一功绩，是建立在耗费国力和人民痛苦之上的，所以，不仅没有得到称赞，反而受到人们的谴责，把好事办砸了。

千秋功过大运河

隋炀帝开通大运河，是中国历史上的重大事件，几乎无人不知。有人说，杨广是为了巡游江南，才挖了这条大运河，结果劳民伤财，是隋朝灭亡的重要原因；也有人说，大运河沟通南北，辐射全国，改变了中国经济发展格局，发挥作用一千多年，属于千秋功业。对杨广修建大运河的是非功过，历来是人们议论的热点。

《隋书》记载，杨广继位只有四个月，就下令修建东都洛阳。又过了四个月，在 605 年三月二十一日，杨广下发诏令，征调百万民夫，挖一条水道，把黄河与淮河连通起来，从此拉开了修建运河的大幕。这条水道，被称为通济渠，是大运河的重要组成部分。

当时，几百万民夫正在如火如荼地修建洛阳城，国家的财力、人力都很紧张，杨广为什么又要上马开挖运河这项重大工程呢？

许多文学作品和民间传说都认为，隋炀帝修建大运河，是为了巡游江都，饱览江南美景，也是为了镇压王气，完全是因为一己私利。这个说法，来源于唐宋时期一本笔记小说，名叫《开河记》，又叫《炀帝开河记》。

《开河记》记载，有一天，杨广在宫廷看到一幅画，叫《广陵图》，画的是江南风景。杨广看画入了迷，久久不肯离去。萧皇后问他何故，杨广说："朕不是在看画，而是思念江都了。"杨广曾在江都镇守十年，此时怀旧，也在情理之中。于是，萧皇后就劝杨广回江都看一看。

杨广动了心，可是，去江都路途遥远，车马劳顿，十分辛苦。当时，最舒服的交通工具，是坐船。杨广打算走水路，由洛水进入黄河，顺流东下，到达东海，在海上绕一大圈，进入淮河，然后再到江都。

大臣们一听，都不同意，说这样走，不仅绕了一个大圈，耗费时日，而且很不安全。黄河孟津一带水流湍急，特别是海上风浪难测，十分危险。这时，萧皇后的弟弟萧怀静说："最近有术士讲，睢阳有王气，不如挖一条水道，从黄河直通淮河，这样，既镇住了睢阳的王气，又便于陛下直下江南，一举两得。"隋炀帝一听，很是高兴，马上下令开挖大运河。

对《开河记》的记载，许多学者并不认同。一是《开河记》并非史籍，不足为凭，正史中均无这样的记载。二是杨广胸怀大志，想要开创千秋伟业，不可能为了自己巡游方便，就耗费巨大的人力物力去开挖一条大河。三是出主意的萧怀静，历史上并无此人，更不是萧皇后的弟弟。所以，这种说法，只是传说而已。

实际上，隋炀帝开挖大运河，是从政治、经济两个方面考虑的。从政治角度说，隋朝都城远在西北地区，不利于对全国的统治，江南如果发生动乱，中央向南方运兵、运物资都很困难，如果有一条水道，那就快捷方便多了。从经济角度说，过去中国的经济重心，一直都在黄河流域，南方属于荒蛮之地，人烟稀少，后来经过东晋和南北朝时期数百年的发展，大批中原人士迁移江南，再加上江南优越的自然条件，南方经济逐渐超过了北方。南方的财富，需要运到北方；南北方之间，也需要加强沟通和交流。

杨广在扬州镇守十年，对这两个问题感受很深，所以，他在登基不久，就连续上马修建东都和开通大运河两大工程。这两大工程的出发点是一致的，都是为了加强对全国的统治，以实现他建立千秋功业的愿望。开通大运河的意义和作用，恐怕比修建东都还要大一些。

运河，是指人工开凿的通航水道。中国开凿运河历史悠久，早在春秋时期，吴国为了运粮便利，就开凿了胥河，这是我国乃至世界上最早的运河。之后的秦朝、汉朝、曹魏、东吴以及南北朝时期，都曾经开凿了大量运河，几乎遍及大半个中国，但都是局部性和支离破碎的。

在隋文帝杨坚时期，也修过运河。584年，杨坚令宇文恺负责，在疏浚汉朝留下的槽渠基础上，开通了广通渠。广通渠在渭水以南，傍南山向东，到潼关衔接黄河。不过，历代开凿的运河，无论在长度还是规模上，都与杨广修的大运河，是无法相比的。

杨广修建的大运河，以洛阳为中心，呈"人"字形向南北拓展，北至涿郡（今北京），南到余杭（今浙江杭州），贯通南北，全长两千七百多公里，连接黄河、海河、淮河、长江、钱塘江五大水系，地跨今北京、天津、河北、河南、山东、安徽、江苏、浙江等省市，工程浩大，无与伦比。

由于工程巨大，杨广在修建时，尽量利用旧有水道，在此基础上疏浚和拓宽。大运河共分为四段，是经过三次开挖建成的。

605年三月，最早开工的是通济渠。杨广下令征调民夫一百多万，用五个多月时间就修成了，把黄河与淮河连接起来。随后，杨广又下令开挖邗沟，把淮河与长江连接起来。邗沟不是很长，又是旧有水道，工程量不是很大，因此只征调民夫十万人。这两段修好之后，杨广就可以乘坐龙舟，舒舒服服地巡视江南了。

608年，杨广为了东征，下令开挖永济渠。永济渠以洛阳为起点，向北直通涿郡，连通黄河与海河。这一段路程远，地形复杂，工程最大，因此，杨广征调了五百万民夫，男丁不够用，就强迫妇女上阵。

610年，杨广下令，开通江南河，连接长江和钱塘江。开通江南河的目的，是把美丽富饶的长江三角洲，也纳入全国的水道网。

这样，经过前后六年时间，动用了七百多万民夫，用无数人的鲜血和生命，终于完成了这项史无前例的巨大工程。

应该说，大运河是我国古代人民创造的一项伟大工程，它对于沟通南北、促进南北经济交流和发展，乃至改变中国的经济布局，都产生了重大影响，对于唐宋时期的繁荣，起到了直接作用，而且这种作用，此后一直持续了一千多年。

晚唐诗人皮日休有诗赞道："尽道隋亡为此河，至今千里赖通波。若无水殿龙舟事，共禹论功不较多。"意思是说，都说隋朝因大运河而亡，可现在人们仍然依赖这条河。如果杨广没有乘龙舟奢华巡游江南之事，他的功绩可与大禹治水相媲美了。

到了元代，政治中心移至北京，便把隋朝大运河取直，绕过洛阳，由原来的"人"字形变成直线，形成了现在的京杭大运河。京杭大运河的主体部分，仍然是隋朝大运河。2014 年，中国大运河被列入《世界文化遗产名录》。

开通大运河，确实是隋炀帝史无前例的一大功绩。但是，他的这一功绩，同样是建立在耗费国力和人民痛苦之上的。有史料说，在修河过程中，死亡民夫多达二百五十多万人，更有无数的百姓倾家荡产、妻离子散。后世的人们，只享受了大运河的惠利，而没有承受痛苦；当时的人们，却只承受了修河的苦难，而没有得到好处。大运河是苦在当代、利在千秋。所以，隋朝的百姓，肯定会对朝廷怨恨不已。

更使百姓们感到不满和痛恨的是，通济渠刚刚建成，杨广就迫不及待地乘坐龙舟，带领大批人员，浩浩荡荡地巡游江南去了。

隋炀帝游江南，最为人们所诟病。杨广没有建立起空前绝后的千秋大业，却在巡游江南的时候，其规模和奢华程度，达到了空前绝后，受到历代人们的猛烈抨击。

空前绝后下江南

隋炀帝下江南，是许多文学作品中浓墨重彩的重头戏，虽然有些渲染和夸张，但基本符合事实。从正史记载来看，杨广巡游江南，其规模之庞大，行为之奢华，影响之恶劣，真的是达到了空前绝后的程度。

《隋书》记载，605 年三月二十一日，杨广下令开挖通济渠，只过了九天，到三月三十日，杨广就派大臣王弘、于士澄前往江南，采集树木，开始建造龙舟、凤艒和黄龙、赤舰、楼船等数万艘大船，为下江南做准备。

五个月之后，通济渠修好了，几万艘大船也造好了。八月十五日，隋炀帝带领大批人员，兴高采烈地巡游江都去了。江都，现在是扬州市的一个区，过去就是指扬州。隋炀帝这次游江都，排场和规模大得吓人。

《隋书》记载说，杨广出动了大批军队，由左武卫大将军郭衍为前军统领，右武卫大将军李景为后军统领，旌旗蔽日，刀戟耀眼，这既是为了保卫皇帝安全，也是为了炫耀武力。皇后嫔妃、皇子公主、文武百官和各类人员全都随行，船只首尾相连，长达二百余里。

唐代有本《大业杂记》，对隋炀帝这次巡游记载得更为详细。记载说，杨广乘坐的龙舟，高四十五尺、宽五十尺、长二百尺，按现在的尺寸换算，大约十三米高、十五米宽、六十米长。龙舟分为四层，最上层是宫殿区，分为正殿、内殿和东西朝堂；第三层和第二层是办公区，共有一百六十个房间；最底层是服务区，由侍卫、宦官、宫女和各类服务人员乘坐。

紧随龙舟的，是萧皇后乘坐的翔螭舟。翔螭舟与龙舟相比，层级、规格完全一样，只是比龙舟稍小一点。再往后，是专供嫔妃们乘坐的大船，有四十五艘。这样，皇帝、皇后、嫔妃乘坐的大船，共有四十七艘。这些船只，都按宫殿式设计，并且用金银珠宝装饰，插满了彩旗和羽毛，挂满了流苏，金碧辉煌，与宫殿没有两样。所以，人们称之为水上宫殿，简称水殿。这是整个船队的第一等级。

在水殿船后边的，是第二等级，统称为楼船级，共有五千多艘。楼船也分等级，皇子、公主、诸王和三品以上官员，乘坐的是五楼船；各国使节、高僧、道人和四品官员，乘坐四楼船和三楼船；五品以下官员、眷属和其他人员，乘坐二楼船。

船队的第三等级，是数不清的运兵船和运输船。所以，船只首尾相连，长达二百多里。这些船载了多少人呢？史书没有记载，据学者保守估计，至少在十万人以上。

这么庞大的船队，肯定无法同时启航，必须有先有后，这样，从第一条船下水，到最后一条船启动，总共用了五十多天时间。

当时的船只，主要靠纤夫拉着走，为此，专门征调粗壮有力的纤夫八万多人。其中，给龙舟拉纤的民夫，叫殿脚，有一千零八十人，分三班倒，每班三百六十人。其他船的纤夫，也分三班，这样，能使船队昼夜不停地前进。这八万多纤夫，是为第一等级和第二等级的船队拉纤的，至于那些运兵船、运输船，就由士兵们轮流拉纤了。给第一等级船队拉纤的民夫，一律身穿绵衣，远远望去，就像一片云锦在浮动，尽显奢华。

船队行走途中，两岸还有大量的骑兵护卫，骑兵打出的旗帜，把田野都遮盖住了。这样水陆并进，人喊马叫，场面极其庞大、极其壮观。

船上的乘客、拉船的纤夫、护卫的骑兵加到一块儿，总共有几十万人。那么，这些人的物资保障怎么办呢？杨广下令，运河两岸五百里内的州县，负责提供饮食和其他所需物资，结果，千里之地的百姓全都遭了殃。当地官员慑于皇帝威严，不择手段地逼迫百姓，致使前来运送食物和其他物资的民众，每天都达十万人以上。食物吃不完，就地掩埋，造成巨大浪费。

为了开挖大运河，老百姓已经付出了沉重代价，如今隋炀帝巡游江南，又浪费民力，耗费资财，而且搞得家家骚动、人人不安，那评价能好得了吗？所以，历代都把隋炀帝游江南作为他的一大罪状，就凭这一件事，隋炀帝昏君、暴君的帽子，就戴定了。

历史上巡视江南的皇帝不少，乾隆皇帝就曾经六下江南，但比起隋炀帝来，就望尘莫及了。在巡游江南这方面，隋炀帝绝对称得上是空前绝后。那么，隋炀帝摆了这么大的谱，真的只是为了重游故地、饱览江南美景吗？当然不完全是，而是另有用意，这从杨广到扬州后的所作所为，就能看得出来。

隋炀帝经过一个月的航程，到达了扬州。南方百姓从没见过这么大的排场，个个称奇。杨广到达扬州后，随即下发诏令，免除扬州百姓五年的税赋，扬州以外的免除三年，同时赦免罪犯，顿时江南万民欢腾。不久，杨广又下发诏令，优待南陈皇室宗亲，被流放边疆的陈氏子弟一律回京，有才能的授予官职。杨广还宣布，纳陈后主第六个女儿陈婤为贵人。这样，陈氏宗亲也都感恩戴德。

隋炀帝除了拉拢江南民众和陈氏贵族之外，还极力讨好佛教界和道教界。杨广随身带了一大批高僧和有名的道人，这时候发挥了重要作用，他们立即与江南的宗教界建立了联系。杨广本身就是佛教徒，他镇守扬州的时候，曾拜天台宗的智者大师为师。如今，智者大师已经圆寂，杨广就把天台山上的一个名叫智璪的高僧，恭敬地请到了江都宫。杨广放下皇帝架子，毕恭毕敬地向智璪行弟子礼。对天台山的其他僧人，杨广也是嘘寒问暖，关怀备至。

据佛教典籍《国清百录》记载，当时，天台山正好落成了一座寺院，这座寺院，杨广在任扬州总管时，还捐了不少钱。天台山的僧人便找到杨广，请他题写寺名。僧人很神秘地对杨广说："从前有个很有神通的定光禅师，曾经告诉过智者大师，说等到三国归于一统的时候，必然会出现一位大力势者，帮助建立新寺，新寺一旦建成，国家就会进入河清海晏的局面。所以，新寺的名字，应该叫国清寺。"

杨广一听，非常高兴，当即泼墨挥毫，写下了"国清寺"三个大字。不管这个记载是不是真的，都反映出佛教界支持杨广的政治态度。经过一千多年的风雨，杨广的手迹早已不存在了，可是，国清寺至今仍然屹立在天台山上，它不仅是中国天台宗的祖庭，也是日本天台宗的祖庭。

当时，江南被隋朝武力统一已有十几年时间，但有不少南方士人看不起北方，认为北方被胡人统治多年，充满了胡气，只有南方，才是中原文明的正宗。杨广在扬州住了多年，自然了解人们的心态，为此，他在下江南的时候，已经做好了充分准备。

杨广命朝中懂礼仪的大臣，按照中原礼仪，精心制作了用于皇帝、皇后、大臣们乘坐的车子、服装、用具，组建了威武雄壮的仪仗队。这些车辆、器具和服饰，既符合中原礼仪，体现了中原文化，又艳丽辉煌，光彩夺目。车辆、人马和仪仗队加起来，足有二十里长，声势浩大。杨广经常带着这些人马，在江南各地巡视。南方人见了，个个目瞪口呆，纷纷议论说："没想到隋朝这么富有，又懂得礼仪。"

由此可见，杨广巡视江南，并不完全是游山玩水，主要用意是安抚南方，炫耀国威，试图用文化征服人心。杨广在江南住了八个月时间，做了很多工作，提高了江南人的政治地位。此后，江南比较稳定，隋末大乱的时候，江南造反的也不多，甚至杨广死后，有些江南人还为他殉节。稳定南方，这是杨广的一大功绩，可是，杨广为此付出的代价实在是太大了，以至于人们只记住了他游江南时的奢华浪费，而忘记了他为稳定江南所做出的努力。许多文学作品只宣扬他奢侈的一面，而不提他到扬州后卓有成效的工作，这是不公平的。

杨广在安抚南方不久，又去巡视塞北。塞北与江南大不相同，寒风瑟瑟，满目荒凉，没有什么美景。那么，隋炀帝为什么还要去呢？

耀武扬威巡塞北

塞北，是指长城以北广大地区。在隋朝时期，塞北地域辽阔，人烟稀少，气候异常，一片荒凉。其中的漠北草原，由突厥人统治着，是隋朝的附属国。塞北与四季花开、景色如画的江南相比，有着天壤之别，所以，隋炀帝巡视塞北，绝不是去游山玩水的。

《隋书》记载，605年八月十五日，杨广带领几十万人马，南下江都，在南方待了八个月，做了大量安抚和稳定人心的工作，于606年四月二十六日回到洛阳。此时，洛阳新城已经建成，十分豪华气派。杨广很满意，在新都舒舒服服地享受了一段时间。

杨广是个好动不爱静的皇帝，喜欢巡视四方，到处宣扬国威。历史学家岑仲勉先生做过统计，说杨广当了十四年皇帝，可在洛阳待了不到四年，在大兴城住了两年，其他大部分时间，都在巡游各地。

607年四月初二，杨广下发诏书，说："古代帝王观察民风、寻访民俗，是为广大百姓解除劳苦，不仅要安抚内地，还要安抚边远地区的人民。自周边民族归附以来，朕还没来得及亲自抚慰，因此，朕打算去安抚北方地区。"

杨广所说的北方地区，是指漠北草原一带。当时，统治漠北的突厥首领，名叫启民可汗。突厥曾经是隋朝的大敌，隋文帝杨坚通过多次军事打击，又施以离间计，使突厥分裂成东、西两部分，在漠北的叫东突厥，在天山一带的称为西突厥。后来，杨坚采用长孙晟的计策，扶持弱小的启民可汗，帮助他打败了对手，使他成为东突厥的大首领。启民可汗对隋朝感恩戴德，俯首称臣，尊称杨坚为"圣人可汗"。杨广继位时，启民可汗亲自前去朝拜祝贺。

尽管隋朝与启民可汗关系很好，但北方的稳定，事关大局和边防安全，杨广仍然有些不放心。于是，他便想借巡视塞北之际，展示隋朝的力量和国威，起到震慑作用，把突厥牢牢控制在自己手里。

　　杨广喜欢排场，又想炫耀实力，因此，这次北巡，同样是人马众多，浩浩荡荡。杨广带领的人马主要由三部分组成：一是率领五十万雄伟的军队，还有十万匹战马。当年隋朝与突厥打仗，都没有出动过这么多的兵马，这是为了展示武力。二是随行人员有皇后嫔妃、文武大臣，还有大批僧人、道士等。带着宗教界人士，是为了显示隋朝的宗教神秘玄妙，比突厥的原始宗教高深多了。三是还带着庞大的艺人队伍，有各种戏曲歌舞，还有杂技、魔术和马戏，这是为了宣扬丰富多彩的中原文化。

　　杨广担心带领这么多人马前去，会引起启民可汗误会，于是让长孙晟先去沟通、打前站。长孙晟是有名的突厥通，多次出使突厥，与启民可汗的关系非常好。长孙晟知道杨广北巡的用意，便指导启民可汗，做好了各种迎接准备。启民可汗动用了大批民众，专门在草原上修了一条长三千里、宽一百米的御道。启民可汗还亲自动手，清除帐外杂草，显示对大隋皇帝的恭敬。

　　607年四月十八日，杨广带领大批人员，在五十万大军的护卫下，浩浩荡荡向北进发。向北走没有水道，只能是坐车或骑马，北方荒凉，时常有风沙，远比游江南辛苦多了。经过近两个月的长途跋涉，六月十一日到达突厥的边界榆林。这个榆林，不是今陕西的榆林市，而是在今内蒙古托克托县境内。

　　杨广巡视塞北，与巡游江南一样，也是做足了准备。临行前，他让建筑设计专家宇文恺，精心制作了两件东西，一件是大帐，另一件是观风行殿。大帐，就是巨大的帐篷，不仅大得惊人，能容纳几千人，而且装饰得富丽堂皇。杨广一到榆林，就把大帐架了起来。

　　突厥是游牧民族，历代都住帐篷，可是，他们从没有见过如此巨大而豪华的帐篷，一个个全都惊呆了。启民可汗和夫人义成公主亲自到边界迎接，义成公主是隋朝宗亲之女。他们献给隋炀帝三千匹骏马，隋炀帝赐给他们两个金瓮、一万两千段锦帛。启民可汗还带领大小部落的首领，共有三千五百多人，他们全都进了大帐，再加上隋炀帝的随行人员，几千人聚在一起，大帐内一点也不觉得拥挤。

隋炀帝在大帐内大摆宴席，各种山珍海味、美食佳肴，应有尽有，都是突厥人没有见过的好东西。一顿大吃大喝之后，进行文艺演出。说书唱戏、大型歌舞、魔术杂技、驯兽表演，令人目不暇接，眼花缭乱。这些祖祖辈辈远在塞外的突厥人，哪里见过这些？他们一个个看得目瞪口呆、如醉如痴。

最令突厥人感到神奇的，是魔术，那些口中喷火、凭空抓鱼等项目，变幻无穷，神秘莫测；最令突厥人感到震撼的，是驯兽表演，那些凶猛的大老虎，竟然像猫一样温驯，让干什么就干什么。大隋朝真是太伟大了，突厥人心悦诚服。隋炀帝还赐给他们锦帛二十万段，首领们纷纷跪拜谢恩。见此情景，隋炀帝心花怒放。

杨广从榆林进入突厥地界，在启民可汗夫妻和大小首领的陪同下，沿着御道，向东巡视了整个漠北草原。一路上，杨广又用上了另一件东西，就是观风行殿，实际上就是一座活动的宫殿。行殿主要用木板和布制成，在外观上与宫殿一样，装饰得金碧辉煌。行殿下面装有轮轴，可以用人推着走，而且走得还挺快。《隋书》说："推移倏忽，有若神功。"突厥民众从来没有见过这种东西，觉得是神仙驾临了，纷纷跪拜在御道两旁，行殿走出很远，他们还不敢抬起头来。

隋炀帝坐在高大的行殿上，俯视着拜伏路边的突厥民众，心情澎湃，壮志满怀，不由得诗兴大发，赋诗一首。《隋书》记载了杨广的这首诗："鹿塞鸿旗驻，龙庭翠辇回。毡帷望风举，穹庐向日开。呼韩顿颡至，屠耆接踵来。索辫擎膻肉，韦韝献酒杯。如何汉天子，空上单于台。"意思是说，突厥人对我心服口服，拜倒在我的脚下，奉献美酒美食，那比起当年只把匈奴人赶跑、空占单于台的汉武帝来，可是强太多了。隋炀帝"奄吞周汉"的大志，似乎实现了。

杨广耀武扬威地巡视塞北，收到了震慑突厥、收服人心的效果。可是，杨广的心机很深，他知道，要想使北方地区长期稳定，光靠炫耀国威是不够的，最重要的是靠实力。于是，他在巡视期间，征调民夫百万，修筑西到榆林、东至紫河的长城，做好了防御突厥的准备。

突厥首领启民可汗，是隋朝扶立起来的，始终对隋朝没有二心。在隋炀帝巡视期间，启民可汗竭尽全力侍奉，使得巡视十分顺利和成功。启民可汗多次表示，自己的性命和地位，都是隋朝给的，他要永远牢记这高天厚地之大恩。启民可汗甚至上表，请求隋炀帝赐给他华夏服装，他要脱掉突厥袍子，改穿隋朝官服，以表明自己是隋朝的臣子。

突厥首领要改穿隋朝官服，必定会影响很大，大臣们都认为是件好事。可是，杨广却没有同意。他头脑很清醒，知道光靠一个人改穿服装，是起不到多大作用的，而且容易脱离突厥民众。杨广对启民可汗说："你的心迹很好，只要内心忠诚就可以了，没有必要改换服装。"后来，启民可汗死后，他的儿子始毕可汗继位，与隋朝的关系果然恶化了。

杨广沿着御道，从漠北草原的西头巡视到东头，一直到达涿郡，然后，从涿郡返回洛阳。

杨广带着五十万大军，巡视了漠北草原，等于一次武装大游行，虽然宣扬了国威，震服了突厥，可代价实在是太大了，耗费了大量钱财和粮食，加重了民众负担。大臣们议论纷纷，认为太过奢侈浪费。杨广大怒，下令以诽谤朝廷罪，将著名功臣高颎、贺若弼、宇文弼等人处死，将苏威等人免官。

杨广是很能折腾的，他巡视完江南、塞北之后，又把目光转向了广袤的西方，他要到西边的广阔天地里，再去折腾一番。不过，隋炀帝在西边的折腾，倒是实实在在建立了一些功绩。

打抚并用通西域

人们都知道，隋炀帝喜欢游山玩水，豪华奢靡。然而，许多人可能不知道，杨广确实有一件很大的功劳，就是重新收服西域，打通了丝绸之路，并且拓宽疆域，扩大了中国版图。

《隋书》在《西域传》中记载说，汉武帝把西域纳入中国，设置校尉、都护予以统治。到王莽时期，天下大乱，中原与西域断绝。东汉时班超又重开西域，东西四万里，皆来朝贡。魏、晋之后，中原长期混战，无暇西顾，与西域的联系再次中断。隋文帝统一全国以后，与西域有些国家恢复了关系，但没有形成有效的统治。

隋炀帝胸怀大志，想建立比汉武帝还要伟大的功绩，自然十分关注西域。他继位后，派遣韦节、杜行满等人作为使者，广泛联系西域诸国，又派大臣裴矩驻守张掖，负责经略西域。

裴矩，是河东闻喜（今山西闻喜）人，既有心计，又有胆略。在隋文帝时期，有一次他奉诏巡抚岭南，不巧遇上岭南叛乱，许多人认为，他无法完成使命，只能返回了。可是，裴矩却不惧危险，聚集三千老弱士兵，与其他隋军一道，参加平叛，立有战功。杨坚对他大加赞赏，授予开府，赐爵闻喜县公，并任命他为民部侍郎，不久又改任内史侍郎。

裴矩确实很有心计，他到张掖后，通过广泛了解，把西域诸国的情况以及风俗、地形，都掌握得一清二楚。当时，西域有四十四个小国，分别依附于三个较大的政权，一是西突厥，二是吐谷浑，三是铁勒。裴矩将自己了解的情况，写成了《西域图记》，并提出了收服西域的建议。隋炀帝大喜，便按照裴矩的意见，制定了招抚西突厥、交结铁勒、重点打击吐谷浑的策略。

西突厥，主要控制西域北部地区，首领叫处罗可汗。处罗可汗治国无方，内部很不稳定，对依附他的小国也不会拉拢，内忧外患。由于西突厥与隋朝距离较远，又不控制丝绸之路，危害不大，杨广决定招抚他。

可是，从何处入手呢？经过多方打听，终于找到了突破口。原来，处罗可汗的母亲向氏，是个中原人，处罗可汗对母亲十分孝顺。不料，在战乱之中，母子俩失散，向氏流落到长安。杨广得知这一消息，心中窃喜，立即把向氏接进宫中奉养，同时拿着向氏的信物，命裴矩出使西突厥。

处罗可汗见到隋朝使者，态度十分傲慢。裴矩不慌不忙地讲述了他母亲的下落和近况，拿出信物，处罗可汗悲喜交加，痛哭流涕。裴矩借机宣扬大隋国威，指出处罗可汗的内外困境，说只有依附隋朝，才有出路，并列举了东突厥依靠隋朝兴旺的事例。裴矩说得有理有据，处罗可汗便跪受隋炀帝诏书，向隋称臣了。后来，处罗可汗入朝拜见皇帝，与母亲团聚，并跟随杨广去攻打高句丽。杨广对他赏赐甚厚，还将宗室之女信义公主嫁给他。

杨广没费一兵一卒，顺利招抚了西突厥，下一步，需要重点对付的，就是吐谷浑了。吐谷浑，原是鲜卑族一个部落的首领，西晋末期，因鲜卑内部分裂，吐谷浑带领部众，由东北迁移到西部地区，势力逐步壮大，占据了今甘肃、青海和新疆东部地区，建立了政权，政权名字就叫吐谷浑。吐谷浑处于半游牧半定居状态，文明程度比其他游牧民族高一些，势力比较大，长期称雄于西方，西域很多国家都向他进贡。

隋朝建立之初，吐谷浑时常侵扰，造成很大威胁。隋文帝统一全国之后，国力强盛，几次出兵征讨，沉重打击了吐谷浑的势力。吐谷浑首领见不是隋朝对手，软了下来，请求和好，派儿子到长安为人质。杨坚觉得难以彻底消灭吐谷浑，也愿意和好，把宗室之女光化公主嫁给吐谷浑首领。两家虽然罢兵，但却各怀鬼胎，面和心不和。

到了杨广时期，吐谷浑对隋朝更加不服气了。他们霸占着河西走廊，严格控制着西域诸国，对往来经商的客商多有侵犯，许多客商不敢再到中原去了。杨广觉得，吐谷浑占据着丝绸之路的重要路段，就像一只拦路虎，此害不除，丝绸之路就不得畅通，于是决定，对吐谷浑实施军事打击。

为了增强军事打击的力度，杨广派裴矩去游说铁勒部，希望与他们结好，共同对付吐谷浑。铁勒，是匈奴后裔的一个部落，势力比较弱，经常受吐谷浑欺压，而与隋朝关系比较好。铁勒首领热情接待裴矩，得知隋朝要与他们联合打击吐谷浑，十分高兴，一口应允下来。

608 年，铁勒部从西边攻击吐谷浑。吐谷浑没有想到铁勒敢来进犯，猝不及防，吃了败仗，向东撤到西平（今青海西宁）。不料，隋朝名将宇文述，率大军从东边杀来。隋军兵强马壮，人多势众，与铁勒两面夹击，打得吐谷浑大败溃逃，俘虏吐谷浑王公以下二百多人，斩杀三千余级，缴获六畜三十多万头。吐谷浑大伤元气，再也不能危害丝绸之路了。

大败吐谷浑之后，自西平以西，且末（今新疆南部）以东，祁连山以南，雪山以北，东西四千里，南北两千里，皆落入隋朝之手。杨广在这片土地上，设置了河源、西海、鄯善、且末四郡。同时，除了疏通原有的丝绸之路外，又开通了经过青海的新的丝绸之路。杨广开疆拓土，将这一大片地区，首次纳入中国版图，这确实是他的一大功绩。可惜隋末大乱时，吐谷浑势力重新崛起，又夺回了大部分地区。

裴矩经略西域有功，升迁为民部尚书，不久又升任黄门侍郎，参与朝政，成为杨广的亲信。

杨广招抚西突厥，交结铁勒，重创吐谷浑，重新打开了丝绸之路，畅通了中国与西方的联系，使贸易活动更加顺畅繁荣。同时，震服了西域各国，西域诸国相继入朝拜谒、称臣纳贡。隋炀帝设置了西域校尉，重新统治了西域。《隋书》记载说："竟破吐谷浑，拓地数千里，诸蕃慑惧，朝贡相续。"

杨广打通丝绸之路、收服西域之后，便想向西巡视，再次宣扬国威。可是，遥远的西行之路，却比不上塞北，更比不上江南，而是充满了艰辛和苦难，甚至面临死亡的威胁。

风雪漫漫西行路

有句著名谚语，叫"早穿皮袄午穿纱，围着火炉吃西瓜"，形容西部地区气温无常，反差极大。西部地区不仅气候异常，而且山高路险，戈壁沙漠，一片荒凉。所以，历代皇帝很少有巡视西部的，而隋炀帝却不惧艰险，照样西巡，并且走得最远，一直到了玉门关。

《隋书》记载，609 年初，杨广见已经收服西域，打通了丝绸之路，便想亲自西巡，再展国威。由于游江南、巡塞北两次大规模出行，耗费了大量财力，大臣们都不同意，便以西行道路艰险为由，进行劝阻。

杨广没有正面回答，而是反问大臣："自古天子有巡狩之礼，而江南的皇帝却涂脂抹粉，终年坐于深宫之中，不与百姓相见，这是什么道理呢？"群臣默然。一位大臣说："这就是他们不能长久享国的原因啊！"杨广立即说道："说得对！为了能够享国长久，我怎么能怕艰险呢？"于是，杨广西巡这件大事，就确定下来了。

609 年三月初二，杨广从长安出发，开始西巡。西巡的队伍同样是浩浩荡荡，有后宫嫔妃、文武百官、僧人道士、百戏艺人，还有十几万精锐军队。隋炀帝这次西巡，与南游、北巡截然不同，充满了艰难险阻，甚至有生命危险。

四月份，隋炀帝一行到达陇西。陇西因在陇山以西而得名，在今兰州市东边，气候条件与长安差距不大。隋炀帝指挥大军，在陇西展开大规模狩猎活动，实际是在宣扬武力。附近的党项、羌等民族的首领，纷纷前来拜谒，进贡地方特产。

隋炀帝继续西行，又经过一个多月的艰苦行军，越过兰州，进入青海境内。青海属于青藏高原，青藏高原是世界上海拔最高的高原，被称为"世界屋脊"，平均海拔四千多米，青海稍低一些，也在三千米以上。隋炀帝和他带领的人马，几乎都是第一次踏上青藏高原，一个个呼吸困难，头昏脑涨，很不舒服。

隋炀帝是历史上唯一一个进入青藏高原的皇帝。当时，青海刚被隋朝占领不久，吐谷浑虽然被打败，但残余势力仍然不小，所以，隋炀帝巡视青海，一方面为了炫耀武力，另一方面还要开展军事清剿行动。

隋军在青海境内与吐谷浑残余势力进行了多次战斗，因隋军不适应高原气候，遭受很大损失，右屯卫大将军张定和、右翊卫将军李琼、左光禄大夫梁默等人阵亡。所幸隋军人多势众，兵强马壮，最终基本消灭了吐谷浑残余势力，吐谷浑民众十万余人归附了隋朝。

完成了青海境内的军事行动，杨广带领大批人马，向北翻越祁连山，准备前去张掖。张掖，是河西走廊中段的重镇，人口较多，物产丰富，海拔比青藏高原低得多。张掖早就隶属隋朝管理，在那里设立了一个郡，这次西巡，杨广事先派裴矩前去安排。

张掖南边，是高耸入云的祁连山，祁连山以南，属于青藏高原，所以，杨广想从青藏高原上下来，就必须翻越祁连山。祁连山是我国西部的主要山脉，东西长一千六百多里，海拔四千米至六千米，终年积雪不化，人迹罕见。

当时，从青海翻越祁连山，到达张掖，没有道路，只有一条山谷，名叫大斗拔谷，就是今甘肃民乐县境内的扁都口。大斗拔谷全长八十里，路况复杂，最窄的地方，只容许一人通过，而且由于昼夜温差极大，只能是白天行走。所以，自古以来，只有牧羊人和少数胆大的商人在这里走过，从没有过大队人马通行的记录。

隋炀帝的人马众多，但别无选择，只得冒险翻越大斗拔谷。杨广的队伍里，有大批文官、艺人、僧侣和嫔妃公主，因此，无论怎样催促，行军速度仍然缓慢，结果走了整整一天，也没有走出大斗拔谷。随着夜幕降临，厄运就降临到他们头上了。

祁连山气候变化莫测，白天阳光普照，人们热得大汗淋漓，可到了夜里，气温骤降，刮起寒风，下起了大雪，顿时寒冷透骨。隋炀帝一行带的帐篷不多，军士们只好紧紧挤在一起，抱成一团，依靠体温御寒。一些嫔妃公主，也顾不上高贵的身份，与士兵们混挤在一起。结果，仍然抵御不住肆虐的寒风，成千上万的人被活活冻死。《隋书》说："士卒冻死者太半。"真是人间惨剧。

死的不仅是士卒，还有一些弱不禁风的嫔妃公主，其中就有大名鼎鼎的杨丽华。杨丽华是杨坚的长女、杨广的亲姐姐。她原本是北周皇帝宇文赟的皇后，杨坚就是靠着这个女儿，才当上了辅政大臣，后来篡周建立了隋朝。杨坚称帝后，封杨丽华为乐平公主。没想到，这位昔日的皇后、今天的公主，如此高贵之人，也死在隋炀帝西巡路上，享年四十九岁。可悲可叹！

隋炀帝一行历经艰险，终于到达张掖。这里却是另外一种景象，在张掖焉支山下，裴矩已经召来了西域三十多个国家的首领和使节，焚香奏乐，恭恭敬敬地迎接圣驾。另外，还有大批民众，身穿各民族服装，载歌载舞，欢迎隋炀帝。面对这万民欢腾的局面，隋炀帝在祁连山中的苦闷心情一扫而光，马上兴高采烈起来。隋炀帝决定，要在张掖好好炫耀一下大隋国威。

隋炀帝就像出巡塞北一样，大摆宴席，盛情款待各国首领和使节。隋炀帝下令，让张掖、武威两郡的百姓，都身着盛装，聚集到焉支山下。隋炀帝带去的百戏艺人，如今终于派上了用场，人人大显身手，歌舞表演、说书唱戏、杂技魔术，应有尽有，精彩纷呈。西域首领使节们大开眼界，赞叹不已。活动一连搞了多日，周围几百里的民众纷纷涌来，把方圆几十里的路都塞满了。原来人烟稀少的焉支山，一下子变得热闹起来，形成了巨大的闹市，简直是千古奇观。

隋炀帝在张掖耍尽了威风，又继续西行。可是，张掖以西，是千里戈壁，荒无人烟，杨广带去的百戏艺人，再也没有用武之地了。西行路上，根本不见人影，时常大风呼啸，飞沙走石，又时常风雪弥漫，隋炀帝一行吃尽了苦头。

不过，杨广怀有大志，他亲眼看到疆域之辽阔，山河之壮丽，并没有因荒凉而感到不快，反而又诗兴大发。诗曰："肃肃秋风起，悠悠行万里。万里何所行，横漠筑长城。……释兵仍振旅，要荒事万举。饮至告言旋，功归清庙前。"此诗抒发了杨广希望建立千秋大业的雄心壮志，后人称之为"通首气体强大，颇有魏武之风"。

隋炀帝对辽阔的西部是怎样进行巡视的，《隋书》没有具体记载，只是记载说："故万乘亲出玉门关，置伊吾、且末。"玉门关，位于河西走廊最西端，在敦煌以西九十公里处，满目荒凉，别说是人迹，连鸟影也没有。唐朝诗人王之涣"春风不度玉门关"的著名诗句，流传至今。连春风都到不了玉门关，隋炀帝却到了，真够豪迈的。隋炀帝是历史上唯一一个跨越玉门关的皇帝。

隋炀帝西巡，历时半年之久，一路风餐露宿，历经艰辛，虽然其志可嘉，但也损耗了大量财力，还无辜牺牲了数万名士兵的性命，得不偿失。本来，杨广收服西域立有功劳，可他好大喜功，搞了这样一次意义不大的西巡，就把功劳抹去了不少。何苦呢？

挥霍奢华过大年

春节，是中国的传统节日，热热闹闹过大年，历来是中国人的习惯，就连穷困潦倒的杨白劳，也要"欢欢喜喜过个年"。然而，借过年之际，大肆进行铺张浪费和极尽奢华，当数隋炀帝了。他不是在过年，而是在奢华和炫富。

《隋书》记载，隋炀帝巡视西部的时候，感觉没有像游江南、巡塞北那样尽兴，留有遗憾，因为西部地域辽阔，人烟稀少，难以展示大隋朝的富裕和强盛。怎样才能弥补这个缺憾呢？隋炀帝想出了一个好办法，他从西部地区返回时，特意邀请西域诸国的首领、高官和大批胡商，随他一同去中原，目的是让他们亲眼看一看大隋朝的辉煌。

隋炀帝带领着一大批特殊的西域客人，首先到了京都长安。长安是多个朝代的都城，建筑奇特，文化底蕴深厚，街市繁华，特别是刚建成不久的大兴城，更是规模宏大，雄伟壮观。远在西域的客人们，没有见过这种盛况，个个惊奇得瞪大了眼睛。隋炀帝心中好笑，他觉得这只是序幕，他要把客人带到繁花似锦的洛阳去，好好地表演一番，给这些胡人一个更大的惊奇。

等到隋炀帝一行到达东都洛阳时，已经到了年关，这些西域客人就在洛阳过年了。隋炀帝早已下达命令，以过年为由，将洛阳精心修整装饰一番，使洛阳城焕然一新，尽显豪华气派。

洛阳的大街小巷，铺上青石灰砖，整洁美观；街道两旁的墙壁，粉刷得五颜六色；家家张灯结彩，悬挂彩旗。当时是冬季，树木花草已经凋落，影响观瞻。隋炀帝有办法，下令把鲜艳的绸缎缠在树上，又用彩绸剪制成红花绿叶进行装饰，到处花团锦簇，显得洛阳城一片春意盎然。

隋炀帝对商铺也有严格要求，外面要美观大方，破旧的招牌一律去掉，换上新的；商铺里面也要粉刷一新，台面上统一铺上龙须席。龙须席是用龙须草编成的，价格昂贵，属于高档消费品，一般人用不起，但皇命不可违，商人们只好忍痛购买，使龙须席的价格大幅上涨。隋炀帝还要求，所有商铺，都必须摆满货物，显得商品琳琅满目，十分丰富。

这些属于硬实力，隋炀帝还要展示软实力。他早就下发诏令，把全国怀有绝技的艺人，全都召集到洛阳来，共有十万人之多。春节期间，洛阳城内到处举行文艺演出，各种才艺表演应有尽有，百姓身穿节日盛装，人山人海，锣鼓喧天，热闹非凡。

正月十五那天，隋炀帝在洛阳城的端门外，搞起了超大型的文艺会演，光演员就有一万八千人。会演精彩纷呈，歌声响彻云霄，洛阳几十里地之外，都听得清清楚楚。会演从头一天晚上开始，一直演到第二天早晨，彻夜不停。此后，这样的超大型文艺会演，一连搞了十五天，直到出了正月。

隋炀帝的表演相当成功，那些西域来的首领、高官和商人，哪里见过这等宏大、奢华、壮丽的场景，一个个目瞪口呆，不得不佩服隋朝的富足和强盛，认为隋朝是神仙世界、锦绣乾坤，对隋朝心服口服、五体投地。隋炀帝自然龙颜大悦。

隋炀帝在高兴之余，表演得有点过了头，他竟然下令，要求所有的饭店，都不准收取西域客人的钱。西域人高鼻深目，穿着与中原人不同，一眼就能认出来。如果有西域人经过，饭店主人要主动热情地邀请他们入内，酒足饭饱之后，客人要付钱，饭店一律按照统一的口径说："中国富饶，吃饭从来不要钱。"这种做法，让西域客人惊诧不已。

可是，西域人并不傻，有些胡商还很精明。他们私下里逛街时，看到一些衣不蔽体的穷人，还有一些乞丐，于是问道："你们用丝绸缠树，为什么不用来给穷人做衣服？吃饭不要钱，为什么街上还有要饭的？"被问者当然是张口结舌，无言以对。

隋炀帝大肆铺张浪费，奢靡豪华，极尽炫富之能事，固然提高了隋朝声望，在一定程度上折服了西域人，但耗费了大量的民力财力，削弱了国力，同样是得不偿失。隋炀帝过年花费的钱财，史书记载，"以巨亿计"。

隋炀帝如此挥霍奢华，怎么可能会长久享国呢？

日本派来遣隋使

提起日本遣唐使，许多人都知道，这是中日交流史上的重大事件，也是唐朝兴盛的重要标志。然而，早在隋朝时期，日本就派来了遣隋使，目的是学习中国文化。

日本，当时叫倭国，是汉光武帝刘秀给它起的名字。公元57年，日本列岛派使者到洛阳，愿为汉朝藩臣，并求皇帝赐名。刘秀遂赐名"倭国"，并赐一枚金印，上面刻有"汉委奴国王"五字。古代"倭"与"委"字通用，表示顺从之意。该金印现保存在日本福冈市博物馆。

此后，倭国与中国常有来往。三国时期，曹魏皇帝曹叡封倭国君主为"亲魏倭王"。倭国五次向魏国进贡，并开始了两国互派使者的新记录。唐朝时期，倭国改名为日本。

《隋书》在《倭国传》中记载说，开皇二十年（600年），倭王多利思比孤第一次遣使来隋。隋文帝杨坚接见了使者，问及倭国习俗，使者说，倭王以天为兄，以日为弟。杨坚大为不悦，说"此太无义理"，训令改之。

《隋书》没有记载这次遣隋使的用意。有学者研究认为，当时倭国正在攻打朝鲜半岛，而隋朝于两年前征伐高句丽，因此，倭国可能因朝鲜半岛问题，前来与隋朝沟通，寻求支持。从倭国对外用兵和称天为兄来看，倭国当时已经比较强大了。对这次遣隋使，日本史籍没有记载。

607年，倭国摄政的圣德太子，派小野妹子率一支使者团，第二次来到隋朝。圣德太子是日本古代著名思想家、政治家，推动倭国改革，加强中央集权。小野妹子是位男性，是日本古代著名外交家。

这次遣隋使的意图很明确，就是学习佛法，与隋朝佛教界建立联系。倭国当时正处于由奴隶制向封建制转化时期，各种矛盾错综复杂，思想也很混乱。圣德太子发现，佛教是统一人们思想的有效工具，可以很好地利用。日本佛教是经中国传入的，中国佛教已有数百年历史，发展很快，虽然周武帝灭佛，打击了佛教势力，但隋朝建立之后，信奉佛教，佛教又兴盛起来。所以，小野妹子见到杨广后，开宗明义说："听说大隋天子重兴佛法，所以倭王派我们前来朝拜，并带沙门数十人，潜心学习佛法。"

杨广当时胸怀大志，想建立千秋大业，见海外倭国前来拜谒，并学习隋朝佛教，自然十分高兴。但使者呈上的国书，却令杨广十分不快。国书开头的称呼，这样说："日出处天子致日末处天子无恙"。倭国君主把自己也称为天子，表示与隋朝平起平坐，杨广当然不高兴。杨广对鸿胪卿说："蛮夷书无礼，以后不要再呈给朕看了。"

杨广虽然心中不快，但从大局考虑，仍然对小野妹子的使命给予支持，在各方面提供方便，使小野妹子一行学习了大量佛经，顺利完成了任务。小野妹子返回时，杨广又派大臣裴世清陪他回国，给足了他面子。小野妹子很受感动，专门取了个中国名字，叫苏因高。

小野妹子回到倭国后，却出了岔子，他把杨广写给倭王的国书弄丢了。这是不小的罪过，按律应判流刑。好在圣德太子对他完成任务很满意，出面保他，才使他免于刑罚。有学者认为，丢失国书，似乎是不可能的事，大概是杨广给倭王的信中，有不敬之词，小野妹子怕影响两国交往，所以假装弄丢了。

609 年，小野妹子作为大使，再次来到隋朝。这一次，他带来了一个庞大的代表团，除了官员、僧人之外，还有一批留学生，全面学习中国文化和政治体制。这是圣德太子为推动倭国改革而采取的重大举措，通过这次学习交流，对倭国发展产生了重要影响。

小野妹子接受了上次国书称呼的教训，开头改为"东天皇敬白西皇帝"，虽然实质上没有多大区别，但避开了两国间的主从上下关系问题，不显得是平起平坐了。杨广果然很高兴，对倭国遣使团礼遇有加，给予全力支持，使两国交流出现了历史上第一次高潮。

对小野妹子遣隋学习之事，不仅《隋书》有记载，日本史籍《日本书纪》也有记载，而且记载得更为详细。比如，遣隋使的名字叫小野妹子，就是《日本书纪》记载的。《日本书纪》是日本最早的正史，在日本史学界占有极其重要的地位。

《日本书纪》还记载说，614 年六月，日本派遣犬上御田锹为正使、矢田部造为副使，又一次出访隋朝。而对这一次遣隋使活动，《隋书》和其他中国史籍均无记载。

倭国多次派出遣隋使，学习中国文化，提高了隋朝的国际声望，巩固了其东亚霸主地位，也为杨广建立千秋大业的雄心壮志，打了一针强心剂，使他企图成为"振古以来，一君则已"的愿望更为迫切。

杨广除了凭借强盛的国力，到处宣扬国威、震服四方之外，他还需要有实的、硬的手段，于是频繁发动对外战争，为此落了一个穷兵黩武的坏名声。

刘方南攻林邑

隋炀帝喜欢宣扬武力，也时常使用武力，他在位期间，对外发动了一系列战争。这些战争，多数是杨广派将领去打的，其中南方的林邑国，就是刘方率军攻破的。

林邑国，位于中南半岛东部（今越南境内），东汉马援平定南方，将此地设置为象林县。东汉末年大乱时，有个叫区连的人，聚众造反，杀了县令，自称林邑王，从此脱离汉朝，自立为国。

林邑国延袤数千里，气候炎热，无霜无雪，人皆倮露徒跣，以黑色为美；因男多女少，故重女轻男，同姓为婚；人性凶悍，善斗少礼，常与大象为伴，国内盛产香木金宝。

自三国时期之后，因路途遥远，中原自顾不暇，与林邑国断了联系。南朝宋时期，国力比较强盛，刘裕派兵征服了林邑，林邑向南朝宋称臣纳贡。南北朝时期，政权更换频繁，林邑国的进贡时断时续。

隋朝灭掉南陈、统一全国，林邑国遭使进献方物，但其后就断绝了。隋文帝杨坚当时忙于许多大事，顾不上管他。隋文帝晚年时，天下太平，国力强盛。有大臣上奏说，交趾和林邑一带，多产奇宝，又不来朝贡，应予讨伐。隋文帝同意，命刘方率军平定了交趾。不久，隋文帝病死，杨广继位。杨广随即任命刘方为骧州道行军总管，令他率兵征伐林邑。

刘方，京兆长安人，性刚决，有胆气，是隋朝名将。他起初是韦孝宽的部下，参加平定尉迟迥叛乱，因功赐爵河阴县侯，后来受到杨素器重，出征突厥，屡立战功，进位大将军，先后担任甘、瓜二州刺史。

602年，杨坚听从大臣们的建议，决定出兵交趾（今越南境内）。杨素知道刘方有将帅之才，推荐他为交州道行军总管，率二十七营隋军出征。刘方治军有方，军纪严明，在人地生疏的恶劣环境下，经过两年多苦战，平定了交趾，并安抚稳定了交趾地区。这时，刘方接到杨广诏令，令他攻打林邑国。

605年正月，刘方命将领宁长真率一万兵马，从越棠（今越南宜春一带）出兵，自己则率主力部队，从比景（今越南境内）出兵，两路出击，攻打林邑。林邑王听说隋军来犯，一面分兵把守险要之处，一面调动全国兵力，与隋军对抗。

三月份，刘方率军攻入林邑境内，大军抵达阇黎江。林邑军主力在阇黎江南岸安营扎寨，立栅御敌。刘方军队训练有素，他又爱兵如子，在军中有崇高威望，再加上隋军装备齐全，武器精良，因而战斗力很强。隋军旌旗招展，战鼓震天，士兵们精神抖擞，高声呐喊，一举渡过阇黎江，直冲敌军营寨。林邑军没有见过如此威武勇猛的军队，心惊胆战，一触即溃，纷纷逃窜。刘方指挥大军乘胜追杀，杀敌无数。隋军伤亡很小，士气更加旺盛。

不料，林邑动用了王牌部队，使隋军大受挫折。原来，林邑国盛产大象，他们经过训练，组成了大象军。林邑军自知不是隋军对手，便驱赶大象，向隋军反扑。隋军士兵多数没有见过这种庞然大物，见成群的大象，嗷嗷乱叫，冲了过来，顿时慌了手脚。刘方急令放箭，可大象皮厚，一般箭射不透，对大象构不成威胁。眼见大象蜂拥而至，隋军士兵无计可施，只得转身逃跑，结果被大象撞死、踩死的不计其数，隋军伤亡惨重。

入夜，刘方看望慰问伤兵后，久久不能入眠，他在苦苦思索着破敌之策。忽然，灵光一闪，刘方想到了一条妙计。他一跃而起，召集士兵，连夜悄悄挖了许多陷坑，上面用草皮伪装，如同平地一般。刘方又准备了大量强弩，强弩与一般弓箭相比，杀伤力强许多。

刘方派兵挑战。林邑军故技重演，又驱赶大象上阵。大象毫无畏惧，疯狂地追赶隋军士兵，不料，却纷纷跌入陷坑之中，挣扎着爬不出来。刘方令强弩手放箭，顿时万箭齐发，可怜这些大象，成了活靶，多数被射死。少数侥幸爬出陷阱的大象，也都受了箭伤，它们疼痛难忍，折返回去，反而把林邑军冲得七零八落。

刘方见战况十分有利，立即擂响战鼓，催动大军乘胜掩杀。隋军士兵见破了大象阵，军心大振，奋勇向前。林邑军士兵惊恐万分，纷纷逃命，毫无招架之力，结果伤亡惨重，仅被俘的，就达一万多人。刘方不给敌人喘息之机，连续作战，九战九捷，无一败绩，攻占了林邑大部分地区。

林邑王见主力遭受重创，大势已去，不得已带领残部逃入海岛。隋军占领了林邑国，却没有予以统治，只是搜刮了大量奇珍异宝，满载而归。回国之前，刘方令人刻石立碑，纪念这次的功绩。

隋军远征林邑，获得大捷。隋炀帝闻之，大为兴奋，刘方军队也人人欢欣鼓舞。不料，乐极生悲，刘方军队连续作战，长途跋涉，疲惫不堪，又因不服水土，致使疾病流行，结果在回国途中，有近一半的士兵病死。史书记载："死者十之四五。"著名将领刘方，也不幸染病，不治身死。隋炀帝听说后，十分伤感，下诏予以褒奖，追封刘方为上柱国、卢国公。

刘方撤军后，林邑王卷土重来，继续占据统治林邑国，而且享国长久，直到明朝时期，才被安南灭掉。安南是越南的古称，从此林邑属于越南领土。

隋炀帝这次远征林邑，目的是炫耀武力，夺取珍宝，并没有开疆拓土，因而意义不大，特别是耗费了国力，又牺牲了数万士兵的生命，更是得不偿失。

韦云起北伐契丹

　　隋炀帝向南攻破林邑之后，又把矛头指向了北方的契丹。隋炀帝伐契丹，是他一生中为数不多的得意之作，因为他只派了一个人，借用突厥的力量，就把契丹征服了。这个人，就是隋朝名臣韦云起。

　　韦云起，京兆万年县（今陕西西安）人。他自幼聪慧，喜爱读书，长大后满腹学问，有胆有识。在隋文帝杨坚时期，韦云起参加科举考试，一举成名，从此步入仕途。杨坚对他很器重，让他在自己身边做侍从。

　　有一次，杨坚见韦云起很有见识，对他说："你有什么想法，可以对朕直言。"当时，杨坚的女婿柳述也在旁边。杨坚由于忌惮杨素权重，便提拔柳述当了兵部尚书，分了杨素的权。韦云起见皇帝信任自己，便实话实说："柳述年轻，没经过大事，恐怕难当重任。"韦云起看得没错，柳述根本不是杨广、杨素的对手，所以在杨坚病重期间，柳述没有起到任何作用。

　　杨广继位不久，北方的契丹侵扰隋朝边境营州（今辽宁朝阳）。契丹是中国古代游牧民族，发源于东北地区，有人说来源于鲜卑族的一支，有人说是匈奴人的后裔。中原混战的时候，契丹族日益强盛。在隋朝时期，契丹经常袭扰边境，抢掠财物。

　　杨广刚登帝位，正想建立千秋大业，岂容契丹猖獗，随即就要出兵讨伐。韦云起当时官职不高，却胆识过人，他进谏说："契丹离我们遥远，如果出动大军，必定耗费时日和财力。契丹与突厥为邻，突厥对我朝称臣，不如命突厥去打契丹。臣愿一人前往，借突厥之力，去讨伐契丹。"杨广一听，认为可以试一试，便同意了。

　　605 年，韦云起来到突厥，见到启民可汗，传达皇帝诏命。启民可汗是隋朝扶立起来的，对隋朝感恩戴德，自然听命。启民可汗挑选了两万精骑，交给韦云起，由韦云起带领他们，去攻打契丹。

韦云起把两万骑兵分为二十营，分四路一同进发。每营相隔一里，不得交杂，听鼓声而行，闻角声而止，违令者斩。有一个突厥头目，违反了军令，韦云起毫不容情，将其斩首，并将首级传谕各营。突厥士兵见了，人人胆寒，不敢违背韦云起的命令。

韦云起早就谋划好了破敌之策，他知道，契丹的势力不如突厥大，因而常向突厥示好，对突厥的戒备心不强。于是，韦云起下令，突厥士兵一律不得泄露此行的目的，有泄露者，立斩不赦。韦云起提前派人通知契丹，假称突厥军队要借道去柳城，与高丽人做交易。契丹人半信半疑，依然做了一定的防备。

韦云起率军经过契丹营地时，命士兵放松戒备，稀稀拉拉，丝毫没有要打仗的样子，然后，绕过契丹营地，继续向前行军。契丹人见突厥军队真的向柳城方向去了，这才放下心来。可是，韦云起率军前进了五十里，就安营扎寨了。

到了夜里，韦云起整顿兵马，悄悄向契丹营地摸来。五十里的路程，对骑兵来说，相当轻松。接近契丹营地时，韦云起一声令下，顿时万马奔腾，直冲契丹营地。此时的契丹人，毫无防备，都在睡梦之中，结果可想而知。除了被杀死的之外，俘虏男女四万多人，还缴获了大批牲畜。

韦云起把一半的牲畜赐给了突厥，其余的作为战利品带回了隋朝。杨广大喜，召集百官说："云起利用突厥，平定了契丹，而且用兵奇谲，真是有勇有谋，朕当重用之。"杨广提任韦云起为治书侍御史。可惜，后来杨广没有再重用韦云起。韦云起在隋亡后降唐，因是太子李建成一派，在玄武门事变中遇难，不知享年多少。

契丹遭此重创，一蹶不振，只得对隋朝服服帖帖，称臣纳贡，朝贡不断。不过，若干年之后，契丹势力崛起，建立了辽朝，对中国社会产生了重大影响。

杨广重用文武双全的韦云起，不动一兵一卒，不费一钱一粮，就征服了契丹，这事确实做得漂亮。隋炀帝办的漂亮事不是很多，这一件还是值得称赞的。

薛世雄西征伊吾

　　杨广称帝后，随即进行南征北战，攻打林邑和契丹，接着降服西突厥，打垮吐谷浑，然后，又想征服远在西方的伊吾。奉命率军西征的，是隋朝名将薛世雄。

　　《隋书》记载，薛世雄，是河东汾阴（今山西万荣）人。薛世雄小时候喜欢玩打仗的游戏，自称将军，画地为城郭，让小伙伴们有攻有守，有不听命令者，就用棍子打，说是执行军法，小孩们都怕他。其父见了称奇，对别人说："此儿当兴吾家矣。"

　　薛世雄年仅十七岁，就上阵杀敌。他作战勇敢，武艺高强，曾跟随周武帝讨伐北齐，因功授任帅都督。在隋文帝杨坚时期，薛世雄参加过对突厥和南陈的战争，屡立战功，升迁为仪同三司、右亲卫军骑将。

　　隋炀帝杨广继位后，薛世雄率军平定了番禺夷叛乱，还跟随杨广攻打吐谷浑，再立新功。薛世雄性情豪爽胆大，从不怕打恶仗硬仗，而且治军严整，军纪严明，他率军所到之处，秋毫无犯，因此，杨广对他很器重。

　　有一次，杨广问诸臣："我朝有一位出色的将军，你们知道是谁吗？"诸臣都说："我朝出色的将军很多，不知道圣意是指哪一位？"杨广笑着说："朕觉得薛世雄很出色，他气概与众不同，有古人之风。"诸臣一齐点头称是，称赞杨广说得对。

　　杨广降服西突厥，驱逐吐谷浑，打通了丝绸之路，占领了今新疆大片土地。可是，在天山东段北麓，有一个国家，叫伊吾，因路途遥远，还没有向隋朝称臣纳贡。杨广决定派薛世雄领兵，前去征服它。

608 年，杨广任命薛世雄为玉门道行大将军，率军西征。因隋军不熟悉天山一带的情况，杨广让启民可汗派兵协助薛世雄，一同进攻伊吾国。可是，到了约定的时间，不知什么原因，突厥兵却没有到。将领们都主张等一等，因为西征路上，全是戈壁和沙漠，隋军缺乏沙漠行军的经验，孤军深入，困难重重，也十分危险。

薛世雄却不同意，他认为大军已经集结，不能毫无作为地干等着，何况兵贵神速，早点到达伊吾，可以给敌人一个措手不及。薛世雄豪迈地对大家说："我军战无不胜，沙漠是挡不住我们的。"于是，薛世雄一声令下，大军按时出发了。

薛世雄带领一支孤军，在毫无后援的情况下，独自进入茫茫大漠，胆子是够大的。在戈壁沙漠行军，确实是困难重重。沙漠天气，变幻无常，时而烈日炎炎，酷热难当；时而阴云密布，冷风呼啸；时而狂风大作，黄沙弥漫。特别是千里荒凉，没有人烟，难以找到水源。幸亏薛世雄虽然胆大，却不鲁莽，事先做足了准备，才使这一支孤军没有陷入灭顶之灾。

伊吾人压根儿就没有想到，在这样恶劣的条件下，隋朝军队能够穿越数千里沙漠，来到伊吾城下。伊吾城内没有一点防备，兵力又很单薄，再看隋军，虽然经过长途跋涉，却依然军阵整齐，旌旗鲜明，兵强马壮，因此，伊吾人根本没有交战，就请求投降了。

伊吾虽然距离中原路途遥远，但对中原并不陌生，因为伊吾曾经长期是汉朝与匈奴争夺西域的焦点。早在公元 73 年，东汉名将窦固，就击破匈奴，占据了伊吾，并设官吏管理屯田。三年之后，匈奴派兵夺回了伊吾。131 年，班勇再通西域，又重新在伊吾屯田，并设置伊吾司马。在长达数百年时间里，中原与匈奴多次争夺伊吾，所以，伊吾人对中原有很深的了解，也仰慕中原文化，这也是伊吾不战而降的重要原因。

薛世雄占领伊吾后，指挥大军在汉代旧伊吾城东面，修筑了一座新城，叫新伊吾，留下将领王威，率一千多名士兵戍守，自己率大军班师回朝。

薛世雄西征伊吾，因功升迁为正议大夫，赐帛两千段。后来，薛世雄又随杨广参加征伐高句丽战争，升迁至右御卫大将军。在隋末农民起义时，薛世雄被窦建德打败，愤懑病死，终年六十三岁。

伊吾收服后，隋朝设置了伊吾郡，范围在今哈密一带，成为隋朝控制西方的一个重要军事要地。这是隋炀帝开疆拓土的又一个功绩。

陈稜东灭流求国

隋炀帝怀有大志，企图建立万世之功业。他在征服南方、北方、西方之后，又把目光转向了东方。在东方浩渺的大海中，有一岛国，名叫流求，隋炀帝为了炫耀武力，派兵把它灭了。率军灭掉流求的将领，名叫陈稜。

《隋书》在《流求传》中记载，流求国，居海岛之中，在建安郡（今福建）东面，坐船五日可以到达。流求国山洞很多，土地肥沃，有枫、樟、松、楠、杉等树木，也有竹子、藤蔓、瓜果、药材等植物，适宜种稻、粱、黍、豆等农作物，风土气候与岭南相似。

流求人长得深目长鼻，颇似胡人，智商不是很高，缺少礼仪和法制，喜欢互相攻杀，人人勇猛雄健，善于奔跑。国王姓欢斯氏，名叫渴刺兜，不知道相传有多少代。流求国有四五个将帅，统领各个山洞，各洞还有小王。各山洞都有军队，经常互相攻打，并且有吃战死者尸体的习俗。从以上记载来看，流求国文明程度不高。

至于流求国在今天什么地方，学术界有三种看法。一是指今琉球群岛。琉球群岛位于中国东海的东部外围，有六十多个有人居住的岛屿，最大的是冲绳岛。在历史上，琉球群岛中确实有个琉球国。二是指今澎湖列岛。澎湖列岛位于台湾岛西部的台湾海峡中，由六十多个岛屿组成，最大的是澎湖本岛。三是指今台湾岛。这三个地方，都在福建的东边或东南方向。

杨广继位以后，雄视天下，有人向他奏报，说东方大海之中，每当春秋之际，天高风静，依稀见有烟雾之气，可能有人居住。杨广好奇，命人驾船入海，探寻究竟。

607 年，杨广命羽骑尉朱宽、海师何蛮等人，带领一支船队，到东海求访异俗。朱宽等人行船几天之后，发现了流求国，登陆上岸，考察一番，因语言不通，便抓了一人，然后返回隋朝。第二年，朱宽第二次到达流求，又仔细考察了一段时间，取了一些布甲和其他东西返回。

这个期间，恰逢倭国使者来朝，倭国使者对流求国有所了解，介绍了一些情况。这样，杨广大体上搞清楚了流求国的现状，于是派人招抚，让流求国归附隋朝，称臣纳贡。可是，流求国长期远在海外，不知道隋朝厉害，因而并不顺从。杨广大怒，遂决定以武力征服。

610 年，杨广命武贲郎将陈稜，率军攻击流求国。陈稜是庐江襄安人，有胆有识，熟悉水战。他知道出海作战，全靠战船，于是组织了一万余人的楼船军队，并且从南海诸国招募了一些士兵，其中有些人懂得流求语。陈稜做好了充分准备，船队扬帆起航，开始东击流求。

本来只有几天的路程，不知道什么原因，陈稜船队在大海上行驶了一个多月，才抵达流求。陈稜事先将船队进行了伪装，流求人认为是商船，纷纷前来进行贸易。陈稜抓住机会，一声令下，士兵们蜂拥登岸，迅速占据了一块地盘，站稳了脚跟。

流求国王闻报，大吃一惊，立即发兵抗拒。可是，这些蛮夷兵，未经训练，武器又简陋，怎能敌得过训练有素、武器精良的隋朝军队呢？流求兵一触即溃，死伤无数，纷纷逃散，根本没有招架之力。

陈稜见此情景，遂下令兵分五路，向前推进，如同秋风扫落叶一般，横扫流求。可是，流求多山洞，山洞内地形复杂，易施暗箭，隋军逐个山洞搜寻清剿，也费了不少时日，而且十分危险。好在陈稜早有准备，命会说流求话的士兵，喊话劝降，保证他们的生命安全，结果，有大批的流求人投降了。对拒不投降、负隅顽抗的，陈稜下令火攻，也烧死了不少。

隋军占领了流求国，斩杀了国王渴刺兜，掠夺了大批财物，一把火烧毁了流求宫室和岛上房屋，然后，押着大批男女俘虏，高唱凯歌，班师回朝了。从此，流求国灭绝于世。《隋书》说："自尔遂绝。"

隋炀帝杨广十分高兴，升迁陈稜为右光禄大夫。陈稜后来参加平定杨玄感叛乱，又参加征伐高句丽战争，屡立战功，被封为信安侯，最后在隋末战乱中被杀身亡。

隋炀帝灭掉流求国，固然展示了国威，可是以强凌弱，非正义可言。流求国远居海外，安分守己，对隋朝没有威胁，何必耗费国力，去灭了人家呢？

杨广不容元老派

隋炀帝继承了父亲创立的大隋江山，同时也接受了隋文帝时期的一些旧臣。这些元老，功勋卓著，文韬武略，威望甚高，实乃国家之栋梁。按理说，这是一批宝贵财富，可是，杨广却容不得他们，必欲除之而后快。

杨广继位不久，最先死掉的，是宰相杨素。杨素绝对是隋朝的元老重臣，对隋文帝、隋炀帝两代都产生了重大影响。当然，按《隋书》记载，杨素是病死的，但杨广对他的精神逼迫，也是杨素致死的重要因素。

杨素胸有谋略，文武兼备，是古代名将。早在北周时期，他就投靠族兄杨坚，为杨坚篡周建隋立有大功。隋朝建立后，他率军南征北战，平定江南，征服突厥，剿灭匪患，屡建奇功，被封为越国公，与高颎一起执掌朝政，为开创开皇之治做出重大贡献。可惜，杨素有才无德，善于搞阴谋诡计，嫉贤妒能，欺主罔上，暴虐奢侈。《隋书》评价他说，看杨素的奇谋和文章，堪称一代英豪，论功劳，也没有人能比上他，可杨素靠欺诈自立于世，而不走仁义的正道。

杨素对杨广有拥立大功，他与独孤皇后内外联手，施展阴谋，帮助杨广夺得太子之位。在杨坚召唤杨勇、企图更换太子的关键时刻，杨素又发挥了关键性作用，他派兵软禁了杨坚，扶立杨广登上帝位。杨谅造反时，又是杨素领兵平息了叛乱，巩固了杨广的地位。可以说，没有杨素，杨广很难继承帝位。

杨素虽然心术不正，但对隋朝算是忠心，而且既有大功，又有能力。然而，杨广称帝后，表面上给予杨素特殊礼遇，内心却十分猜忌。杨广除了让杨素负责修建东都洛阳外，其余军国大事，均不与他商议，将杨素晾在了一边。

606年，有术士奏报，说近期隋朝楚地应有大丧。杨广心里一动，立即下诏，将杨素由越国公改封为楚国公，他盼望杨素早死的心情昭然若揭。

杨素是何等聪明之人，他对杨广的猜忌心知肚明，因此心情抑郁，闷闷不乐。杨素被封为楚国公不久，果然患病。杨广命御医前去诊治，但每次都悄悄询问御医，问杨素还能活多久。

杨素知道，自己最好赶快死掉，因此不肯服药，任凭病情加重。杨素的弟弟杨约劝他服药，杨素流着泪说："我难道还能活下去吗？"

不久，杨素主动病死，杨广如释重负。杨广为杨素举行了隆重的葬礼，极尽哀荣。不料，杨广在内心感到轻松愉快之后，不小心说了一句心里话："杨素如果不死，朕也会灭他九族的！"令人不寒而栗。

《大业杂记》则记载说，杨素是被杨广用药酒毒死的。杨广为了毒杀杨素，不料误毒了自己的儿子杨昭，杨素比杨昭只晚死了一天。《大业杂记》不是正史，不一定可信，但杨素之死，确实与杨广有很大关系。

杨素的弟弟杨约，也是隋文帝时期的旧臣。他与杨素一起，为拥立杨广立下大功，甚至亲手勒死了原太子杨勇，为杨广彻底除去了后患。杨广继位后，拜杨约为内史令，属于宰相之一。

杨素死后，杨约去给哥哥上坟，想起杨素临终前对他说的话，又想到哥哥对杨广如此忠心，却被逼致死，不由心中悲伤，号啕大哭，众人劝止不住。杨广听说后，明白杨约为何痛哭，心中恼恨，下令将他免官，后又起复为淅阳太守。不久，杨约郁郁而终。数年后，杨素长子杨玄感举兵造反，兵败被杀。杨广将杨素的七个儿子全部处死，家族之人均被诛杀，杨素的坟墓也被挖开。杨广终于将杨素灭族了。

像杨素这样对杨广有着大恩的元老重臣，尚且落得如此下场，其他大臣们，就更难逃厄运了。果然，杨素死后第二年，大臣高颎、贺若弼、宇文弼三人，在同一天被杨广杀害。

高颎，是隋朝杰出的政治家、战略家、军事家，品行高尚，德才兼备。高颎与杨坚岳父独孤信渊源很深，因而很早就是杨坚的亲信，长期担任宰相。高颎在建立隋朝特别是治国理政方面，发挥了无可替代的作用。因他与杨勇是亲家，反对杨坚更换太子，被罢官削爵。杨广继位后，为了显示宽宏大量，又任命高颎为太常。

贺若弼，是古代名将。在平陈战役中，他率先渡江，攻击建康，立有大功，被封为上柱国、宋国公。但他恃功傲物、不遵号令，抢了杨广的头彩，杨广心里对他很不满意。

宇文㢸，是隋文帝时期的老臣。他为人慷慨，博学多才，节操高尚，历任朔州、代州、吴州总管，后入朝担任尚书右丞、太仆少卿、刑部尚书、礼部尚书。宇文㢸为官清廉，能力很强，不论做什么官职，都干得有声有色，官声很好。

高颎、贺若弼、宇文㢸三个元老重臣，都跟随杨坚多年，深受杨坚器重。他们都习惯了杨坚的治国思路和为政之道，特别是他们都和杨坚一样，崇尚节俭，看不惯奢华和铺张浪费，因而对杨广大讲排场、挥霍无度，多次提出劝谏。可是，杨广根本听不进去，反而心生不满。

有一次，杨广让高颎收集过去北周、北齐的乐工和散曲。高颎上奏说："北周、北齐的乐曲，都是亡国之音，先帝早已下令废除了，怎么还能再收集呢？"杨广听了，变了脸色，心中十分恼怒。

高颎等人多次劝谏，杨广始终不听，反而更加追逐声色音乐，到处奢华浪费。高颎等人心中忧虑，担心隋朝江山被杨广败坏掉了，常在一起议论，唉声叹气。

607年，杨广游幸江南之后，又带领五十万大军和鱼龙百戏，浩浩荡荡去巡视塞北，百官都随驾同行。高颎忍不住说："周朝因好乐而亡，殷鉴不远，怎么能再这样呢？"宇文㢸说："北周皇帝因好色而亡国，现在比北周时期还过分。"贺若弼也随声附和，说杨广太过奢侈。

不料，有人将他们的议论报告了杨广。杨广大怒，下令以诽谤朝廷的罪名，将高颎、贺若弼、宇文㢸一同处死。

杨广肆无忌惮地诛杀元老大臣，目的是肃清隋文帝时期的影响，树立自己的淫威，这充分暴露了杨广的暴虐不仁和刚愎自用。三个大臣被杀，百官无不震惊，再也没人敢进言了。然而，天下人无不为高颎等人喊冤叫屈，杨广为此大失人心。他做了一件大蠢事！

赞老子惹恼儿子

一般来说，对着儿子夸老子，或者对着老子夸儿子，都会取悦对方，这是人之常情。然而，杨广却与常人不同，大臣薛道衡赞扬隋文帝，杨广不仅不喜悦，反而心中恼怒，找了个借口，把薛道衡杀了。薛道衡死得真冤！

《隋书》记载，薛道衡，河东汾阴（今山西万荣）人，是隋朝著名诗人和文学家。薛道衡六岁死了父亲，成了孤儿，但他聪慧过人，勤奋好学，十三岁时就精通《左传》，写了《国侨赞》一文，人们争相传阅，薛道衡开始出名。

薛道衡成年后，入仕北齐，从事文诏起草。周武帝灭掉北齐后，欣赏薛道衡文采，授予官职。杨坚篡周建隋后，薛道衡又为隋朝服务，在杨坚身边担任机要，负责起草文诏。因此，薛道衡属于北齐、北周、隋朝三朝老臣。

薛道衡满腹学问，才华横溢。他写文章很专心，每当构思一篇文章，都是隐坐空斋，静心沉思，这时候如果有人来打扰，薛道衡必定生气发火。薛道衡每有所作，人们无不争相吟诵。杨坚常说："薛道衡作文书，甚合朕意。"

薛道衡喜欢写诗，他的诗辞采绚丽，描写细腻，气势不凡，深受人们喜爱。其中《出塞诗》写道："绝漠三秋幕，穷阴万里生。寒夜哀笛曲，霜天断雁声。"此诗被人们广泛传诵。当时，薛道衡的名气，与大才子李德林齐名。宰相高颎、杨素都很尊敬他，皇子和大臣们纷纷与他结交，杨广也不例外。

薛道衡是典型的文人，不免有些清高，在为人处世上有些缺陷。

杨坚认为薛道衡迂腐，不想让他在自己身边了，便让他出任襄州总管。这明明是要把他赶出朝廷，可薛道衡硬是看不出来。他在杨坚身边待久了，很感激杨坚的知遇之恩，舍不得离开，对着杨坚鸣咽流涕。

杨坚被薛道衡的真诚感动了，只好安慰他："你在朕身边很久了，看到你日夜辛苦，朕于心不忍。你现在年龄大了，朕想让你休息一下，也想让你到地方上任职，全面展示你的才华。其实，朕也舍不得你走，就像断了一条胳膊一样难受。"听杨坚这么一说，薛道衡更是感激涕零。

后来，有人弹劾薛道衡，说他结党营私，朝廷判他流刑，把他流放岭南。当时，杨广任扬州总管，他仰慕薛道衡才气，想把他招至麾下。杨广给薛道衡写了一封信，说岭南很苦，万不可去，请他到扬州来，他请求父皇，让薛道衡在扬州任职。这本来是杨广的一番美意，也是件好事，可是，薛道衡观念正统，不想与皇子交往过密，竟然拒绝了。杨广拿热脸贴了冷屁股，心中十分不快。

杨广继位后，倒不计前嫌，他还想利用薛道衡的文采，便一纸诏书，把薛道衡召回京师，打算任命他为秘书监。秘书监主管朝廷文书，官职显赫，很适宜薛道衡。杨广自认为对薛道衡有恩，只等着他上书谢恩了。

果然，薛道衡回到京城后，立即给隋炀帝上了一道奏书。杨广一看，鼻子都气歪了。原来，薛道衡上的奏书，名叫《高祖文皇帝颂》。薛道衡大力颂扬隋文帝的文治武功和仁义道德，赞美杨坚是一位具有圣德神功的伟大皇帝，而对于杨广，却只字未提。

薛道衡写这篇奏书，是出于真情实意，他从心里认为，杨坚就是一位好皇帝。同时，薛道衡也认为，如此赞美老子，杨广心里肯定高兴。薛道衡真是一个书呆子，他完全不懂人情世故，更不懂皇帝的心思。

杨广不是普通人，而是皇帝，他看到奏书后，不认为是对着儿子夸老子，而是认为是对着当今皇帝夸赞前朝皇帝，是在"是古非今"。况且前朝皇帝对薛道衡并不好，又是贬官，又是流放，是当今皇帝召他入朝复官，而薛道衡不感恩当今皇帝，反而猛夸前朝皇帝，真是岂有此理！

杨广冷冷地对大臣们说："道衡致美先朝，此《鱼藻》之义也。"《鱼藻》是一首古诗，该诗通过歌颂怀念周武王，来讽刺贬低昏君周幽王。杨广这样认为，薛道衡肯定就要倒霉了。

杨广一生气，原打算给薛道衡秘书监的官职不给了，改任他为司隶大夫。司隶大夫比秘书监官职低，而且负责监察工作，很容易得罪人，根本不适合薛道衡这样的书呆子。杨广给他安排了这么一个差事，明显是存心不良。

薛道衡才华出众，智商很高，但情商却很低，对杨广的不良用心，根本没有看出来，高高兴兴地上任去了。薛道衡没有看出来，其他人却看出来了。房彦谦是唐朝名相房玄龄的父亲，当时任司隶刺史，与薛道衡关系不错。房彦谦悄悄对薛道衡说："您以后一定要少说话，少与人交往，最好是杜绝宾客，闭门自守，否则，很容易惹祸。"可是，薛道衡没有听懂，不以为然。

杨广处死高颎等人之后，朝廷少了几位能干的大臣，处理政事的效率大为降低。有一次，杨广命大臣讨论一项法令，大臣们议来议去，七嘴八舌，很久决定不下来。薛道衡心烦了，随口说道："如果高颎还在的话，肯定早就定下来了。"

有人立即把这话报告了杨广，杨广大怒，说："高颎是罪臣，薛道衡竟敢怀念他，明显是一伙的。"杨广下令，把薛道衡抓起来，派御史大夫裴蕴去审理。

裴蕴，是杨广的宠臣，特别善于溜须拍马。他审判案子，不是依据法律和事实，而是根据杨广的喜好。杨广不想重判的，即便有再大的罪，裴蕴都能找出借口开脱；杨广不想饶恕的，即便再轻的罪，裴蕴都能有理由予以重判。裴蕴就像杨广肚子里的蛔虫，杨广很宠信他。

薛道衡的案子，其实并不大，充其量就是说话随便，出言不慎，甚至根本算不上犯罪。可是，裴蕴知道，杨广憎恶薛道衡，于是经过苦思冥想，想出一个诛心的罪名，硬要判薛道衡一个死罪。

裴蕴对杨广说："薛道衡这个案子，表面上看，好像不大，但从案子背后，可以看出薛道衡的无君之心。他替高颎鸣不平，实际上是把责任归于皇上。薛道衡的用心极其险恶，属于大逆不道。臣建议以诛心之罪，处以死刑。"

杨广一听，很是赞同，马上说："你分析得很对。薛道衡早有无君之心，朕当晋王的时候，他就与高颎、贺若弼等人合起伙来，不把朕放在眼里。幸亏现在天下太平，如果一旦有事，这老家伙一定会造反的。你通过这个案子，揭示了他的反叛之心，是为国除害。"于是判决，薛道衡大逆不道，赐令自尽。

当时，满朝的文武百官，都认为对薛道衡的处罚不会太重。一是因为只说了一句错话，罪状轻微；二是薛道衡是三朝老臣，又是天下闻名的大才子，声望甚高；三是薛道衡年龄七十岁了，已是风烛残年。众臣猜测，最重就是免官，让他退休回家。

薛道衡本人，也是这样想的，他是个书生，根本想不到皇帝之心是如此狠毒。薛道衡被捕入狱后，天天催着办案人员审理，好早日结案回家。到了宣判那天，薛道衡嘱咐家人，多准备酒肉，他回家后，肯定有许多人前去看望安慰，一定要招待好宾客。

薛道衡听到判他自杀，简直不敢相信自己的耳朵，面无表情，呆若木鸡，迟迟不肯动手自尽。监刑官报告了杨广。杨广冷笑一声说："不知道好歹的东西，那就勒死他吧。"

杨广执意处死薛道衡，还有一种说法。薛道衡是当时文坛领袖，广受赞誉，杨广也有很深的文学造诣，对此很不服气。杨广曾对大臣们说："别以为朕是靠父亲才继承了皇位，如果与天下才子比试，朕照样能当天子。"杨广自恃才高，无人能及，自然心生嫉妒，不容许别人超过自己。

有一次，在朝廷聚会时，众臣作诗答对。杨广卖弄文字，写了一首押"泥"字韵的诗，众人叫好。有人也以"泥"作诗，但都赶不上杨广，杨广自鸣得意。不料，薛道衡即席作诗一首，明显超过了杨广，众臣惊叹不已。其中"暗牖悬蛛网，空梁落燕泥"，成为千古名句，流传至今。

由于薛道衡压了杨广的风头，杨广嫉恨在心，于是找借口把薛道衡杀了。薛道衡在临死之前，杨广很得意地问他："你还能作'空梁落燕泥'吗?"赤裸裸地暴露了杨广的妒忌之心。

不管出于什么原因，杨广无辜杀害三朝旧臣、年已七旬的大才子薛道衡，再次表露出他的暴虐无道。文武百官和天下百姓，一致认为薛道衡死得冤。杨广又做了一件大蠢事!

心腹之人也被杀

杨广为了清除前朝影响，树立个人淫威，连续诛杀了高颎、贺若弼、宇文弼、薛道衡等元老大臣。这些人，确实与杨广不完全是一条心。可是，对于有恩于己的心腹之人，杨广也照杀不误，除了杨素之外，张衡就是一例。

《隋书》记载，张衡，河内（今河南沁阳一带）人，出身于官宦之家。祖父张嶷，当过西魏的河阳太守；父亲张光，是北周的万州刺史。张衡从小受到良好的家庭教育。

张衡十五岁时，进入太学学习，接受高等教育。他勤奋刻苦，认真钻研，对什么问题都要弄个明白，因而他的学习成绩是最好的，尤其精通"三礼"。

张衡学业有成之后，入仕做官，在周武帝身边当个侍从。张衡做事认真，性格直率，敢于谏言。有一次，周武帝在太后大丧期间，想外出打猎。张衡一把抓住周武帝的坐骑，摘掉帽子，披头散发，直言劝谏。周武帝是位明君，接受了谏言，并赏赐给张衡一套衣服、一匹良马。张衡在北周时期不断升迁，担任掌朝大夫。

杨坚篡周建隋后，张衡历任司门侍郎和刑部、度支二曹郎，后来升任并州总管掾。杨广很看重张衡，他镇守扬州的时候，请求父亲，把张衡改任为扬州总管掾。从此，张衡跟随杨广左右，相当于他的秘书长，成为杨广的心腹亲信。

张衡尽心竭力辅佐杨广，杨广夺取太子之位的计谋，大多是张衡为他策划的。扬州有人聚众造反，张衡又率军平定了叛乱，建立军功。张衡因功授予开府，升迁为右庶子，兼任给事黄门侍郎，并获得大量物质奖赏。

604 年，隋文帝杨坚病重。在此期间，杨素写给杨广的密信泄露，杨广又调戏宣华夫人，惹得杨坚大怒，想要重新更换太子。在这千钧一发之际，杨广、杨素果断采取措施，派亲信宇文述带兵包围了杨坚寝宫，不准任何人出入，同时，把杨坚身边的侍从全部赶走，只让张衡一人在杨坚身边侍候。当晚，杨坚驾崩。张衡在杨坚身边干了什么，无人知道。所以，张衡有弑君的重大嫌疑。

《大业略记》说，张衡进入杨坚寝宫后，把毒药灌入杨坚口中，杨坚顿时毙命。《通历》说得更邪乎，说张衡手持利刃，朝杨坚一阵猛砍，血溅屏风，杨坚的惨叫声传出很远。《大业略记》和《通历》不是正史，不足为凭。不过，张衡是杨广最亲近的人，他为杨广登上帝位立有大功，却是真的。

杨广继位后，为了报答张衡，升任他为银青光禄大夫，不久又升为御史大夫，成为三公之一。杨广巡视太原的时候，还专门从张衡家乡路过，在他家里住了三天，赐给张衡家良田三十顷、绸帛六百段，还赐给一些御用食器。

张衡得此殊荣，光宗耀祖，自然感恩戴德，他伏拜于地，磕头不止。张衡心里暗下决心，一定要尽忠竭力，肝脑涂地，报答皇帝的大恩大德。

杨广称帝不久，就大兴土木，南北巡游，搞得民怨四起。张衡心里着急，总想找机会劝谏皇上。608 年，杨广巡游汾阳宫，见汾阳宫不够气派宏大，便下令扩建。张衡借机进谏："这几年搞的工程不少，百姓有些疲惫，请陛下注意，以后少搞这样的事。"

张衡本来是一片忠心，杨广听了，心里却很不舒服。他认为自己对张衡够好了，可张衡还挑毛病，岂有此理！杨广对侍臣们说："张衡自以为有他的计谋，朕才当上天子，因而居功自傲。"杨广有这样的想法，张衡自然就失宠了。不久，杨广找了个借口，把张衡贬为榆林太守，赶出京城。

杨广是想惩戒一下张衡，让他自我反省。第二年，杨广又巡游汾阳宫，召见张衡，打算带他回京复职。按杨广的想法是，张衡经过惩罚，应该是诚惶诚恐，寝食不安，身体消瘦。可是，张衡来到杨广面前，却是红光满面，体态肥胖了不少。杨广心中不悦，觉得这小子日子过得挺滋润的，看来，没有认真思过，便敷衍了几句，仍然让他回榆林去了。

后来，杨广大建江都宫。江都宫是杨广在扬州的宫殿，规模宏大，豪华气派。杨广又想起了张衡，诏令张衡前去监工。张衡本来对杨广大兴土木就有意见，因而并不卖力，杨广很不满意。此时，薛道衡无辜被杀，世人一片喊冤声。张衡也对人说："薛道衡真是冤枉。"

张衡为薛道衡喊冤，被人告发。杨广大怒，下令把他抓起来，打算处死。张衡在狱中被关了很久，杨广念及旧情，最终没有杀他，只是把他削官为民，让他回老家去了。

看来，张衡的性格的确比较耿直，不够圆滑，在经历了一系列惩罚之后，并没有反省自己，更没有向杨广服软求情，反而对杨广十分失望，心中极为不满，经常口出怨言。

612年，杨广东征兵败，心情郁闷。这时，张衡的小妾上书告发，说张衡心怀怨恨，整日在家中大发牢骚，诽谤皇帝。杨广怒不可遏，当即令监刑官赶到张衡家中，逼令他自尽。

张衡也和薛道衡一样，不肯自己了断，反而破口大骂。张衡骂了些什么？《隋书》没有记载，只是说监刑官用双手捂住自己的耳朵，不敢听。大概张衡揭露了杨广不少丑事，不堪入耳。监刑官没有办法，只好把张衡勒死了。史书没有记载张衡的年龄，不知他终年多少。

从《隋书》记载来看，张衡应该是没有杀害杨坚，否则的话，杨广早就把他除掉灭口了，用不着一再惩罚他。

张衡作为杨广的心腹亲信，只因劝谏杨广不要奢侈，就失宠被杀。看来，杨广不需要听逆耳忠言，他需要的，是俯首帖耳的奴才。

杨广爱唱独角戏

　　杨广觉得自己很了不起，想当一个空前绝后的伟大皇帝。因此，他不能容忍德高望众的前朝大臣，也不重用忠心耿直的亲信，他所任用的，几乎都是阿谀奉承、溜须拍马之徒。杨广又喜欢独断专行，不听谏言。所以，在杨广执政期间，基本上是他一个人在唱独角戏。

　　《隋书》记载，杨广在继位之初，为了稳定政局，不得已任用了一批老臣。隋文帝创立了三省六部制，三省的正副长官都属于宰相。杨广任命的六位宰相，分别是杨素、杨素的弟弟杨约、杨素的叔叔杨文思、老臣苏威、宗室杨达、萧皇后的哥哥萧琮。

　　这六个宰相，有三个特点。一是杨素家族的人占据一半，势力强大；二是都出自关陇贵族集团，与朝廷大臣有着千丝万缕的联系；三是都是隋文帝时期的旧臣，功绩卓著，经验丰富，名望甚高。

　　杨广的治国思路与隋文帝不一样，而且喜欢一意孤行，自然对老臣看着不顺眼，用得不顺手。于是，时间不长，杨广就对这些元老旧臣下手了。

　　杨广首先冷落杨素，逼迫杨素很快死掉了。接着，杨广把杨约赶出朝廷，贬为地方官，杨约不久忧郁而终。杨文思当时已经七十多岁了，受此惊吓，很快也死了。这样，杨素家族势力被清除干净。

　　在剩下的三个人当中，苏威与高颎关系不错，萧琮与贺若弼是朋友，于是，杨广在诛杀高颎、贺若弼的时候，借机把苏威、萧琮免官。萧琮不久死去。苏威还算幸运，后来又被杨广重新起用。剩下一个杨达，见势头不妙，主动要求改任武职，离开了朝廷。杨达是女皇武则天的外祖父。

杨广清除了元老旧臣，松了一口气，可是，朝廷之事千头万绪，总要有人管啊。杨广按照自己的想法，重新搭建了朝廷班子。杨广首先改革了中央官制，在原来尚书省、内史省、门下省的基础上，又增设了殿内省和秘书省，成了五省。隋文帝设立三省，目的是分宰相之权，强化皇权，现在权力更加分散了，一切大权都由杨广一人掌握。

　　杨广还嫌不够，规定五省的长官，只负责办理具体事务，而不参与朝政。杨广精心挑选了五个人，参与决策国家大事，相当于宰相，号称"五贵"。"五贵"分别是黄门侍郎裴矩、御史大夫裴蕴、内史侍郎虞世基、纳言苏威、左卫大将军宇文述。

　　"五贵"有一个共同的特点，就是特别温顺听话，很会看杨广的脸色行事。这几个人虽然号称"五贵"，但官职并不高。这是杨广独出心裁设计的，官职低，权威性就不够，说话分量就不重，自然一切都由杨广说了算。

　　裴矩，在"五贵"中算是有能力的。他知道杨广有雄心大志，便献上了征服西域的策略，在打击吐谷浑、收服西域中立有大功，得到杨广赏识，视为亲信。史书没有记载他对杨广有任何进谏之言，反而处处顺着杨广的心思，特别是鼓动杨广征伐高句丽，结果造成隋朝大厦崩塌。杨广死后，裴矩效力于宇文化及和窦建德，后又降唐。裴矩在唐朝敢于直言，为李世民出了不少好主意，深受信任。裴矩活了八十岁。司马光评价他说："西域诸胡往来相继，所经郡县，疲于送迎，糜费以万万计，卒令中国疲弊以至于亡，皆矩之唱导也。古人有言：君明臣直。裴矩佞于隋而忠于唐，非其性之有变也；君恶闻其过，则忠化为佞，君乐闻直言，则佞化为忠。是知君者表也，臣者景也，表动则景随矣。"

　　裴蕴，与裴矩同族，但还不如裴矩的人品。裴蕴原是南陈旧臣，归降了隋朝。裴蕴善于揣摩杨广的心思，喜欢阿谀奉承。杨广想收集北周、北齐的乐曲，高颎不同意，裴蕴却极力赞成，并为杨广收集有异技淫声的乐工三万多人。杨广很高兴，大力奖赏了他。裴蕴身为御史大夫，却司法不公，结党营私，陷害好人，名声很坏。江都兵变时，宇文化及将杨广和裴蕴一同杀掉。

虞世基，余姚人，也是南陈旧臣，是著名书法家虞世南的哥哥。虞世基个性恬静，喜怒不形于色，善写文章，书法很好。虞世基工作勤奋，精确严密，他为皇帝起草诏书，每天都要写上百张纸，从来没有遗漏错误，受到杨广信任。但虞世基谨小慎微，唯唯诺诺，从不敢忤逆杨广的心意，特别是高颎等大臣被杀之后，虞世基更是战战兢兢，唯恐惹祸，明哲保身。在天下大乱的时候，各地纷纷奏报起义之事，虞世基知道杨广厌恶听到这类消息，竟不敢上报。江都兵变时，虞世基也被宇文化及杀害。

苏威，是北周、文帝、炀帝三朝老臣，他博学多才，治国理政能力很强，在隋文帝时期就是"四贵"之一，与高颎同掌朝政。在隋文帝时期，苏威敢于谏言，到隋炀帝时期，杨广不肯纳谏，苏威就装聋作哑了。有一次，杨广问宇文述："听说外面反贼很多？"宇文述违心地说不多。苏威不愿撒谎，于是躲到柱子后面。杨广又问苏威，苏威说："臣非职司，不知多少，但患其渐近。"苏威委婉地说明真相。杨广死后，苏威先后投靠宇文化及、李密、杨侗、王世充。后来，苏威还想投靠李世民，李世民看不起他，不予接见。苏威活了八十二岁。

宇文述，是杨广的心腹亲信，与杨广是儿女亲家。宇文述参与杨广夺取太子的阴谋，在杨坚想要更换太子的关键时刻，杨广派他领兵包围了杨坚寝宫。宇文述对杨广十分忠心，可他是个武将，只知道上阵杀敌，不懂朝政，又为人贪婪，生活腐化，家中财宝堆积如山，美女数百人，奴仆上千人。宇文述一切以杨广马首是瞻，一味地阿谀奉承，深受杨广宠信。宇文述病死后，杨广继续宠信他的儿子宇文化及，不料却死在了宇文化及手里。

从《隋书》记载来看，杨广宠信的这"五贵"，个个对杨广唯命是从，甚至溜须拍马，根本不敢进谏，任凭杨广一个人瞎折腾。杨广大权独揽，唱独角戏，搞一言堂，为所欲为，自以为得意，岂不知是亡国之道。

宋朝范祖禹写了一部史书，名叫《唐鉴》，其中有句名言："国将兴，必赏谏臣；国将亡，必杀谏臣。"在杨广执政时期，居然没有出过一个有名的谏臣，一切都由杨广个人说了算，隋朝岂能不亡？

三次东征引发大乱

杨广为了建立千秋大业，从他登基那天起，就不停地折腾。在他称帝后八年时间内，建东都、开运河、筑长城、修驰道，又南征北战，征服四方，巡视各地，貌似很有政绩。然而，杨广在这么短的时间内，办了如此多的大事，已经超出了国家和民众的承受能力，致使国力损耗，民怨沸腾。隋朝就像失控的高速列车，已经处于十分危险的境地。

面对这种危险，好大喜功、独断专行的杨广却浑然不觉，不仅没有停步，反而加大了油门。从612年至614年，杨广举全国之力，连续三次东征，发动了大规模攻打高句丽的战争，结果百姓再也不堪重负，纷纷起来造反，引发天下动荡，隋朝列车即将倾覆。

高句丽，是在辽东半岛和朝鲜半岛出现的一个政权，公元前37年建国，668年被唐朝灭亡。《隋书》记载，高句丽东西两千里，南北千余里，都城在平壤，也叫长安城。高句丽曾长期向中原王朝称臣，但在南北朝混乱之时，高句丽势力逐渐强盛，拥有军队六十多万。

隋朝建立后，高句丽遣使入朝，被隋文帝册封为"高丽王"。高句丽表面上臣服于隋朝，却怀有扩张领土之野心。598年，高句丽进攻辽西，被隋军击退。隋文帝大怒，随即发兵三十万攻打辽东，因连日大雨，疾病流行，结果无功而返，从此两国关系紧张。

杨广称帝后，南北征战，四夷宾服，万国来朝，只有高句丽不来朝觐，杨广岂肯善罢甘休。杨广准备武力讨伐，并御驾亲征，决心一举荡平高句丽，建立万世之功业。

杨广知道，高句丽比较强盛，远不能与其他小国相比，因而早就开始做着准备。608年，杨广征集百万民夫，修通了永济渠，从洛阳直通涿郡（今北京）。这样，通过水路运兵、运粮，就十分便捷了。杨广还在山东造了三百艘大船，从江南征召一批特种兵，包括水手一万人、弩手三万人、长枪手三万人。杨广下令，让河南、淮南制造戎车五万辆，并把大批粮食运到涿郡。做这些准备工作，动用民夫数十万。民夫挤满了道路，昼夜不停，死者相枕，臭秽盈路，天下骚动。

612年，一切准备就绪，杨广集结了一百一十三万大军，号称二百万，从涿郡出发，直扑辽东。由于是长途作战，有大量军需物资，因而支前的民夫，是军队的两倍多，加在一起，足有四五百万之众。大军浩浩荡荡，大有一口吞灭敌国之势。另外，大将来护儿，率领数万水军，从海上进攻高句丽。

杨广把数百万人马，分成二十四路，每天出发一路，每路间隔四十里，结果用了四十天时间，大军才出征完毕。大军形成一字长蛇阵，首尾相隔一千多里。这给了高句丽充足的备战时间，也容易被各个击破。

杨广率领的大军当中，不仅有战斗部队和民夫，还有大量的闲杂人员。一是乐队和艺人，准备得胜后好好表演庆祝一番；二是和尚道士，这是战后做法事用的；三是女眷，杨广不仅自己带着后宫嫔妃，还要求随行的文武百官也带上女眷，好像去旅游一样；四是外国使节，像高昌王、吐谷浑太子、西突厥的处罗可汗等人，都随军观战，杨广是想让他们亲身感受一下大隋朝的威风。杨广认为，数百万大军压境，高句丽吓都吓死了，哪里还用得着打仗？杨广做的美梦是，有征无战，借机再一次展示国威。

杨广其实不懂军事，但又独断专行，他命令各路领兵将领，不得擅自行动，一切听从他的命令。此时的隋军，也没有出色的将领，又慑于杨广威严，事事请示，不敢定夺，如此打仗，不失败才怪呢。

高句丽并没有被吓死，反而看准隋军的薄弱之处，集中兵力，各个击破，结果隋朝百万大军，一败涂地，损失惨重。宇文述率领的九军三十多万人马，几乎全军覆没，只回来了两千七百人。来护儿带领的四万水军，生还者不过数千。

杨广第一次东征失败，对隋朝产生了重大影响。人们普遍感到震惊、忧虑和对杨广的愤慨。军心动摇，大批士兵逃亡。老百姓觉得活不下去，纷纷聚众起义，社会开始动荡不安。

杨广也感到震惊和痛惜，他压根儿没想到会失败，而且败得这么惨，数十万将士丢了性命。可是，杨广痛惜的，不是士兵的生命，而是自己丢了面子。杨广是个骄傲自负、狂妄自大之人，丢掉的面子，他无论如何也要找回来。

613年，杨广第二次御驾亲征。杨广虽然狂妄，却并不愚蠢，他总结了上次失败的教训，采取了两项重要举措。一是把指挥权交给了前线将领，自己不再直接指挥。二是从国库里拿出重金，招募勇士，组建了一支自愿参加、能征善战的骁果部队。骁果，就是骁勇果敢的意思。所有的骁果战士，不仅有重赏，而且免除家庭赋役，因而战斗力很强。另外，这次出征，没有闲杂人员，像个打仗的样子了。

果然，第二次出征，与上一次大不相同，特别是骁果部队，屡战屡胜，隋军一直打到辽东城下，将辽东城团团包围。辽东城城池坚固，高句丽拼死抵抗。隋军架设飞楼、撞车、云梯等，猛力攻城，还采取挖地道的方式，昼夜不停地进攻。双方死伤惨重，城下尸积如山。

隋军人多势众，连续攻击二十多日，城中渐渐不支。在这关键时刻，隋朝国内传来急报，说杨素的儿子、礼部尚书杨玄感举兵造反了，叛军包围了洛阳，洛阳城危在旦夕。消息传来，隋军一片惊慌，许多人的家眷都在洛阳城内，都想赶紧回去救援。杨广没有想到，这次没让女眷随军前来，倒动摇了军心。杨广无奈，只好下令撤军了。

杨玄感造反，在隋朝掀起轩然大波，这表明，不仅百姓起义日渐增多，而且统治集团内部也出现了分裂，局势更加严峻。可是，杨广却不管不顾，他在平息了杨玄感叛乱之后，为了面子，仍然要去攻打高句丽。此时的杨广，已经失去了理智，似乎像一个赌徒。

614年，杨广第三次御驾亲征。这一次，杨广下发诏令，扫地为兵，就是所有的青壮年一律从军出征，杨广要举全国之力攻打高句丽，死活也要挽回面子。可是，此时的军心民心，都已经涣散，士兵们在半路上纷纷逃亡。杨广红了眼睛，对逃兵大开杀戒，虽然杀了不少人，却仍然无法阻止士兵逃走。不仅士兵们逃亡，有些将领也溜走了。

这个时候，高句丽也支撑不住了。高句丽毕竟国小势弱，经过连年战争，已经疲惫不堪，不想再打了。高句丽派来使者，请求投降，表示愿意称臣纳贡。杨广很高兴，总算找回了面子，于是班师回朝。可是，高句丽所说的称臣纳贡，只是一张空头支票，过后依然不来朝觐。高句丽投降，其实是权宜之计。杨广第三次东征，实际上仍然是无功而返。

杨广带领疲劳之师返回国内，此时国内已经乱成一团，起义蜂起，盗贼遍地。杨广率军走到邯郸时，竟遭到杨公卿起义军的抢劫，被抢去良马四十二匹。堂堂天子，竟被打劫，杨广气了个半死。

杨广三次东征，牺牲了数十万人的生命，国力民力消耗殆尽，造成天怒人怨，引发天下大乱，从此拉开了隋朝灭亡的序幕。

全国各地大起义

　　杨广连续三次东征，大肆征兵，加重赋税，牺牲了无数人的生命。早已不堪重负的老百姓更加难以生存，只得铤而走险，聚众造反，一时之间，各地起义风起云涌，很快席卷了隋朝大地。

　　隋末的农民起义，与以往农民起义相比，有一个明显特点。从前的起义，很多是因为天灾人祸，粮食歉收，人们饥寒交迫，活不下去，不得不聚众为盗，四处抢掠，起义之初的目的，只是填饱肚子，西汉末年的绿林、赤眉起义，就是这样。而隋末农民起义，主要是因兵役过于繁重，人们不堪重负所致。沉重的兵役、徭役，压得百姓喘不过气来，所以人们聚众造反，对抗官府。

　　起义首先从山东地区爆发。611年，铁匠出身的王薄，不愿到辽东战场去送死，伙同一些年轻人，在长白山（今山东邹平、章丘一带）聚众起义。起义军打出的旗号，就是抗兵抗役，杀昏君赃官。王薄还作了一首《无向辽东浪死歌》，号召百姓拒绝出征高句丽。不到一年，起义军发展到数万人，转战山东一带，与官军对抗。

　　在王薄起义带动下，山东夏津的张金称、滨州的刘霸道、阳信的孙宣雅、德州的郝孝德等人，纷纷聚众造反，响应者云集，各自达到数万之众。

　　起义烽火迅速蔓延。河南人翟让，聚众占据瓦岗寨（今河南滑县南），起兵反隋，山东、河南等地的百姓纷纷参加。后来，富有智谋的李密参加了瓦岗军，并成为盟主，使队伍迅速扩大，达到几十万人，成为隋末农民起义的骨干力量。

　　河北的窦建德，在衡水一带起义，多次打败官军，建立了农民政权，声势浩大，也是农民起义的骨干力量。

杜伏威，山东章丘人，与好友辅公祏一道，在山东起义，后向江淮地区发展势力。杜伏威收降了江淮的义军首领苗海潮、李子通等人，实力大增，纵横淮南，屯兵六合，威胁江都，成为农民起义的骨干力量。

在农民起义的洪流中，许多豪强地主和中下级官吏，也起兵反隋，割据自立。凉州豪门李轨，家财万贯，喜欢周济别人，在当地很有威望。李轨见天下已乱，举兵造反，占据河西之地，自称大凉皇帝。金城府校尉薛举，凭借手中兵马，又招募士兵，自称西秦霸王，后又称帝，割据于兰州。巴陵的萧铣，是南梁皇帝的后代，此时起兵，恢复梁朝，自封皇帝。北方朔方郡的梁师都，本是隋朝将领，也举兵造反，自称皇帝。马邑校尉刘武周，趁乱杀掉马邑太守，开仓赈贫，招募勇士，得兵万余人，自封太守，不久称为天子，后来与突厥联合，势力壮大。

在这乱世之中，统治集团内部也发生分裂。杨玄感趁杨广二次东征之机，兴兵叛乱，围攻洛阳，差一点端了杨广的老窝。后来，杨广的表哥李渊也起兵反隋了。杨广的母亲与李渊的母亲是亲姐妹。

天下大乱，一发而不可收拾。从杨广第一次东征开始，短短几年时间，全国各地的起义军队伍，大大小小不下百支，参加者达数百万人。后来，起义军逐渐汇集成三大军事集团，即河南的瓦岗军、河北的窦建德军、江淮的杜伏威军。

在农民起义的初期，杨广并不十分清楚，因为他喜欢听莺歌燕舞，讨厌听坏消息，因此，对各地起义的情况，大臣们谁也不敢说，甚至地方政府上报的紧急军情，也没人敢呈报杨广。杨广依然沉溺在他千秋大业的梦幻之中。

后来，农民起义越来越多，杨广听到一些风声，便问宇文述：“听说外边盗贼很多？”宇文述睁着眼说瞎话，回答道：“不多，都是些小蟊贼，成不了气候，陛下不必担心。”杨广半信半疑，又问苏威。苏威委婉地道明真相。宇文述和苏威都是宰相，是杨广亲近之人，他们尚且如此，何况其他人呢？

纸终究包不住火，当起义军遍地开花，已成燎原之势的时候，杨广终于知道问题严重了。不过，杨广丝毫没有意识到自己的过失，反而恶狠狠地说了一句反人类的话："天下人不能太多，多了就会相聚为盗。盗贼不杀光，就无法惩戒后人。"可见，在杨广心目中，把人民摆在了什么位置？

杨广下达了斩杀令，爪牙们纷纷效忠，向起义军举起了屠刀。凡被视为盗贼者，随获即杀，一个不留，甚至全家问斩。王世充在镇压起义军时，一次就坑杀了三万多俘虏。

起义军都是穷苦出身，打下官府粮仓后，往往把粮食分给穷人。杨广下令，凡是接受过粮食的，都与盗贼同罪，一律杀无赦，造成无数百姓冤死。

杨广还下令，在郡县城郭、驿站周围修筑城堡，强迫民众到城堡居住，以断绝起义军与百姓的联系。隋将樊子盖执行诏令很坚决，令军士把汾水以北的村庄全部烧为平地。百姓们无家可归，只好哭号着到城堡里去了。

杨广想用屠杀和严厉镇压的手段，扑灭起义烈火，那怎么可能呢？爪牙们为了邀功，纷纷谎报战绩，说盗贼越来越少了。杨广听了很高兴，放心了不少。

不过，杨广还有一件烦心事，心里闷闷不乐。原来，高句丽王嘴里说称臣纳贡，可一点实际行动也没有，依旧不来朝觐，发诏令催他，他也不理。杨广感觉被人耍了，心中窝火，又气又恨，于是，他决定再去攻打高句丽。

杨广准备再一次巡视塞北，目的是拉拢突厥可汗，随他一块儿去打高句丽，有突厥这股力量，打高句丽就更有把握了。可是，突厥已经今非昔比了，那个听话驯服的启民可汗早就死了，现在的首领，是启民可汗的儿子始毕可汗。

杨广万万没有想到，始毕可汗早就对杨广心怀不满，甚至恨之入骨，正在磨刀霍霍，准备收拾他呢。那么，杨广此次北巡，岂不是羊入虎口吗？

突厥反目杨广遇险

突厥首领启民可汗，是隋朝扶持上台的，因而对隋朝感恩戴德，忠心不贰。可是，他的儿子始毕可汗继位后，却与隋朝反目为仇了，还差点要了杨广的性命。这是怎么回事呢?

《隋书》记载，609 年，启民可汗病逝，儿子始毕可汗继位。按照突厥风俗，始毕可汗娶了义成公主为妻。始毕可汗勇猛果敢，胸有谋略，各部落都很宾服，突厥逐步强盛起来。

看到突厥强盛，杨广心中有些不安，这也难怪，谁都不愿意有一个强悍的邻居。大臣裴矩看出了杨广的心事，献计说:"突厥原先也很强大，文皇帝采用长孙晟扶弱抑强之计，扶持弱小的启民可汗，削弱了突厥实力，才使得突厥对我朝俯首称臣。我听说始毕可汗有个弟弟，叫叱吉设，我们可以把宗室之女嫁给他，再册封他为南面可汗，让他与始毕可汗分庭抗礼。既便叱吉设消灭不了始毕可汗，鹬蚌相争，我们也能渔翁得利。"杨广拍手说好，让裴矩赶快实施。

裴矩是学长孙晟的计策，可是，他只学到了皮毛，而没有学会真谛。长孙晟是突厥通，对突厥情况了如指掌，他知道启民可汗有野心，突厥内部矛盾尖锐，长孙晟又与启民可汗是朋友，启民可汗对他言听计从，所以计策得以成功。而裴矩对突厥情况并不十分了解，贸然使用此计，是有风险的，搞不好会弄巧成拙。

果然，叱吉设既无野心，胆子又小，他不敢娶隋朝的公主，更不敢当南面可汗。裴矩碰了一鼻子灰，十分尴尬。始毕可汗知道以后，十分生气，开始对隋朝心怀不满，并且产生了警惕。后来，杨广与西突厥的处罗可汗打得火热，经常在一起，还把宗室之女嫁给他。西突厥与东突厥是宿敌，始毕可汗更加不满，甚至有些恼怒了。

裴矩一计不成，又生一计，说："始毕可汗最近请了一个军师，叫史蜀胡悉。此人狡诈，善用谋略，始毕可汗得到他，如虎添翼。我们应该想个办法，把史蜀胡悉除掉。"杨广同意了。

裴矩诈称与史蜀胡悉做买卖，把他骗到马邑。史蜀胡悉没有戒备，一到马邑，立刻就被干掉了。这事做得不地道，本来不该声张，可杨广摆弄聪明，居然给始毕可汗写了一封信，说："史蜀胡悉背叛你，前来投靠朕。这种不忠不义之人，留之何用？朕替你把他杀掉了。"始毕可汗一见，肺都气炸了，发誓要为史蜀胡悉报仇。

杨广三次东征失败，损兵折将，实力减弱。始毕可汗厉兵秣马，打算瞅准机会，狠狠地报复隋朝一下。始毕可汗是个能沉住气的人，表面上不动声色，说话办事更加谨慎。对始毕可汗的心思，杨广压根儿不知道，他还要巡游塞北呢。

615年八月，杨广带领后宫嫔妃、文武百官、僧尼道士、鱼龙百戏和各类艺人，在十几万军队的护卫下，浩浩荡荡向北进发。杨广这次北巡，主要是为了游说始毕可汗，让他出兵一同攻打高句丽。另外，由于杨广东征受挫，声威受到影响，杨广也想借机炫耀国力，再抖抖威风。

杨广在出发之前，按照惯例，给始毕可汗发了个通知。始毕可汗一听杨广要来，心中狂喜，趴在地上，向天叩头，连声说："天神助我，天赐良机。"始毕可汗立即调集了几十万精锐骑兵，杀气腾腾地向南扑来，他要在半路上截杀杨广。

对这天大的危机，杨广浑然不知。他优哉游哉地走太原，出雁门，继续向北行进。忽然，远处尘土飞扬，一匹快马急驰而来。来人满身大汗，疲惫不堪，叩拜杨广后，递上一封书信。杨广打开一看，是义成公主写的。信上只有潦草的几行字，写道："始毕可汗率数十万骑兵南下，欲图对陛下不利，请陛下速退。"字里行间，透露出义成公主紧张急迫的心情。义成公主是隋朝宗室之女，自然心系娘家人，更不愿意看到两国兵戎相见，所以急忙派人来报警。

杨广得到警报，顿时吓出一身冷汗，立即掉转马头，原路返回雁门。好在刚走出雁门不远，很快就到达了。第二天，始毕可汗的几十万骑兵就呼啸而至，将雁门郡团团包围。雁门郡下属有四十一座城池，不到一天时间，就被突厥攻破三十九座，只剩下雁门郡城和崞县县城了。

突厥集中兵力，猛攻杨广所在的雁门郡城。杨广这次北巡，根本没有做打仗的准备，非战斗人员很多，军队战斗力不强，再加上雁门郡城不够高大结实，有些难以抵挡。

突厥兵把城池团团包围，一齐向城中射箭，箭如雨下，许多箭噼噼啪啪地落到杨广脚下。杨广是上过战场的人，此时也吓坏了，顾不上帝王威严，抱着七岁的小儿子杨杲痛哭不止。史书说"目尽肿"，哭得两只眼睛全肿了，真够狼狈的。

可是，光哭解决不了问题啊！杨广擦干眼泪，召集大臣商议对策。在这生死关头，大臣们也顾不上杨广爱听不爱听了，七嘴八舌地议论起来。萧皇后的弟弟萧瑀说："守城要靠士兵，现在士兵们最怕的，是再去辽东打仗。陛下如果宣布，只要守住城池，以后再也不东征了，士兵们的积极性肯定会被激发出来。另外，赶快派人去向义成公主求救。"杨广点头同意了。其他大臣也提了一些建议，杨广全都采纳。这个时候，杨广十分难得地做了一回从谏如流。

杨广根据大家的意见，采取了三条措施。一是派人突围出去，联络义成公主，求她想办法让突厥撤兵；二是诏令天下诸郡，迅速发兵勤王；三是尽一切办法，激励士兵坚守城池。这三条措施，还是很不错的。

为了激励士气，杨广放下皇帝架子，亲自去慰问守城将士，除了宣布以后不再东征外，杨广还许诺说："守城有功者，士兵可直接提升为六品官，并赐布一百段；现在有官职的，在此基础上累加。"将士们听了，欢声雷动，士气大振，个个奋勇杀敌。

诸郡长官接到皇帝诏令后，不敢怠慢，纷纷出兵救驾。江都宫监王世充表现最为出色，他带领江都兵，日夜不停地向北赶，一路上不脱甲，困了在草堆里歇一会儿，搞得蓬首垢面，而且一路上痛哭不止，显得对皇帝无比忠诚。此后，王世充得到杨广信任，开始崭露头角。不几天，路近的援军已经赶到，其中就有李世民带领的太原兵。援兵虽然不是很多，不能打垮突厥，但可以减轻一些城中的压力。

义成公主接到杨广求救信后，苦思冥想，终于想出一个好办法。她给始毕可汗写了一封急信，谎称北方有敌来犯，请他赶快回来。始毕可汗见雁门郡城久攻不下，大批援军即将赶到，如今又后院起火，只好撤军返回。从此，突厥与隋朝彻底闹翻了脸，成为敌人了。

杨广雁门被围，整整三十七天，虽然有惊无险，但吃尽了苦头，受尽了惊吓，丢尽了面子，杨广心里窝了一肚子火。雁门解围后，杨广带着十几万人马，回到东都洛阳。杨广想兑现诺言，给将士们论功行赏。可是，国库里已经拿不出东西来了，最后，只象征性地奖赏了一千五百人，就草草了事。原来许诺的六品官也不给了，改为从九品。杨广失信，引起将士们的极大不满，暗地里埋怨皇帝不守信用，过河拆桥。

杨广带领的这些将士，可不是一般的军队，而是禁军，是负责保卫皇帝安全的。禁军将士对皇帝不满，埋下了日后兵变的祸根。

杨广被围雁门，还不是最险的，最危险的是，此时天下已乱，大隋王朝风雨飘摇。人们都觉得该改朝换代了，于是在社会上流传一句谶语"李氏当为天子"。杨广听了，大吃一惊，为了保住皇权，他便开始朝姓李的人下手了。

冤杀李氏丧失人心

隋炀帝总共当了十四年皇帝，他前八年为所欲为，风光无限，可是，从 612 年开始，却不断遇上麻烦。先是三次东征失败，耗尽国力民力，后又被围困雁门郡，险些丢了性命，威风一落千丈。更严峻的是，各地起义军已形成庞大力量，占领了许多地方。这时候又雪上加霜，到处流传着李氏要当皇帝的谶语。大隋朝就像行驶在风浪中的破船，很快就要沉没了。

《隋书》记载，615 年的一天，一个名叫安伽陀的术士，去见隋炀帝，说现在流传一条谶语"李氏当为天子"。谶语，即占卜预言，古代人都很相信，隋炀帝听了，又惊又怒。安伽陀建议，把姓李的人都杀掉，以绝后患。

隋炀帝知道，他不可能杀光天下所有姓李的人，只能筛选出重点怀疑对象，把他们杀掉。隋炀帝在心里盘算着，谶语中所说的李氏，应该符合这么几条标准：一是属于社会上层，家族势力大；二是身居高官显位，声望高；三是有才能。隋炀帝以为，只有这样的人，才有可能符合谶语，至于普通百姓中姓李的人，应该不会构成多大威胁。

当时属于社会上层、家族势力大的，莫过于关陇贵族集团了。这个集团，最初由西魏的八柱国和十二大将军组成，都是功勋卓著、声望甚高的人物。从西魏，到北周，再到隋朝，关陇贵族集团一直处于社会最顶层，在很大程度上左右着朝廷，如今他们子孙众多，势力更加庞大。隋文帝时期的"四贵"，都属于关陇贵族集团。隋炀帝早就对关陇贵族集团心有猜忌，所以，他在"五贵"中，专门挑选了裴蕴、虞世基两个有江南背景的人。

在八柱国和十二大将军集团中，李姓家族有三个。一是李弼家族。李弼是西魏、北周名臣，位居八柱国之一，他的后代子孙中，出了一个有声望、有能力的人物，就是曾孙李密。李密帮助杨玄感造反，崭露头角。可是，杨玄感兵败后，李密逃亡，朝廷正在通缉。

二是李虎家族。李虎也是八柱国之一，他的后代中，官职高、有能力的人，就数他的孙子李渊了。李渊是杨广的表哥，对杨广历来恭敬顺从，而且已经五十多岁了，当时正在山西镇压起义军。李渊能当皇帝吗？隋炀帝半信半疑。

三是李穆家族。李穆名声显赫，跟随宇文泰创立西魏，还救过宇文泰的命。李穆不仅自己是上柱国，他的弟弟李远也是十二大将军之一。特别是在杨坚篡周建隋的关键时刻，许多老臣反对，而李穆则坚定地支持杨坚。杨坚对李穆十分感激，隋朝建立后，李穆名列众臣第一。杨坚还赐给李穆丹书铁券，有犯罪免死的特权。李穆的后代子孙，很多人沾了祖上的光，在朝中当官的有一百多人。在"三李"当中，李穆家族势力最大，所以，自然成为隋炀帝怀疑的重中之重。

杨广对李穆家族的人，逐个进行筛选，最后将目光盯上了一个叫李敏的人。李敏，小名叫洪儿，是李穆兄弟李远的孙子。李敏小时候，他父亲在与突厥作战时牺牲，杨坚怜悯，将李敏收在宫中抚养。所以，李敏是功臣之后、烈士之子，又从小身受皇恩。

李敏长大后，一表人才，满腹学问，多才多艺，十分出众。《隋书》说他"美姿仪，善骑射，歌舞管弦，无不通解"。李敏为人谦恭，宽厚仁义，几乎所有人都夸赞他。

杨坚是在女儿手上夺去了北周江山，因而对女儿杨丽华心有愧疚，总想在其他方面给予补偿。杨丽华只有一个女儿，叫宇文娥英。宇文娥英长大择婿时，杨坚对杨丽华说："朝野之人，任你挑选，不管看上谁，朕都下诏赐婚。"有了这道圣旨，杨丽华就大规模地选女婿，挑了无数人，最后选中了李敏。可见，李敏确实是出类拔萃，万里挑一。

李敏结婚时，杨坚特许使用一品大员的仪式进行，婚礼十分风光。婚后，杨丽华携女儿女婿去拜见父皇。杨丽华悄悄对李敏说："皇上肯定会封你官职，如果给得小了，你不要答应。"李敏心领神会。

　　杨坚见女儿等人前来拜谢，十分高兴，笑着对李敏说："你气度不凡，朕封你个五品官，怎么样？"李敏笑笑，没有吭声。杨坚知道他不满意，又说："朕封你当三品大员，可以了吧？"李敏有些心动，但看看杨丽华，杨丽华没有表情，所以仍然不吭声。杨坚明白了，十分感慨地说："公主有大功于我，我怎么能吝惜一个官职呢？朕直接封你为柱国吧。"这可是最高的官职了，李敏赶紧跪拜谢恩。

　　杨广继位后，对姐姐杨丽华和李敏也很好。杨丽华跟随杨广西巡，不幸中途病死。临终前，杨丽华对弟弟说："我只有这一个女儿，希望您能关照我的女儿女婿。"杨广含泪答应了。杨广把杨丽华的五千户食邑转到李敏名下，使李敏既贵又富。杨广对李敏很信任，让他留在京师，参与朝政，如果没有谶语之事，他们的关系应该是很好的。

　　可是，关系再好，也顶不上皇权重要。李敏身居高位，有能力，有名望，有人缘，家族势力庞大，哪一条都符合杨广的怀疑标准。更要命的是，杨广忽然想起一件事来，原来在多年之前，杨坚梦见洪水冲垮了长安城，杨坚把这事告诉了杨广，告诫他要警惕姓洪的人。现在杨广猛然想起，李敏的小名不就叫洪儿吗？因此，杨广的疑心更重了，他要求李敏把洪儿这个小名改掉。

　　李敏是绝顶聪明之人，察觉到了杨广对他态度的变化，他也听说了谶语之事，知道杨广对他起了疑心。被皇帝怀疑，非同小可，有可能会大祸临头。李敏心中又惊又怕，便去找堂叔李浑和堂兄李善衡等人商议。

　　李浑，是李穆的第十个儿子，此时担任右骁卫大将军，手握兵权，官职显赫，还承袭申国公爵位，位高权重。李浑是杨广心腹宇文述的妹夫，两人关系不同一般。当年，李穆死的时候，由于长子早死，就让长孙继承了爵位和食邑。李浑心有不甘，依仗宇文述的势力，谋害了侄子，夺取了爵位和食邑。在这个过程中，李浑对宇文述许诺，只要事情办成，他把一半的食邑送给宇文述。宇文述很高兴，为他出了不少力。可是，当事情办成之后，李浑对诺言再也不提了。

宇文述不是善人，怎能吃这样的哑巴亏，于是怀恨在心，发誓报复。

宇文述发现，李浑与李敏、李善衡等人，最近常在一块儿嘀嘀咕咕，便想起谶语之事，觉得这是报复李浑的好机会。宇文述秘密奏报隋炀帝，说李浑、李敏等人常在一块儿密谋，可能想谋反。杨广正在怀疑李敏呢，一拍即合，马上命宇文述处理此事。

宇文述得到圣旨，立刻把李浑、李敏、李善衡等人抓进监狱。宇文述还把宇文娥英也关到监狱里，他是想在宇文娥英身上施展阴谋。宇文述把这些人分别关押，并不审讯，过了几天，单独去见宇文娥英。宇文娥英从小长在深宫，娇生惯养，几天的牢狱之苦，就把她的精神搞垮了。宇文述软硬兼施，连哄带骗，宇文娥英没见过世面，什么都不懂，只好乖乖听从宇文述摆布。宇文述口述，宇文娥英记录，不大一会儿，一份揭露李氏谋反的口供就写好了，还签名画押。

宇文述高高兴兴地把宇文娥英的口供呈报给隋炀帝。按说，只有宇文娥英一个人的口供，而没有李浑、李敏等人的供词，也没有审讯记录，是不能定罪的。可是，杨广因为谶语之事，正在怀疑猜忌李氏，宁可信其有，不可信其无，宁可错杀，不能放过，所以就不用考虑那么多了。其实，恐怕没有宇文娥英的口供，李氏家族也难逃厄运。

杨广下令，将李敏、李浑、李善衡等三十二人，押赴刑场斩首，李氏宗族其他人，全部流放岭南。偌大的李氏家族，遭受了灭族之灾。后来，杨广连亲外甥女宇文娥英也没有放过，一杯毒酒送她归天。

李敏等人被杀，纯粹是一起政治冤案。李氏一家根本没有谋反，甚至连谋反的念头都没有，只因为姓李，就死于非命。满朝大臣为他们不平，对隋炀帝胡乱杀人心怀不满，姓李的人更是惴惴不安，惶惶不可终日。

这样，朝廷内部形成分裂，关陇贵族集团的人，普遍感到兔死狐悲，与隋炀帝离心离德了。后来江都兵变、杨广被杀，就是关陇贵族集团策划的。杨广无故冤杀李氏，丧失人心，实际上是在自掘坟墓。

王薄首举义旗

在浩浩荡荡的隋末农民大起义中，最先树起反隋大旗、聚众造反的，是山东人王薄。王薄登高一呼，响应者云集，这个星星之火，很快形成了燎原之势，焚毁了隋朝大厦。

王薄，山东邹平人，出身贫苦，以打铁为生。隋文帝杨坚时期，天下太平，徭役较轻，王薄家里有田数亩，他又有打铁的手艺，日子过得不错。可是，到了隋炀帝时期，杨广好大喜功，大兴土木，徭役繁重，王薄是铁匠，有一技之长，所以每次都被征召服役，致使田地荒芜，生活陷入贫困。官府对民夫苛刻，使用鞭打酷刑，逼迫他们超负荷劳作，大批民夫死亡。王薄亲身体验了官府的暴行，心里埋下了仇恨的种子。

611年，杨广为了征讨高句丽，开始进行各种准备。山东、河南、河北等地，是征兵、征夫、征粮的重点地区，一时间搞得村村骚动，户户不安。杨广下令，在东莱（今山东龙口）建造三百艘大船，限期一个月完工。官府征召大批民夫造船，王薄也在其中。造船期限短、工程量大，官府用皮鞭抽打着，令民工日夜不停地干活。许多民夫由于长时间泡在水里，下身腐烂生蛆，结果有一半的民夫死亡。

王薄侥幸活了下来，回到家中，还没喘口气，又接到征兵命令，所有青壮年，都要上辽东去打仗。王薄觉得没有活路了，与一些年轻人商议说："官府不把我们当人，去辽东战场，九死一生，横竖都是死，不如反了吧！"众人纷纷赞同。

王薄聚集了一伙不愿当兵服役的年轻人，占据了长白山，公开打出了反抗朝廷的大旗。这个长白山，不是人们熟知的吉林长白山，而在山东境内，位于邹平、章丘、周村交界处。长白山绵延数十公里，山势峻拔，重峦叠嶂，山巅常有白云缭绕，有"小泰山"之称。

王薄自称"知世郎"，意思是能知道天下局势的变化，借此提高自己的威望。王薄号召人们抗兵、抗徭、抗选（选召美女），与官府对抗。王薄编了一首歌，让人们广泛传唱。道出了广大民众的心声，老百姓多年积累的怨恨，终于爆发出来，纷纷参加起义军，短短几个月时间，王薄就聚众数万人。

官府得知王薄造反，急忙派兵围剿。这些聚众造反的普通百姓，虽然不懂战法，却不惧生死，将官兵打得大败。王薄的队伍壮大了，便下了长白山，攻占州县，转战于山东各地。

王薄又编了一首歌曲，叫《无向辽东浪死歌》。歌词是："长白山前知世郎，纯着红罗锦背裆。长槊侵天半，轮刀耀日光。上山吃獐鹿，下山吃牛羊。忽闻官军至，提刀向前荡。譬如辽东死，斩头何所伤。"号召人们不要去辽东送死，而要参加起义军。

隋炀帝多年的横征暴敛，早已激起民众的满腔仇恨，王薄义旗一举，天下响应。武城人孙安祖，在窦建德帮助下，杀死县令，聚众造反；平原杜彦冰、王润等人起义，攻占了平原郡；曹县孟海公、茌平韩进、济北甄宝车、滨州刘霸道等人纷纷起义，攻打州县，烧毁府衙。在不长的时间内，山东的起义队伍就达到三十一支。

杨广见山东地区大乱，地方官府对付不了，急忙派出隋军精锐部队，由大将张须陀率领，前去镇压。张须陀是隋朝名将，性格刚烈，有勇有谋，曾跟随杨素、史万岁南征北战，屡立战功。张须陀手下有两员赫赫有名的大将，皆有万夫不当之勇，一个叫秦琼，一个叫罗士信。罗士信是《隋唐演义》中罗成的原型。

王薄的队伍虽然人多势众，但都是普通农民，未经训练，又缺少武器，敌不过训练有素、武器精良的隋军，被打得大败。王薄只好率军南下，想避开张须陀的锋芒。张须陀却紧追不放，在泰山脚下与王薄军展开激战。罗士信大展神威，匹马冲入敌阵，连杀数十人。起义军心惊胆寒，纷纷溃逃，被斩杀数千人。王薄收拢起残兵万余人，北渡黄河，不敢再战。

613 年，王薄经过一段时间休整，又联合孙宣雅、郝孝德等起义军，聚集了十万兵马，再与张须陀交战，以雪前耻。张须陀亲自率精兵两万，正面迎敌，又派一军绕到起义军背后。王薄军与张须陀鏖战之时，背后隋军杀来，起义军大乱，又遭受惨败。

王薄军遭到张须陀重创，自知不敌，此后转战于山东北部沿海一带。618 年，宇文化及杀掉隋炀帝，建立许国。王薄假装归顺宇文化及，却私引窦建德入城，灭了宇文化及。后来，王薄归降唐朝，被任命为齐州总管。622 年，王薄被仇家杀害。

张须陀镇压了王薄起义之后，又先后击溃山东其他起义军，受到杨广褒奖，张须陀得意扬扬。后来，杨广又令张须陀去镇压河南的瓦岗军。张须陀趾高气扬，恃勇轻敌，中了埋伏，兵败身死。他手下的两员大将秦琼和罗士信，投降了瓦岗军。瓦岗军势力大盛，成为农民起义中的骨干力量。

翟让聚义瓦岗寨

提起瓦岗英雄，几乎无人不知，因为有一部小说，叫《隋唐演义》，在民间流行甚广。唐初许多名将出自瓦岗，瓦岗军是隋末农民起义中力量最强的一支，对摧毁隋朝发挥了极其重要的作用。而最早聚义瓦岗寨的，是河南人翟让。

翟让，河南滑县人，为人仗义，心胸豁达，武艺高强，善交朋友，属于英雄豪杰，很像《水浒传》中的晁盖。

翟让年轻时，在东郡当法曹，是个司法部门的小官。在天下大乱的时候，不知因为何事，翟让犯了罪，被打入死牢，只等开刀问斩。在这危急关头，有个叫黄君汉的狱吏，素知翟让是英豪，决心救他性命。

到了夜里，黄君汉悄悄来到牢房，给翟让打开枷锁，对他说："天下大乱，豪杰四起，正是英雄大显身手的时候，怎么能在监狱里等死呢？赶快逃命去吧。"

翟让身陷囹圄，本以为必死无疑，不料意外获得重生。翟让感激不尽，流着泪拜谢黄君汉，却不肯走，说："黄君大恩，翟某自当心领，可是，我如果走了，您怎么办呢？我不能为了自己贪生，而把您置于危险之中。"

黄君汉着急了，说："我觉得您是个大丈夫，可以拯救黎民百姓，所以才冒死相救。您怎么能像个女人一样，哭哭啼啼，瞻前顾后呢？您快走吧，不要管我！"翟让只好再三拜谢，含泪告别。

翟让出了牢笼，却无处安身，此时王薄已举义旗，天下响应，翟让索性纠集了一伙志同道合的人，上了瓦岗山，占山为王，起义反隋。瓦岗山，在今河南滑县南，方圆数百里，易守难攻。翟让揭竿而起，附近百姓纷纷前来投奔，很快聚起大批人马。起义军根据山势，构筑了方圆二十余里的宏伟寨墙，十分壮观，形成了著名的瓦岗寨。起义军依据山寨，多次打败官府围剿，势力日渐壮大。闻知翟让起义，四方豪杰，纷纷归附，黄君汉也上了瓦岗寨。

黄君汉，是河南新乡人，侠肝义胆，见识超群，他放走翟让以后，也随即逃匿。黄君汉听说翟让聚义瓦岗寨，很合心意，便前去参加。翟让见救命恩人来到，高兴异常，对他委以重任。黄君汉为瓦岗军的发展壮大，做出了很大贡献，并独自率军镇守重镇柏崖。后来，瓦岗军失败，黄君汉归顺唐朝，因战功卓著，被任命为上柱国、怀州刺史，封为虢国公，五十二岁病逝。

翟让举起反隋大旗，许多英雄聚于麾下，其中著名人物之一，是大名鼎鼎的徐世勣，就是隋唐小说中徐懋功（小说中称"徐茂公"）的原型。

徐世勣，字懋功，是山东东明人，迁居到滑县，与翟让结成朋友。徐世勣智勇双全，尤其善施计谋。隋朝名将张须陀，就死于徐世勣的计谋之下，可见徐世勣的才能，远在张须陀之上。徐世勣是瓦岗元老，为瓦岗军发展壮大立有大功，是瓦岗军核心人物之一。后来，徐世勣降唐，成为唐朝开国功臣，被赐姓李，改名李勣。李勣活到七十六岁病逝。

瓦岗寨的另一位元老，是忠义双全的单雄信。单雄信，是山东曹县人，与徐世勣是生死之交，两人一同投奔了翟让。单雄信和徐世勣都是富户，他们捐出家产，招兵买马，扩大瓦岗势力。单雄信擅长使马槊，勇力过人，作战凶猛，被称为虎将。当时，单雄信担任左武侯大将军，徐世勣则是右武侯大将军，两人都是瓦岗军的顶梁柱。后来，单雄信死不降唐，被唐朝所杀。

瓦岗寨聚义的人越来越多，粮食成了大问题。徐世勣对翟让说："我们都是当地人，兔子不吃窝边草，不能侵扰当地百姓。荥阳和梁郡，是汴水流经的地方，来往商船很多，我们可以去那里取得财物。"翟让认为徐世勣说得对，于是率众进入荥阳、梁郡境内，抢劫来往商船，以解决军需。

瓦岗军初期，属于绿林好汉，颇有些水浒梁山的味道。翟让豪放粗犷，没有大的谋略，更没有争夺天下的野心。后来，李密的加入，给瓦岗军带来新的生机。李密胸怀大志，谋略过人，使瓦岗军有了明确的战略目标，而且势力愈来愈强，成为反抗隋朝的主要力量。

杨素儿子也造反

　　隋炀帝穷兵黩武，大兴土木，横征暴敛，不仅逼得农民纷纷起义，而且引发了统治集团内部的分裂。杨广主要是靠杨素上台的，没有想到的是，这个时候，杨素的儿子杨玄感也起兵造反了。

　　《隋书》记载，杨玄感，是杨素的长子。杨玄感很像他的父亲，体貌雄伟，须髯漂亮，有勇有谋，城府很深。杨素对他很疼爱，常对别人说："这个孩子不同一般，特别像我。"

　　杨玄感年龄不大，就跟随父亲南征北战，屡立战功，因功被授予柱国，官居二品，与父亲杨素的官品一般高。上朝时，杨玄感与父亲并肩而立，隋文帝觉得有些不妥，便给他降了一级。如果换是其他人，心里肯定不痛快，可是，杨玄感马上跪拜谢恩，说："没想到陛下如此宠爱我，让我在公庭上能表示对父亲的尊敬。"隋文帝十分满意。可见，杨玄感很有心机。

　　杨素全力扶持杨广当太子、继帝位，杨玄感和叔父杨约自然也出了不少力。不料，杨广继位以后，猜忌杨素，逼得杨素主动病死，后来又把杨约赶出朝廷，使得杨约抑郁而终。杨广还不慎说了一句寒彻人心的话："即便杨素不死，朕也会灭他九族的。"杨玄感知道以后，悲愤交加，切齿痛骂杨广忘恩负义，禽兽不如。

　　杨玄感对杨广恨之入骨，但表面上并不表现出来，反而处处讨好杨广。杨玄感继承了父亲楚国公的爵位，多次表示对杨广感恩戴德，杨广很受用。杨玄感故意对兵部尚书段文振说："当今皇上雄才大略，想要开疆拓土。如果边疆有事，我愿意当马前卒。"段文振把这话报告了杨广，杨广很高兴，对众人说："将门出虎子，一点都不假。"杨广起初还猜忌杨玄感，后来逐渐放松了戒备。

609年，杨玄感跟随杨广西巡，经过大斗拔谷时，地势险要，将士们疲惫不堪，杨玄感想借机袭杀杨广。他的叔父杨慎劝阻了他，说："现在朝廷稳定，百官一心，即便杀了昏君，恐怕也难逃灭族之灾。"杨玄感认为叔父说得对，只得强忍仇恨，等待时机。

此后，杨玄感注意结交名士，暗中积蓄力量，做着谋反的准备。杨玄感看中了一个人，就是李密。李密出身于关陇贵族家庭，志向远大，文武双全，擅长谋划，但不被隋炀帝所用，怀才不遇，愤世嫉俗。杨玄感与李密成了好朋友。

612年，杨广经过一年多准备，开始大规模对高句丽用兵，不料遭遇惨败。民众不堪重负，纷纷起义。山东王薄、河南翟让等人，都高举义旗，响应者无数，局势动荡不安。杨玄感觉得时机已到，加快了筹划造反的步伐。

613年，杨广不顾国内形势危急，第二次出兵攻打高句丽，命杨玄感在黎阳（今河南浚县）督运军粮。杨玄感大喜，遂在黎阳招兵买马，纠集亲信，打着诛暴君的旗号，公开造反了。

杨玄感立即派人，到长安去接李密，共谋大事。李密来到后，向杨玄感献计说："杨广正在辽东作战，我们可发兵北上，攻占涿郡，扼守临榆关（今山海关），截断杨广退路。这样，不出一个月，杨广粮尽，大军必然溃散，大事可成，这是上策。"

杨玄感沉吟一会儿，问："您还有其他计策吗？"李密回答："迅速率兵西进，袭取长安，占据关中险要之地，以此为依托，与杨广对抗，这是中策。"

杨玄感又沉吟一会儿，问还有计策吗。李密犹豫了半天，说："如果这两条您不用，那就只好南下攻取洛阳了。不过，洛阳兵多城坚，如不能迅速夺取，等杨广援军一到，腹背受敌，就不妙了，这可是下策啊。"

杨玄感听了，眼睛一亮，喜笑颜开，说："您认为是下策，我却认为是上策。洛阳是昏君的老窝，占领了洛阳，大事就基本成功了；百官和将领的家眷都在洛阳，如果我们攻打洛阳，必然造成他们军心动摇，有可能会不战自溃；再说，洛阳离我们最近，何必舍近求远，去打别处呢？所以，我决定了，首先攻打洛阳。"李密听了，沉默不语，扼腕叹息。

其实，杨玄感之所以不采纳李密的上策和中策，还有一个重要原因没有说。李密的计策，从理论上说是对的，可执行起来有些难度。杨玄感招募的士兵，都是当地百姓，如果让他们长途跋涉，去攻打涿郡或者长安，杨玄感担心驾驭不住，会四散跑光的，只有攻打附近的洛阳，才会稳定军心，激发士兵的积极性。

杨玄感率军向洛阳进发，一路散发檄文说："我身为上柱国，家中财富巨万，达到既贵且富的程度，本一无所求，如今兴正义之师，只是为了诛灭昏君，拯救天下黎民百姓。"沿途百姓，争相送上酒肉食物，慰劳杨玄感军队。青壮年纷纷参军，等到杨玄感到达洛阳时，人数已达到十几万。

镇守洛阳的，是越王杨侗。杨侗是杨广的孙子，当时只有十岁，所以真正主事的，是民部尚书樊子盖。樊子盖是安徽合肥人，先后在地方、军队、朝廷任职多年，此时已经六十八岁了，经验丰富，老谋深算，所以，杨广命他留守东都。

杨玄感大军将洛阳城团团包围，到处人山人海。樊子盖却毫不惊慌，他知道洛阳城池坚固，城中粮食充足，杨玄感虽然人多势众，却都是刚刚聚拢在一起的普通百姓，又没有攻城利器，守个一年半载不成问题。樊子盖下令，不准出城迎战，只在城头防守，叛军靠近时，滚木礌石和箭矢一齐打下。杨玄感军队围攻多日，只在城外留下一片尸体，其他一无所获。

长安城中的守军，听说洛阳被围，急忙派来两万援兵。杨玄感军攻城不行，野战却有优势，兵马又多，一战大败援军。援军死伤惨重，只剩八千人逃回。

李密见久攻洛阳不下，向杨玄感建议说："不如派一部分兵力，夺取洛阳附近的粮仓，除了充作军粮外，还可以分给老百姓，以收买人心。"杨玄感听从了，派兵攻占了华阴县永丰仓，开仓赈济穷人。百姓们欢声雷动。

杨广得知洛阳被围，担心老巢安全，顾不上攻打高句丽，急令屈突通为先锋，宇文述率军跟进，星夜兼程，救援洛阳。自己也率军从辽东撤回，第二次东征夭折。

屈突通，是隋朝名将，此时年近六旬，身经百战。屈突通和手下将士们，都牵挂洛阳城中的家眷，所以进兵神速，不几天就渡过黄河，兵临洛阳城下。

洛阳城中的守军，见朝廷援军赶到，军心大振。樊子盖一反常态，令城中将士倾巢杀出，与屈突通两面夹击，杨玄感大败。随后，宇文述大军赶到，皆是隋军精锐部队，兵强马壮。杨玄感军都是刚刚拼凑的乌合之众，不堪一击，兵败如山倒，四散溃逃。

杨玄感见大势已去，对李密说："悔不听君之言。"李密此时也没有办法，只好与杨玄感一起，带领残部向西逃窜。西去的道路仍然充满危险，在途中被关中隋军伏击，宇文述又率军赶到，致使全军覆没。杨玄感起兵只有一个月，就失败了。

杨玄感被隋军击败，带着几十名骑兵逃窜。到了葭芦戍，只余下他和弟弟杨积善步行。杨玄感命弟弟杀死自己，杨积善抽刀砍死杨玄感，又自刺未死，被隋军擒获。杨积善与杨玄感首级一并被送至隋炀帝处。杨积善自述杀死杨玄感，希望免死，但仍被处死，与杨玄感一并焚尸。

杨玄感的其他兄弟和家族之人，不管是否参与叛乱，统统被杀。对参加叛乱的所有人员，全部斩杀。杨广还不解气，又向无辜百姓下手，凡是接受过杨玄感开仓赈济的百姓，一律诛杀，有的全家灭门，一口气杀了三万多人。杨广完全是丧心病狂了！

李密在逃跑途中，不幸被隋军捉住了。李密是帮助杨玄感造反的主谋之一，等待他的，是什么命运呢？

翟让施恩让位李密

俗话说，大难不死，必有后福。李密就是这样。李密帮助杨玄感造反，险些遇难，但他大难不死，后来上了瓦岗寨，翟让仁义，把寨主之位让给了他。李密做了首领，称作魏公，还差一点当上皇帝。

《隋书》记载，李密在杨玄感兵败后，迅速逃亡，已经进入了潼关，却不幸被隋军抓住了。李密是关陇贵族，又有名气，隋军没有轻易杀他，而是报告杨广邀功。杨广当时在高阳，他对姓李的人早有戒备，便下令将李密押送到高阳来，想亲眼看到李密被处死。

与李密一同押解去高阳的，有个叫韦福嗣的人，原是隋朝官员，被杨玄感俘虏，不得已投降，但没起什么作用。杨玄感兵败后，韦福嗣逃回洛阳，主动自首了。韦福嗣觉得自己没有什么大罪，心里十分坦然。

李密则不同，他知道此去必死无疑，而且会被剁成肉酱，于是谋划如何逃跑。李密身上带着许多金钱，一路上不断贿赂押解官员，还常请他们喝酒。从潼关到高阳路途遥远，押解官员开始时还比较警惕，后来慢慢松懈下来，李密也与他们混熟了。走到邯郸的时候，李密又请押解官员喝酒，把他们灌醉，李密就乘机逃走了。

李密在逃走时，想带着韦福嗣一块儿走。韦福嗣却说："我与你不同，我虽然被俘，却是身在曹营心在汉，没有做过对不起朝廷的事，又是主动自首，皇上一定会宽恕我的。"李密只好叹息着独自走了。韦福嗣到了高阳后，杨广不仅没有宽恕他，反而将他处以车裂酷刑。

李密逃走后，先去投靠了郝孝德的起义军。郝孝德粗鲁，对李密不太尊重，李密见郝孝德成不了大事，就悄悄走了。之后，李密隐姓埋名，自称刘智远，在淮阳一带乡下教书。李密是胸怀大志之人，岂能甘心默默无闻，他虽然身居乡下，却时刻关注天下大事。此时，杨广三次东征失败，又遭受雁门被围之耻，局势更加混乱。李密觉得，隋朝大厦将倾，自己必须有所作为。他遍观各地起义军，觉得翟让豪迈仁义，瓦岗寨又地处中原，是个用武之地，于是决定投奔翟让，干一番轰轰烈烈的事业。

616年，李密上了瓦岗寨。翟让与李密一番交谈，觉得他谈吐不凡，胸有谋略，果然对他十分敬重。瓦岗寨中的两大支柱徐世勣和单雄信，也认为李密有本事，对他十分友好。

李密到瓦岗寨不久，就立了一大功。张须陀镇压了山东起义军之后，又奉命攻打瓦岗寨。翟让知道张须陀厉害，不敢与他交战，想率军远避。李密建议说："如果不战而走，必会损害瓦岗军威名。张须陀在山东几乎每战必胜，已经养成骄横之气，俗话说，骄兵必败，我们只要用心谋划，是一定能够打败他的。"

徐世勣赞同李密的意见，并与李密一块儿谋划了诱敌深入之计。翟让、徐世勣带领部分兵力正面迎敌，张须陀军队气势汹汹杀来，瓦岗军假装不敌，步步后退，把张须陀引诱到一片密林之中。李密带领一队人马，早已在此埋伏，以逸待劳。张须陀军长期在平原作战，不习惯在深山密林中厮杀，强弩硬弓等利器也派不上用场。经过一番激战，隋军全军覆没，除战死的之外，其余的都投降了瓦岗军。大将秦琼、罗士信也投降了，从此成为瓦岗军的名将。

瓦岗军一举歼灭了张须陀，天下震惊。翟让十分高兴，对李密另眼相看。李密又提出一个建议，说："我军日益壮大，光靠抢掠商船，不是长久之计，名声也不好。朝廷在各地建了许多粮仓，守粮仓的军队不是很多，我们不如攻占粮仓，既解决军需，又可开仓赈民，收买人心，一举两得。"

翟让很赞同，让李密率七千精兵，从阳城向北出发，跨过方山，从罗口袭击兴洛仓。守粮仓的隋军没有防备，大败而逃。镇守洛阳的越王杨侗急忙派出两万兵马，救援兴洛仓，也被李密设计打败。李密攻占了兴洛仓，见里面粮食堆积如山，便大开仓门，传谕百姓，任意取拿。老百姓欢欣鼓舞，大人孩子都来背粮，路上络绎不绝，多达几十万人。百姓们齐夸瓦岗军仁义。翟让对李密十分佩服。

李密对翟让说："现在瓦岗威震天下，与隋朝势不两立。隋朝灭亡已是大势所趋，我们应该赶紧壮大队伍，伺机夺取天下。中原一带群雄四起，大小武装不下百万，我想去说服他们，都来归附我瓦岗寨。"翟让对李密已经言听计从了，便让他放手去干。

当时，在河南、山东一带的起义军，大大小小不计其数，多数都占山为王，人多的上万，人少的也有几百上千。李密逐个山头拜访，劝说他们归附瓦岗寨，结果出乎意料的顺利，许多山头都表示，愿意加盟瓦岗军。

李密招降如此顺利，除了他能言善辩之外，主要有两个原因，一个是瓦岗军打败了隋朝名将张须陀，声威大振，同时开仓赈民，深得人心。大家都觉得，瓦岗军实力最强，日后一定会成气候。另一个原因是，这个时候，社会上到处流传李密是真命天子，使李密顿时身价倍增。

原来，有个叫李玄英的术士，到处打听李密的消息，要去投奔他，并说李密是日后代替隋朝的新皇帝。人们半信半疑，问他有何根据。李玄英很神秘地说："谶语'李氏当为天子'，早已传遍天下，路人皆知。最近又有歌谣说，'桃李子，皇后绕扬州，宛转花园里，勿浪语，谁道许'。桃李子，是指一个正在逃亡的姓李的人；勿浪语，谁道许，是说不要乱讲话，要保密。所以，这首歌谣的意思，是说一个叫李密的人，要代替隋朝做皇帝。"

听李玄英说得有鼻子有眼，人们都相信了。李密是八柱国之后，出身显赫，颇有才华，名望甚高。特别是，他帮助杨玄感造反，别人都死了，他却不死；在被俘之后，又能成功逃脱，这肯定就是真命天子了。于是，各山头的起义军，对李密崇拜有加，自然愿意听从他的调遣了。至于那个神秘的李玄英，史书没有交代他的来龙去脉。笔者推测，不排除是李密做的局。

就这样，李密在不长的时间内，就顺利招降了各路起义军，使瓦岗军的总人数，一下子猛增到几十万。不过，这些起义军，仍然自成体制，独立性很强，他们加入瓦岗军，是加盟式的，就像连锁店一样。这样的组织结构，在形势不利的时候，很容易崩溃，后来的情况表明，确实如此。

翟让见瓦岗军猛然增加了这么多人马，心中大喜，但也很担心，怕自己声望不够，驾驭不了各路豪杰。翟让也听说了李密是真龙天子的传言，他是个宅心仁厚、心胸豁达之人，不仅没有心生猜忌，反而产生了让贤的想法。

翟让把自己的想法与徐世勣、单雄信商议。徐世勣是个干大事的人，知道李密的才能远在翟让之上，表示同意。单雄信是个粗人，没有很多的想法，见翟让、徐世勣都是这个意见，他也没有异议。于是，翟让让位于李密这件大事，就这样定下来了。

翟让把让位之事向李密一说，李密心头狂喜，当上首领，他从此可以尽情施展胸中抱负，也许真能当上皇帝，如何不喜？李密假意谦逊推让了一番，便接受下来。

617年，李密上瓦岗寨只有一年，就凭着出色的才能和神秘的谶语，坐上了瓦岗寨第一把交椅，拥有雄兵几十万。李密踌躇满志，决心推翻隋朝，夺取天下。李密是理智之人，他没有贸然称帝，而是称作魏公。李密在巩县城外设立祭坛，祭天登位，年号为永平元年。

从此，瓦岗寨进入李密时期，掀开了新的一页。那么，李密能否实现自己的宏图大志呢？翟让对李密有大恩，李密又是怎样对待翟让的呢？

李密负义谋杀翟让

李密主政瓦岗之后，瓦岗势力如日中天，眼看大事有望。然而，在这一片大好形势下，李密却昏了头，竟然谋杀了对他有大恩的翟让，犯下了不可弥补的大错，失去了人心，埋下了日后瓦岗军崩散的祸根。

《隋书》记载，翟让把瓦岗寨头把交椅主动让给了李密，李密自然十分感激。李密称作魏公以后，封翟让为司徒、东郡公，对徐世勣、单雄信等人，也都封官晋爵。从此，翟让由瓦岗寨的头号人物，变成了二号人物。

李密果然有才干，他虽然只称魏公，却按照皇家模式，设置文武百官，量才任用，又规定制度礼仪，制作文书，一切都井井有条。此时的瓦岗寨，已经没有了绿林草寇的色彩，俨然像个朝廷了。

李密文采飞扬，撰写了讨隋檄文，历数杨广的十大罪状，声称隋朝气数已尽，瓦岗兴起，将顺天行道，获得天下，号召人们归附瓦岗。檄文广泛散发，许多有识之士，纷纷投奔瓦岗。瓦岗寨上，除了之前的名将徐世勣、单雄信、秦琼、罗士信等人之外，又有程咬金、王伯当、裴仁基等一大批名士前来参加，连后来的唐朝名臣、《隋书》主编、大名鼎鼎的魏徵，也上了瓦岗寨，并为瓦岗寨的发展壮大，献上了十条计策。瓦岗寨人才济济，一片兴旺。

李密擅长谋划，未雨绸缪，他派兵分别攻占了隋朝几个粮仓，获得大批粮食，确保军需无忧。有了粮食，不愁没有士兵，李密招兵买马，购置兵器，训练部队，准备出兵洛阳，推翻隋朝，夺取天下。

可是，在这个时候，李密与翟让却逐渐产生了矛盾。翟让性格豪放直率，考虑问题不够细致。他当一把手多年，习惯了遇事自己做主，如今成了二把手，却一时没有适应过来，有些事情不请示李密，就自己决定了。李密由二把手升成一把手，他适应得倒挺快，很快习惯了发号施令，因此慢慢对翟让有些不满意了。

有一次，有个叫崔世枢的官员投奔瓦岗寨。李密正在招贤纳士，崔世枢是当地大族，很有影响力，李密对他礼遇有加。可是，翟让听说崔世枢家里很有钱，便把他关到监牢里，让他家拿钱来赎，搞得李密很尴尬。这事无疑是翟让做得不对，但这是由他的性格和流寇习性所导致的，并非对李密不尊重。后来，李密费了一番口舌，才说服翟让，但心里很不高兴。

又有一次，翟让召唤李密手下的一个人去赌博玩耍。那人有事晚去了一会儿，翟让发怒说："老子不当寨主了，就叫不动你了。"当即将那人打了八十大板。俗话说，打狗看主人，翟让擅自殴打李密的人，李密心里很不痛快。

还有一次，李密派一将领去打汝南，获得许多战利品。翟让对那个将领说："听说你打汝南得到很多宝贝，都给了魏公，怎么不给我送两件？你别忘了，魏公之位是我让给李密的。"李密知道后，心里很不是滋味。

瓦岗寨里的元老们，大多是穷苦农民，没有文化，头脑简单，性情粗鲁，又觉得起义早，恃功骄横，而李密后来招揽的一些人，出身高贵，很多属于名士，他们看不起那些粗鲁汉子，很快，瓦岗寨自然形成了两大阵营，经常搞些摩擦。两派分别对李密和翟让施加影响，可惜，两人都没有意识到这种危险性，更没有采取必要的措施，反而使两人的裂痕越来越大。

李密手下的人，认为元老派骄横跋扈，都是翟让纵容的，他们不愿与这些粗鲁人为伍，多次撺掇李密，要求除掉翟让。李密说："如今安危未定，如果杀自己人，别人会怎么看我？"李密的话，表露出他已经起了杀心，只是担心别人会说他忘恩负义。

那些元老派，虽然性格鲁莽，但并不傻，他们看出李密的人心怀叵测，心中更加愤愤不平，纷纷埋怨翟让，说他不该把寨主之位让给李密。翟让的哥哥翟弘，甚至生气地说："你不想当皇帝，就让给我好了，凭什么让给外人？"翟让的部将王儒信，则直接鼓动翟让重新夺回寨主之位。不过，翟让自知才能比不上李密，始终没有动心，可消息传到李密耳朵里，李密却十分不安。他知道翟让在瓦岗寨有着很高的威望，如果他想重新当寨主，不是没有可能。

李密的手下人，又来鼓动他了，说："如果被毒蛇咬了手臂，壮士就应该立即断腕，不能因小失大。您和翟让的关系固然亲密，但比起帝王大业来，却是小事，也不能因小失大，必须当机立断，否则悔之晚矣。"李密思前想后，觉得还是帝王大业重要，终于下决心除掉翟让。

617年十一月十一日，李密设下宴席，宴请翟让、翟让的哥哥翟弘、翟弘的儿子翟摩侯，准备将他们一网打尽。翟让是厚道人，根本没想到李密会害他，没有半点戒备，欣然赴宴。不料，徐世勣和单雄信，听说李密设宴，也不请自来了。

李密有点为难了，这几个人都是武艺超群，不好对付，弄不好会出意外。这时，李密的谋士房彦藻说："王伯当将军在隔壁房间，我看这里人多，你们二位不如与王将军同饮。"王伯当是李密死党，被安排在隔壁房间，以防万一。徐世勣、单雄信没有怀疑，跟着房彦藻去了隔壁房间。

李密与翟让等人开怀畅饮，气氛十分融洽，没有丝毫异常。酒至半酣，李密说："我最近得到一张好弓，须力大者才能拉得动。您要不要欣赏一下？"翟让是武将，自然喜欢好弓，点头同意了。李密召唤手下壮士蔡建德，赶快把弓拿来。

翟让接过弓一看，确实是一张好弓，于是站起身来，憋足了劲，用力一拉，把弓拉了个满月。翟弘父子拍手叫好，不料，叫好声未落，李密一使眼色，侍立一旁的蔡建德突然抽出刀来，一刀刺入翟让后背。翟让发出像牛一样的吼叫声，倒地身亡。事发突然，翟弘、翟摩侯都吓傻了，没等他们回过神来，蔡建德的大刀又砍了过来，两人都倒在血泊之中。

在隔壁屋里喝酒的徐世勣，听见了动静，急忙出门察看。这时，李密事先安排的伏兵冲了进来，见屋里跑出一人，随即一刀砍去，正中徐世勣的脖子，顿时血流如注。伏兵还想再砍，王伯当一个箭步冲出来，厉声制止，并立即给徐世勣治伤。单雄信完全没有想到会出这事，不知所措，腿都软了。李密赶紧好言劝慰，说今日只诛翟氏，与其他人无关。李密还亲自给徐世勣包扎伤口。幸亏徐世勣刀伤没有致命，后来痊愈了。

就这样，翟让一世英雄，竟然稀里糊涂地惨死在他鼎力扶持的李密手里。消息传开，瓦岗寨一片震惊。李密发布安民告示，说只杀翟让一家，其他人概不牵连，希望大家齐心协力，共图大事。元老派心中悲愤，但见翟让已死，李密又有防备，所以没敢作乱。

李密与翟让的矛盾，其实并不尖锐，根本没到你死我活的程度，如果处理得当，是能够解决的，即便解决不了，李密也应该用宽阔包容之心，来对待于他有恩的翟让，万不能出此下策。可是，李密被帝王大业冲昏了头脑，他上台只有十个月，就用卑鄙手段谋杀了翟让，落了一个忘恩负义的坏名声，后果十分严重。

李密谋杀翟让以后，虽然没有引起大的骚动，很快归于平静，但在所有瓦岗军将士的心里，却留下了深深的、无法弥合的伤痕。人人都认为，李密不是厚道之人，而是忘恩负义之徒。李密的威信一落千丈，再也没有凝聚力了，人心因此而涣散。

俗话说，人心齐，泰山移。人心是世界上最强大的力量，如果人心不齐，必然会满盘皆输。李密丧失了人心，那他的帝王大业，还能成功吗？

窦建德占据河北

　　在山东王薄、河南翟让起义之后，河北的窦建德也聚众造反了。窦建德出身穷苦，为人侠义，有勇有谋，与瓦岗军遥相呼应，多次打败隋军，占据河北之地，成为隋末农民起义中的骨干力量。

　　窦建德，是贝州漳南（今河北故城一带）人，世代务农，家境贫寒。窦建德身体强壮，勇力过人，崇尚豪侠，助人为乐，为乡里敬重。他父亲去世时，前来送葬的有一千多人，可见窦建德人缘很好。

　　窦建德当过里长，因不愿帮助官府欺压百姓，触犯了朝廷法令，官府要捉拿他，窦建德便逃走了，后来遇上大赦，才回到家中。乡里百姓，因此更加敬重他了。

　　611年，隋炀帝大肆征兵，准备攻打高句丽。窦建德也被征入伍，因为他强壮而有威信，被委任为二百人长，当了一个小头目。

　　去辽东打仗十分危险，人们普遍不愿意去。有个叫孙安祖的人，因遭遇洪水，家中房屋财产被冲走，老婆孩子饿死，便向县令请求免役。县令不许，并责打他，孙安祖忍无可忍，一怒之下杀了县令。孙安祖身犯重罪，无处可逃，无奈投奔了窦建德。窦建德冒着风险，把他藏了起来。

　　藏匿不是长久之计，窦建德对孙安祖说："离这里不远，有个叫高鸡泊的地方，水面几百里，湖沼上蒲草浓密，可以招些人马，去那里安身。"

　　窦建德停了停，又说："当年文帝时，天下富裕，去打高句丽尚未成功；如今朝廷横征暴敛，民怨四起，天下不稳，我料定打辽东必败。到那时天下大乱，我们可以借机干一番惊天动地的大事。"孙安祖很赞同。窦建德召集了几百个不愿去辽东打仗的人，跟随孙安祖进了高鸡泊，当了草寇。

河北景县有个叫高士达的人，不堪忍受朝廷欺压，聚众起义，很快形成数千人的队伍。还有个叫张金称的人，也揭竿造反。孙安祖、高士达、张金称都在高鸡泊一带活动，后来孙安祖、张金称死了，余部归附了高士达，高士达队伍达到万人。

窦建德通匪的消息泄露，官府把他全家抓去，不论老幼全都杀掉。窦建德身背血海深仇，率手下两百人参加了高士达的起义军。高士达很器重窦建德，任命他为军司马，把军权全部交给他。

朝廷派郭绚率一万兵马，来讨伐起义军。窦建德报仇心切，请求由高士达留守大本营，自带七千人前去迎敌。两军对阵，只见隋军旌旗艳丽，军阵整齐，铠甲耀目；再看起义军，阵形散乱，衣衫不整，服装五颜六色，又无铠甲，显然是一群乌合之众。隋军士兵心中好笑，藐视起义军。

窦建德假装背叛高士达，高士达又宣称窦建德背叛，假称他人是窦建德妻子，杀于军中。于是窦建德诈降郭绚，郭绚信以为真，放松了戒备，窦建德乘机突袭，郭绚大败。郭绚身边只剩十几个骑兵，仓皇逃命。窦建德却不依不饶，穷追不舍，一直追出百余里，最终将郭绚斩首，把首级带了回来。此役，郭绚军全军覆没，起义军威名大振。

朝廷吃了败仗，恼羞成怒，又派出大将杨义臣，率数万兵马围剿起义军。杨义臣是隋朝名将，一生南征北战，久经沙场，曾经打败过张金称的起义军。窦建德对高士达说："杨义臣不可轻视，我们可以先与他兜圈子，拖他几个月，等他们疲倦了，再与敌决战不迟。"

窦建德的建议是正确的，可是，高士达被上次胜利冲昏了头脑，骄傲起来，又想自己也建立功劳，于是命窦建德留守大本营，他亲自率军迎敌。杨义臣果然名不虚传，大败起义军，高士达也阵亡了。

听说高士达战死，窦建德悲愤不已，下令全军穿起白色的丧服。起义军将士群情激奋，纷纷要求与杨义臣拼命。窦建德并不鲁莽，知道隋军势大，不可力敌，于是率军转移，避开隋军锋芒。杨义臣认为起义军已经溃散，得胜返回了。

窦建德成了起义军首领后，改变了许多流寇做法，注意招贤纳士，收买人心。过去捉到隋朝官吏和当地士绅，一律杀掉；现在只要不是罪大恶极的，则一律优待。窦建德严明军纪，爱护百姓，不得扰民，人们不再称窦建德的队伍为盗寇，而称为义军。

窦建德与士兵们打成一片，平时吃穿，都和大家一样，从不搞特殊。打仗获得的财物，窦建德全部分给将士们，自己不留分文。窦建德的威望日盛，归附者络绎不绝，在不长的时间内，窦建德的人马达到十万之众。

朝廷得知窦建德势力日盛，十分恐慌，又派出赫赫大名的薛世雄，率三万精兵进行讨伐。薛世雄比杨义臣还要厉害，他曾经独自率军，穿越荒无人烟的数千里沙漠，长途奔袭，一举征服了伊吾国，名震天下。薛世雄凶狠勇猛，曾经打败过瓦岗军，对捉到的俘虏一律斩杀。许多起义军都怕他，常常闻风而逃，薛世雄很是得意。

窦建德得知薛世雄率军前来，暗中谋划好了破敌之策。窦建德故意示弱，屡战屡败，步步后退。薛世雄和手下将士，认为起义军不堪一击，骄傲轻敌。

在一天夜里，天降大雾，人相隔咫尺都无法辨认。窦建德集合全军，悄悄包围了薛世雄兵营。窦建德亲率几百人的敢死队，突然杀入隋军营中，搅得隋营大乱。隋军士兵不知虚实，纷纷翻越栅栏外逃。窦建德的大军正在外面等着他们，结果，三万人马几乎全做了刀下之鬼。

薛世雄仅带领数十名骑兵，奋力突围，逃到涿郡。薛世雄一生征战，从未有过如此惨败，一世英名，毁于一旦。薛世雄羞愧难当，忧愤交加，发病而死，终年六十三岁。

薛世雄三万精兵被歼，朝廷震惊，恐慌万分。此时起义烽火遍及全国各地，朝廷再也没有力量对付窦建德了。窦建德趁机扩充实力，攻打郡县，抢夺地盘，很快占据了河北之地。

617年，窦建德在河北建立了农民政权，举行祭天典礼，自称长乐王，定都乐寿。不久，改名为夏国，窦建德自称夏王，设置机构，委派官吏，加强统治，虎踞河北。

后来，隋朝灭亡，唐朝横扫群雄，夺取天下。唐军攻占了河北，窦建德被唐朝所杀，终年四十九岁。

在隋唐小说中，说窦建德是李世民的舅舅，其实不是真的。李世民的母亲虽然也姓窦，但她是北周神武郡公窦毅的女儿，又是周武帝宇文邕的外甥女，是典型的显门贵族，与出身贫苦的窦建德八竿子打不着，更不是一类人。

窦建德是在隋末农民起义中涌现出来的杰出农民领袖，他占据河北十几年，为稳定河北局势，减轻当地民众的战乱之苦，做出了重要贡献，因而长期受到河北人民的怀念。人们在各地立庙祭祀，直到今天，在河北大名县，仍然矗立着一座宏伟的"窦王庙"，父老群祭，历久不衰。

杜伏威称雄江淮

在隋末农民起义中，还有一支骨干力量，与河南瓦岗军、河北窦建德遥相呼应，共同抗击隋军，这就是称雄江淮一带的杜伏威队伍。

杜伏威，齐州章丘（今山东济南章丘区）人。他家境贫寒，穷困潦倒，不能养活自己，只好行偷窃之事。杜伏威为人仗义，爱交朋友，与辅公祏结成生死之交。

辅公祏姑姑家富裕，养了很多羊，辅公祏经常偷羊，送给杜伏威充饥。后来，辅公祏的姑姑发现了，心生怨恨，向官府告发了他们。官府要捉拿杜伏威和辅公祏，他俩只好逃跑了。杜伏威无法生存，干脆聚集了一些人，组成了盗窃团伙，专门从事行窃勾当。杜伏威被推举为头目，当时，他只有十六岁。

613 年，天下大乱，各地起义如火如荼，仅山东地区，就有几十支起义军。杜伏威的盗窃团伙，本来就没有什么出路，此时也顺应大潮，举旗造反了，没想到义旗一举，还真聚集了不少人马。朝廷派张须陀到山东镇压起义军，起义军敌不过，四散溃逃。杜伏威带领他的队伍，也逃窜到江淮一带。

杜伏威虽然年龄不大，但从小历经磨难，十分成熟，很有心计，也会笼络人，众人都很信服他。当时江淮地区，也有许多起义军，但各自分散，力量弱小，杜伏威想联合他们，扩大自己的势力。

下邳人苗海潮，是一支起义军的首领。杜伏威对苗海潮说："若您能为主，我当恭敬顺从；若您不能，则应当归顺于我。如果不愿联合，那就一战决胜负。"苗海潮害怕，于是归附了杜伏威。

当时的起义军，多数是为生存所迫，不得已而造反，没有什么大志。杜伏威头脑灵活，能说会道，处事得体，时间不长，就招降了多路起义军，力量壮大起来。

对不肯降服的起义军，杜伏威也采取攻打的手段。海陵人赵破阵，拉起了一支起义队伍，人数较多。赵破阵同意与杜伏威联合，但要求由他做首领，让杜伏威听他指挥。杜伏威怎么能干呢？杜伏威假装答应，带领十名勇士，拿着酒肉食物，去拜见赵破阵，同时命辅公祏率领部队，悄悄埋伏在赵破阵军营附近。

赵破阵见杜伏威前来拜见，十分高兴，摆下酒宴，大吃大喝起来。酒兴正浓之时，杜伏威一声号令，十名勇士拔剑出鞘，当场斩杀了赵破阵和他的几个亲信。这时，辅公祏伏兵齐出，摇旗呐喊，声势颇为壮观。赵破阵的士兵见头领已死，群龙无首，又被包围，只好归降了杜伏威。杜伏威势力崛起，聚众数万，很快成为江淮地区力量最强的一支队伍。

朝廷派校尉宋颢前去镇压。宋颢轻敌，看不起这伙乌合之众，大摇大摆，长驱直入。杜伏威没有文化，更没有读过兵书，却很有谋略。他设下计策，把宋颢军一步步诱引到芦苇荡里，然后四面放火，烈火熊熊，无路可逃。可怜宋颢和他手下的隋军将士们，全都葬身火海。

朝廷闻讯大惊，随即派出官职较高的虎牙郎将公孙上哲，率军前去镇压。杜伏威率众迎敌，双方大战于盐城，结果公孙上哲仍然是全军覆没。史书只是记载说，公孙上哲军队被全歼，不知道杜伏威这次用了什么计策。

隋军接连两次全军覆没，朝廷震惊，又派出大将陈稜，率军围剿杜伏威。陈稜，可不是一般的人物，是隋朝名将，身经百战，曾经率领一支船队远征，一举灭了流求国。不过，由于杨广三次东征，损失了大量兵力，各地起义蜂起，又派去不少军队镇压，朝廷兵力明显不足，所以，只派给陈稜八千兵马。

隋军虽然兵力不多，但武器精良，陈稜又指挥有方，所以战斗力很强。杜伏威与陈稜几次交战，都没有占到便宜，双方形成僵持状态。

杜伏威为了打败陈稜，下功夫整训部队。杜伏威想了个办法，每次打仗之后，他都亲自检验士兵身上的伤痕。如果前身受伤，说明是正面迎敌所致，予以重赏；如果伤在后背，表明临阵后退，立即斩首。这样，再打仗时，士兵们谁也不敢转身后退，只能是奋勇向前。杜伏威又精心挑选了五千名强壮士兵，组成了敢死队，给予重赏，并承诺，如果战死，将厚待他们的家人。

经过一段时间的准备，杜伏威觉得有了取胜的把握，便与陈稜决战。杜伏威依仗人多势众，向陈稜军发动进攻，五千敢死队在前，数万大军紧跟，凶猛地向隋军扑来。

陈稜知道自己兵少，不敢出战，只令将士们放箭，顿时箭如雨下。可是，杜伏威的士兵，好像中了魔一样，不怕箭雨，嗷嗷乱叫，只管向前猛冲，前边倒下一批，后面又涌上一批。隋军士兵见了，心惊胆战。

杜伏威为了激励士气，亲自上阵杀敌，不料被一员隋将射中前胸。杜伏威大怒，吼叫一声："不杀了你，老子不拔箭！"杜伏威带箭直冲过去，隋将吓呆了，被杜伏威一刀砍死。

将士们见主帅一马当先，更是士气大振，拼命向前，很快两军短兵相接，隋军弓箭失去作用。杜伏威军的人多，最后又将隋军杀得全军覆没，只剩陈稜一人单骑逃回。

此后，朝廷再也没有力量围剿杜伏威了。杜伏威势力更加强盛，他率军转战于江淮大地，攻占了高邮、历阳等许多重镇，建立了自己的势力范围。

杜伏威开始改变流寇式作战方法，专心经营自己的地盘。杜伏威从小受苦，很同情穷人，经常救困济贫，赋税也很低，受到百姓拥护。

目不识丁、小偷出身的杜伏威，却敢于对抗朝廷，并屡次打败隋朝名将，称雄于江淮大地，真是一个奇迹。

后来，杜伏威归降唐朝，又为唐朝立下大功，被授予上柱国、吴王，位居于齐王李元吉之上，荣耀无比。不料，好友辅公祏叛乱，杜伏威受到牵连，忧惧而死，时年四十一岁。好在后来李世民为他平了反，追封为吴国公。

杨广避乱江都

杨广千秋大业的美梦没有实现，反而引发天下大乱，遍地起义烽火，北方几乎沦陷。杨广见南方起义较少，不得已再下江南，避乱江都，以求自保。

《隋书》记载，杨广称帝之后，特别喜欢排场，每年春节，都要举行大朝会，各地政府、周边国家都要来朝觐皇帝。杨广极其奢华，搞得热闹非凡，年年如此，已成惯例。可是，到了616年的大朝会，却是冷冷清清，不仅周边国家一个没来，就连各地的政府大员，也少了一大半。

杨广心里明白，这是因为他三次东征失败，又遭受雁门被围之耻，声望一落千丈，周边国家再也不买他的账了。各地大员倒是不敢不来，但到处是起义军，道路堵塞，他们想来也来不了。杨广长叹一声，无可奈何。

当时，东面有瓦岗军，北面有窦建德，南面有杜伏威，都是声势浩大，对洛阳城形成了半包围状态，另外，还有数不清的大大小小的起义队伍。这些起义军，迟早会对洛阳发动攻击，夺取隋朝天下。洛阳已经是四面楚歌了。

面对这种局面，杨广知道，他的千秋大业的理想是实现不了了，而且还有性命之忧。此时，杨广从前的狂妄大志一扫而光，而是陷入了恐惧绝望之中。他经常失眠，睡不着觉，没有办法，只好让宫女像哄婴儿那样，不停地摇床，他才能勉强入睡。可是，刚一闭眼，又被噩梦惊醒，尖叫着从床上跳起来，嘴里还不停地念叨着："有鬼！有鬼！"

616 年四月的一天，洛阳大业殿的西院发生火灾，火势并不大，其他人没觉得有多严重。可是，杨广一见起火，立刻惊慌失措，连滚带爬地往外跑，嘴里喊着："反贼打进来了！"杨广一口气跑到宫城后面的苑囿里，趴在草丛中间，一动也不敢动。直到火被扑灭，一切恢复平静之后，杨广才在众人搀扶之下，战战兢兢地回到宫中。这说明，杨广的神经已经绷得相当紧了。

杨广当时住在景华宫，景华宫后面有座山，一到夜里，山上黑魆魆的，很吓人，杨广心里特别害怕。杨广想了个办法，命人满山遍野去捉萤火虫，捉了好几石，然后，把萤火虫放置在后山上。到了夜里，后山上的萤火虫一亮一暗，忽上忽下，杨广心里才感觉安稳了一些。

杨广除了恐惧绝望之外，还要考虑下一步怎么办。北方已经失控，南方还相对平静一些；南方是杨广的发迹之地，杨广对那里很有感情；更重要的是，自从西晋末年以来，北方一旦发生战乱，人们都习惯往南方跑。所以，杨广很自然地想到南方去，于是决定，他要第三次巡游江南。

在这之前，杨广曾经两次巡游江南。第一次是在 605 年，杨广登基不久，大运河通济渠刚刚开通，他兴致正高，便带领数十万人马，浩浩荡荡下江南，其排场规模空前绝后，风光无限。第二次是在 610 年，杨广征服四方，大隋朝达到鼎盛，他带领大批人员再游江南，同样是声势浩大，威风八面。而这第三次去江都，与前两次已经不能同日而语了，如今是天下大乱，局势危急，杨广是不得已前去避难的。

杨广这次去江都，规模同样十分庞大。杨广心里很清楚，这一回下江南，可能就回不来了，所以，他要带着文武百官、嫔妃宫女、皇室宗亲，还有军队和大量金银财宝，相当于搬家，人数之多、规模之大，不亚于前两次。

对杨广下江南的决定，朝廷百官、军队将领尤其是关陇贵族集团，都十分不满，因为他们心里也清楚，杨广是想抛弃北方。皇帝一走，北方就完了，而他们的根基、财产、家庭都在北方，他们特别希望杨广留在京师，挽救危局。可是，大臣们慑于杨广淫威，谁也不敢谏言。杨广曾经公开说过，他最讨厌别人谏言，谁敢谏言，他就想杀了谁，事实上也确实杀了不少。

大臣们不敢说话，有些级别低的官员却进言了，他们觉得，在这危局之中，皇帝巡游江南，实在是太不合时宜了，于国家大大不利。当然，他们可能不了解杨广想放弃北方的真实想法。

有个叫赵才的将领进谏说："如今盗贼蜂起，局势不稳，愿陛下坐镇京师，以安民心。"杨广听了，二话没说，把赵才关进监狱。有个叫任宗的六品小官，上书劝杨广不要离开京师。杨广恼怒，直接把他杀了。有个叫崔民象的九品小吏，也给杨广上书，劝他以江山社稷为重，不要巡游江南。杨广大怒，把崔民象抓来，先拉脱他的下巴，使其无法说话，再砍去脑袋。这样，朝廷内外，谁也不敢吭声了。

杨广铁了心，非要下江南不可。临走之前，他留下两个孙子，一个叫杨侗，镇守东都洛阳；一个叫杨侑，镇守西都长安。这两个孙子，都是十几岁的孩子，能顶什么用呢？

616年七月，杨广第三次巡游江南，仍然与前两次一样，乘坐龙舟，沿运河前进。可是，杨广这次的心情，与前两次截然不同，前两次是何等的威风，何等的春风得意，这一次却是满心凄凉。杨广一路上，仿佛听见岸上不断有人唱着悲惨的歌曲，派人察看，却始终不见人影。察看的人回报说，可能是鬼在唱歌，杨广吓出一身冷汗。

杨广到了江都不久，北方就发生了一件惊天大事，杨广的表哥、属于皇亲国戚的李渊，也在太原起兵造反了。

李渊兴兵太原

在农民起义形成燎原之势、隋朝即将灭亡的时候，李渊也在太原起兵造反了。李渊是朝廷高官、地方大员，又是皇亲国戚，他兴兵造反，表明杨广已经众叛亲离，隋朝的末日就要到了。

李渊，甘肃陇西人，有着耀眼的家族背景和显赫身世。李渊的祖上，是西凉开国皇帝李暠，李暠是西汉飞将军李广的十六世孙，所以，李渊是李广的后裔。李渊的爷爷李虎，是西魏八柱国之一，被北周追封为唐国公。李渊的父亲叫李昞，是北周柱国大将军，被封为陇西郡公，承袭唐国公。

李渊的母亲独孤氏，是八柱国之一独孤信的第四女，与杨广母亲独孤伽罗是亲姐妹。李渊生于566年，比杨广大三岁，是杨广的亲表哥。

李渊七岁时，父亲李昞病亡，姨妈对这个幼年丧父的外甥十分疼爱。杨坚怕老婆，自然对李渊也很好。李渊年龄不大，就相继担任了谯、岐、陇三个州的刺史，并承袭唐国公。

李渊为人洒脱，性格开朗，待人宽厚，城府很深。有个叫史世良的术士，说李渊骨骼异常，将来能成帝业。李渊听了，心里很高兴，也很自负。

杨广继位后，对李渊也不错，先后任命他为荥阳、楼烦两个郡的太守，后来又入朝担任殿内少监、卫尉少卿等职。杨广东征时，命李渊督运军粮。督运军粮责任重大，直接关系战争成败。杨玄感在督运军粮时造反，致使第二次东征流产。杨广第三次东征时，思考再三，决定由李渊担负督粮重任，说明他对李渊十分信任。

可是，没过多久，杨广就对李渊产生了怀疑，因为社会上流传起"李氏当为天子"的谶语。杨广经过筛选，将重点怀疑对象，放在李密、李敏、李渊三人身上。当时李密逃亡，杨广无可奈何。李敏家族被杨广诛灭，姓李的全都人心惶惶，人人自危。杨广召李渊进宫，李渊惊恐万分，不知道是真病还是假病，反正迟迟没来。

李渊外甥女王氏在隋宫为妃，杨广问她："你舅舅为什么不来呢？"王氏回答说，舅舅病了。杨广冷笑一声，又问："你猜猜看，你舅舅会不会病死呢？"李渊听说以后，日夜恐惧，惶惶不可终日。李渊没有办法，只好整日饮酒作乐，收受贿赂，自污名节，以表示没有大志。果然，杨广对他的怀疑减轻了几分。

杨广雁门被围之后，与突厥关系恶化。为了防御突厥侵扰，杨广任命李渊为山西河东慰抚大使，后来又任命他为太原留守，成为这一地区的最高军政长官。不过，杨广同时任命自己的心腹王威、高君雅为太原副留守，专门监视李渊。杨广对李渊仍然不放心。

隋唐小说和有的史书把李渊写成平庸无能之人，其实，李渊老谋深算，智谋过人，能力很强。他主政山西以后，积极招贤纳士，广交天下豪杰，招兵买马，训练部队，镇压农民起义，很快形成了很强的势力。突厥几次进犯，都被李渊击退。

李渊还主动出击突厥，他组建了一支两千人的骑兵部队，吃、住、骑、射，都模仿突厥骑兵，但马匹和弓箭兵器，却比突厥好得多，因而战斗力很强。这支骑兵部队，像旋风一般，经常奇袭突厥，打得突厥防不胜防。突厥没有办法，只好与李渊讲和，边境趋于稳定。

在隋末农民大起义中，山西也是义军四起，其中母端儿、柴保昌、甄翟儿势力都很大。李渊率军将他们一一剿灭，降其部众，使得实力大增。其他地方的长官，都被起义军搞得焦头烂额，失去控制，有的还丢了性命，而山西则相对平静，李渊牢牢掌控着局势。

616年，杨广到江都避难去了。皇帝一走，北方局势更加混乱不堪。李密率领瓦岗军，包围了洛阳，正在日夜攻打。河北的窦建德，建立了自己的政权，脱离了隋朝。在这种情况下，李渊自然要考虑他的出路了。此时的李渊，占据山西大片土地，手下有众多谋士武将，更有雄兵数万，是一支很强大的力量。李渊经过深思熟虑，决定起兵造反，开创自己的帝王大业。

关于李渊起兵，有些史书和小说都说，那是被儿子李世民劝说和逼迫的，李渊本人并不想造反。李世民为了逼老爹造反，还与裴寂设计，把李渊灌醉，然后把晋阳宫的宫女弄到他床上，李渊怕被皇帝杀头，不得已才造反了。对这个说法，许多学者并不认同。笔者也认为，李世民可能做过一些工作，但起决定作用的仍然是李渊自己。

李渊早就有不臣之心。他年轻的时候，术士史世良给他相面，说他有帝王之相，李渊就很高兴。李渊不仅高兴，而且认为自己确实有当帝王的能力。史书说他"颇以自负"。

李渊长了一张老太太脸，杨广取笑他，称他为"阿婆"。李渊很郁闷，回家对老婆说了。夫人窦氏一听，喜笑颜开，说："恭喜你呀，这是吉兆啊！"李渊忙问缘故，窦夫人很认真地说："阿婆是老妈妈的意思，老妈妈就是堂主。如今天子亲口称你为阿婆，预示着你必将成为天下之主。这是天意，如何不喜？"

李渊一听，特别开心，令人端上酒菜，夫妻俩一边喝酒，一边偷偷地乐。从这些事例来看，李渊想当皇帝，早就蓄谋已久了，哪里还用得着儿子苦苦相劝和逼迫呢？

李渊决定起兵造反，便紧锣密鼓地加紧筹备。当时，在李渊身边的，只有次子李世民。李渊急召在外地的长子李建成、四子李元吉、女婿柴绍等人，让他们赶快到太原来，这既是为了增加造反的力量，也是为了子女的安全。与此同时，李渊派使者去突厥，送上厚礼，说要起兵推翻杨广，希望给予支持。突厥与杨广有仇，欣然答应了。其实，李渊是想稳住突厥，别在他起兵之后，从背后捅他一刀。

这个时候，驻守马邑的军官刘武周发动兵变，杀死马邑太守，拥兵割据，自称天子。李渊闻讯大喜，这给了他一个很好的借口，李渊便打着征讨刘武周的名义，名正言顺地招募士兵，扩充实力。

李渊的筹备工作虽然秘密，却也露出了一些蛛丝马迹，引起太原副留守王威、高君雅的警觉。这两人是杨广的亲信，专门安插在李渊身边，杨广还授予他俩遇事专断之权。王威、高君雅经过密谋，认为李渊很可能要造反，于是一面紧急报告杨广，一面想谋害李渊，夺取兵权。李渊可不是吃素的，早有防备，抢先下手，把二人除掉了。

李渊一切准备就绪，在起兵之前，又设了一条妙计。他伪造皇帝诏书，说要把太原一带的青壮年，全部征召入伍，再去辽东打仗。这一下，像捅了马蜂窝，把民众情绪煽动起来。百姓们群情激奋，义愤填膺，纷纷大骂皇帝昏庸，逼得人们活不下去了。此时，即便李渊不反，恐怕老百姓也要造反了。

617年五月，李渊召集将士和百姓，公开宣布造反了。老百姓奔走相告，欢欣鼓舞，大批青壮年纷纷加入李渊的队伍。

李渊造反，与其他起义军不同，他打的是"推翻昏君，另立明主，匡复隋室"的旗号，只反昏君，不反隋朝。当然，这只是李渊的策略而已，李渊的最终目的，当然是要改朝换代，自己当皇帝了。

李渊造反，在朝廷背后又狠狠扎了一刀，加速了隋朝灭亡。同时，改变了北方地区的政治格局，使李渊与其他起义军的关系，变得十分微妙。

此时，李密率领人多势众的瓦岗军，正在围攻洛阳。李密认为，只要攻占了洛阳，就等于得到天下，他的帝王大业就成功了。李密没有想到，李渊势力的迅速崛起，为他增加了一个强有力的对手，使他的称帝之路，有些扑朔迷离了。

李密围攻洛阳

　　李密谋杀大恩人翟让之后，完全控制了瓦岗寨的领导权。李密知道，翟让在瓦岗寨有很高的威信，于是采取了很多办法，安抚将士，弥合人们心灵的创伤，使瓦岗军没有分裂溃散，表面上依然比较稳定。李密还要依靠瓦岗寨的弟兄们，为他打天下、争帝位呢。

　　杨广南下江都之后，李密大喜过望，认为是天赐良机，带领瓦岗军迅速出击，去攻打洛阳。刚投李密不久的隋朝将领裴仁基，急于立功，表示愿当先锋。李密同意了，拨给他三万兵马，让他去打回洛仓。裴仁基是隋朝名将，性情刚烈，骁勇善战，曾参加过平南陈、伐突厥、远征吐谷浑等战役，多次立功，因被小人陷害，一怒之下，投奔了李密。

　　裴仁基讨得先锋之职，很想大显身手，扬名树威。他率军扑向回洛仓，回洛仓是洛阳附近的一个大粮仓。守仓隋军自恃离洛阳不远，戒备松弛，裴仁基率兵一个猛冲，就把回洛仓拿了下来，缴获了大批粮食。

　　裴仁基轻而易举地攻占了回洛仓，觉得不过瘾，他认为占个粮仓不算大功，洛阳城就在眼前，干脆攻打洛阳吧。裴仁基只有三万兵马，就敢打洛阳，真是胆大！想不到的是，守城隋军没有防备，被裴仁基猛然一冲，竟然冲破城门，闯到城里去了。

　　裴仁基大喜，指挥士兵，沿街放火，烧毁了天津桥。瓦岗军的士兵们，都是贫苦百姓，有的是打家劫舍的绿林强盗，多数没有到过洛阳，如今进了洛阳城，见如此豪华，一个个眼花缭乱，心花怒放，纷纷闯进居民家里，抢掠财物。

洛阳是隋朝的东都，守城军队不少，被裴仁基猛然一击，打晕了头，不大一会儿，就清醒过来了。守城将领段达、高毗等人，迅速调集七万兵马，向瓦岗军包围过来。

裴仁基见势不妙，急忙召集队伍，可士兵们像散了群的鸭，再也收拢不起来了。结果，三万瓦岗军士兵，被隋军分割包围，全部被杀或当了俘虏，只有裴仁基一人逃脱。回洛仓也被隋军夺了回去。

裴仁基见了李密，跪地大哭，请求惩处。李密没有责备他，反而安慰他说："我军纪律松散，是不能与正规军队相比的。胜败乃兵家常事，将军不必过于自责。"

李密又给了裴仁基三万人马，让他再去打回洛仓。裴仁基心中感激，身先士卒，一鼓作气又把回洛仓夺了回来。这次裴仁基学乖了，没有追击残敌，老老实实地守着粮仓，等待李密大军。

李密率军赶到，在回洛仓一带安营扎寨，修筑营垒战壕，威逼洛阳。李密知道，打洛阳不是一朝一夕的事情，必须做好充足的准备。

镇守洛阳的越王杨侗，见大兵压境，急忙向远在江都的隋炀帝求救。杨广不想轻易丢掉洛阳，派遣王世充率五万兵马前去援助。王世充是隋朝末期涌现出来的著名将领，他爱好兵书，作战勇猛，诡计多端，是一名智勇双全的骁将，与李密算是棋逢对手。

王世充星夜兼程，赶到洛阳。洛阳守军满心欢喜，顿时觉得有了主心骨。李密趁王世充立足未稳，抢先发起进攻。王世充的兵马虽然没有瓦岗军人多，但都是精兵强将，武器装备也好，尤其是王世充亲自统领的两万江淮劲旅，是他一手训练出来的，战斗力极强，足可以以一敌十。结果一场混战下来，瓦岗军大败，死伤惨重，李密也受了箭伤。

没等瓦岗军喘过气来，王世充又率军偷袭李密营寨。瓦岗军没有防备，自然又是大败，士兵们四散逃命，回洛仓也丢了。看来，王世充的军队不怕疲劳，善于连续作战。李密吃了苦头，再也不敢轻视王世充了。

李密收拢起部队，放弃了回洛仓，退守到洛口仓一带安营。王世充却步步紧逼，在洛口仓的西面扎下营盘，与瓦岗军对峙，王世充是想彻底消灭瓦岗军。这样，两军在这一带对峙三个多月，大小战斗打了六十多次，互有胜负。不过，王世充的兵少，经不起消耗，又得不到补充，而李密则不断调动各山头的人马前来参战，瓦岗军越聚越多，形势对王世充日渐不利。

王世充当然也意识到了危机，他见不能吃掉瓦岗军，便想把部队撤回城去，凭坚据守。李密等的就是这个机会，见隋军移动，一声号令，千军万马骤出，蜂拥而上，与隋军展开混战。王世充军队虽然精锐，但敌不过瓦岗军人多，结果死伤累累，手下虎贲郎将杨威、王辩、霍举、刘长恭等十几名将领阵亡。王世充带领残兵败将，狼狈逃回城中。

李密乘胜进军，抵达洛阳城下，将洛阳城团团包围起来。瓦岗军有三十万之众，人喊马叫，旌旗招展，声势浩大。此时，李密的威名达到极盛，东到海滨，南到江淮，各郡县都派出使者，请求归附李密。洛阳城中的朝廷官员，也不断有人偷偷溜出城来，向李密投降。

各路起义军首领们，纷纷写信或派使者前来，劝李密早登帝位，其中包括著名的窦建德、孟海公、杨士林等人。李密称帝的美梦，似乎马上就要实现了。李密得意扬扬地对众人说："洛阳不破，不议此事。我要在洛阳城里，风风光光地祭天登基。"

李密下令，攻击洛阳城，顿时，千军万马涌到洛阳城下。可是，洛阳的城墙高大坚固，城中粮食箭矢充足，守城将士也不少。王世充指挥将士们，轮班守护城墙，不停地向下射箭，瓦岗军根本不能靠近。使用架云梯、挖地道、火攻等办法，也不能奏效，洛阳城就像铜墙铁壁一般。看来，当年杨素修建洛阳城，没有白下功夫。

李密用尽了各种办法，连续攻城多日，洛阳城始终屹立不倒。李密心中焦急，瓦岗军将士也疲惫和松懈了，形成了胶着状态。有人给李密提建议，说洛阳是四战之地，无险可守，不利于霸业，而关中披山带河，地势险峻，进可攻，退可守，是成就大业的理想之处，建议李密亲率精锐之师，攻取大兴城，占领关中地区，而让其他将领继续围攻洛阳。

这是一条很好的建议。李密沉思一会儿，说："你的建议不错，我也曾考虑过多次，但实行起来难度很大。一是我军将士都是关东人，不愿意抛家舍业到西边去，打洛阳可以凝聚军心，又打了这么长时间，如果西行，恐怕会动摇军心，造成人心涣散。二是我军组织结构松散，各山头独立建制，首领多是强盗出身，互不服气，我在这里，尚能服众，如果我离开，恐怕就会四分五裂了。"

李密这两个顾虑，有一定的道理，但不是不能解决。李密也知道关中地区的重要性，当年刘邦就是占据了关中，才得到天下的。李密之所以不肯放弃洛阳，主要是不甘心，攻打洛阳这么久，打不下来，反而率军离去，多没面子啊！何况，他还想在洛阳城里风风光光地当皇帝呢。

李密的打算是，先打下洛阳，再占领关中不迟。可是，他没有想到，正在他犹豫不决的时候，在太原起兵的李渊，却丝毫没有犹豫，马上挥师南下，迅速攻占关中地区，为成就帝业奠定了基础。李密悔之晚矣！

李渊攻占关中

李渊胸怀大志，谋略过人，他起兵造反，绝不是为了割据山西一隅之地，而是要夺取天下，成就帝业。因此，早在起兵之前，李渊就谋划好了战略布局，第一个目标，便是攻取关中地区。

617年七月，李渊起兵两个月之后，精心挑选了三万精兵强将，由自己和长子李建成、次子李世民率领，进军关中。李渊是看中了关中这块虎踞之地，他要在那里建立根基，开创帝王大业。李渊留下部分兵力，由四子李元吉统领（三子早夭），镇守太原。

李渊兵指长安，不是说去建立自己的基业，而是打着一个漂亮的幌子，就是拥戴杨侑为帝。李渊沿途广发檄文，说隋炀帝昏暗不明，杀害忠良，又穷兵黩武，大兴土木，搞得国家四分五裂，不配再当皇帝了。代王杨侑贤明，仁义爱民，众望所归，能继大统，振兴大隋，拯救百姓于水火之中。杨侑当时镇守大兴城，所以李渊要去长安，扶立杨侑当皇帝。

李渊说得冠冕堂皇，委婉动听，可是，杨侑才不相信这套鬼话呢。杨侑虽然年轻，却并不傻，他知道李渊带兵入关，心怀叵测，绝不是为了拥戴他，而是要自己小命来了。杨侑立即调兵遣将，分两路阻击李渊。

杨侑派虎牙郎将宋老生，率两万兵马，驻守霍邑（今山西霍州）；又派左武侯大将军屈突通，领数万精兵，驻守河东（今山西永济）。宋老生和屈突通都是隋朝著名将领，经验丰富，杨侑希望这两位将军，能把李渊阻隔在潼关以东，不让他进入关中。

李渊出兵神速，不到十天，就抵达霍邑。宋老生坚守城池，并不出战，李渊心中焦急。李世民献计说："宋老生脾气暴躁，有勇无谋，不难对付。我们可以用少量兵马，轮流挑战；同时散布谣言，说宋老生不出战，是想与我们联合造反。宋老生不能忍受我军挑战，又害怕朝廷生疑，必定出战。"李渊觉得计策不错，依计而行。

果然，没过多长时间，宋老生就沉不住气了，从东门、南门出兵，与李渊军队决战。李渊、李建成率主力部队，在东门城外与宋老生交战，命李世民带一部分兵力，到南门迎敌。两军展开混战，厮杀在一起。

李渊的部队，经过多日行军，十分疲劳，而隋军在城内养精蓄锐，以逸待劳，精力充沛，所以，李渊军队渐渐有些不支。李世民在南门外作战，却牵挂着东门，不断派人打探消息，得知东门不利，李世民当机立断，留下一部分兵力，缠住南门之敌，自己则率军支援东门。

李世民手舞两把大刀，身先士卒，奋勇杀敌，连杀数十人。敌人的鲜血，灌满了李世民的袖子，李世民甩掉袖子里的血，继续奋战。在李世民的带动下，士兵们争先恐后，勇往直前。有李世民这支生力军加入，军心大振，很快扭转了东门不利的局面。

在混战之中，李世民又心生一计，令手下士兵齐声大喊："宋老生被杀了！"在两军厮杀之时，士兵们是搞不清楚主帅情况的。听到敌军大喊，隋军士兵信以为真，个个心惊，斗志锐减；李渊的士兵则大受鼓舞，斗志更加旺盛。隋军很快溃败而逃，城外留下一片尸体，宋老生也被杀了。李渊军队乘胜攻占了霍邑城。

霍邑一战，隋军几乎全军覆没，主帅被杀，李渊军队威名大振。李渊带领得胜之师，马不停蹄赶往河东，准备与屈突通交战。屈突通是一位身经百战的老将，此时已经六十多岁了，很沉得住气。李世民仍然采取诱敌和散布谣言的计策，却不管用。任凭李渊士兵如何叫骂挑战，屈突通就是不出来，只是凭坚据守。李渊军队如果强行攻城，必然损失很大，李渊心里很郁闷。

李世民又献计说："兵贵神速，我们应该趁关中空虚，不与敌军纠缠，长驱直入，赶快拿下大兴城，否则，一旦有其他势力进入关中，我们就被动了。李密势力强大，他就有占领关中的可能。"

有人不同意，说："屈突通率领的是隋军精锐，如果我们绕城而走，贸然深入关中，屈突通会率兵追击，我们就要腹背受敌，太危险了。我们只有先消灭了屈突通，解除了后顾之忧，才可以继续进兵。"

李世民分析说："现在人人都看得明白，隋朝已经快完了，人心涣散，这个时候，隋军将士是不会真心为朝廷卖命的，只是应付而已。我们打宋老生时，屈突通不来援助，就证明了这一点。屈突通的任务是据守河东，我料定他是不会追击我们的。"李世民分析得没错，屈突通后来归降了唐朝。

李渊老成持重，他综合了两方面的意见，做出了最稳妥的决定。一方面，他留下长子李建成，带一部分兵力，虚张声势，牵制和监视屈突通，防止他尾随追击；另一方面，命李世民率领精锐部队为先锋，自己催动大军跟进，星夜兼程，直取长安。

此时，长安的隋军不多，李渊并不担心，他有信心一举拿下大兴城，李渊担心的，是正在攻打洛阳的李密。李密是各路起义军的盟主，拥兵百万，他如果派兵阻止李渊入关，李渊是很麻烦的。

李渊心生一计，派使者去拜见李密，并写了一封亲笔信。李渊在信中，先表达了对李密的敬仰之心，恭维一番，然后说此次去长安，是为了拥立明主，自己没有别的想法，语气相当客气。

李密得知李渊兵进关中，大吃一惊，他深知关中的战略地位，打算迟早要去占领它。李密打洛阳走不开，曾经派一名将领去占关中，结果没有成功，半途而返。如今李渊要去长安，是阻击呢，还是容忍呢？李密犹豫不决。这时，李渊派来了使者，送上书信。李密不会完全相信李渊的话，可李渊比李密大十几岁，身世和官职地位都比他显赫，却对他如此恭谦有礼，李密心里很是舒服。

李密思考了一番，给李渊写了一封回信，说："天下李姓是一家，本人不才，被四海英雄推为盟主，希望我们能够联合起来，共同推翻隋朝。"李密异想天开，想让李渊也加盟他的瓦岗军。

李渊看信之后，冷笑一声，说："原来认为李密是英雄豪杰，如今看来，不过如此。"李渊又写了回信，说我是皇亲国戚，不忍心背叛朝廷，一心只想当个忠臣。可是，我佩服您的雄心大志，您与我情况不同，尽可以放手大干一番。李渊是拿李密当小孩子耍呢。两个人书信一来二往，李渊可就到长安了。

617年十一月，李渊顺利攻占大兴城。李渊果然像他说的那样，只反昏君，不反朝廷，他把杨侑扶上帝位，宣布废去杨广的帝号，尊他为太上皇。不过，这只是李渊的权宜之计。

李渊自封为唐王、大丞相、尚书令，掌握一切大权，很快控制了关中地区。半年之后，时机成熟，李渊就把杨侑赶下台，改朝换代，建立唐朝，自己当了皇帝。不久，杨侑不明不白地死了，时年十五岁。

直到这时，李密才明白过来，心里暗骂李渊老奸巨猾，但他仍然在围攻洛阳，脱不开身，没有任何办法。

这个时候，那个在江都避难的隋炀帝，情况怎么样呢？

杨广想划江而治

隋炀帝具有雄心大志，想要当一个空前绝后的皇帝，可他不懂治国之道，结果引发天下大乱，北方失控，不得已逃往江都。李渊太原起兵，又给了隋炀帝一记重拳。杨广心里明白，北方他是回不去了，于是便想划江而治，守住江南半壁江山。隋炀帝的想法，能够实现吗？

《隋书》记载，隋炀帝到了江都以后，性情大变，他本来是一个有远大志向的人，把帝王大业看得很重，如今大业美梦破灭，他变得意志消沉起来，整日醉生梦死，靠酒色麻醉自己。

隋炀帝在江都建了一百多座小别墅，装饰得富丽堂皇，里边住着漂亮女人。杨广带着萧皇后和一群嫔妃，轮流去小别墅饮酒作乐，每天喝得酩酊大醉。不仅杨广自己喝醉，他的嫔妃们也天天烂醉如泥。为了保证自己的物资供应，杨广让江都郡的郡丞赵元楷专门负责特供。赵元楷使出浑身解数，变换花样，让杨广和美女们每天吃山珍海味，喝醇酒佳酿，尽情享受。

在许多文学作品中，隋炀帝被写成迷恋女色，荒淫无度，但从《隋书》记载来看，这方面的情况并不严重。隋炀帝在称帝后的前八年里，一心想着建功立业，不停地征讨四方，巡视各地，很少在宫中享受。杨广只有三个儿子，其中萧皇后就生了两个，可见他并不过于贪恋女色。隋炀帝到了江都之后，觉得千秋大业不能实现，便开始放纵自己，穷奢极欲，追求享乐，沉湎于酒色。

杨广意识到自己的好日子不多了，他一退朝，就换上舒适的便装，扎起头发，出去游玩。他遍游亭台楼阁，饱览湖光山色，一直到天黑才回宫，天天如此。杨广是想把这大好河山，都看在眼里，装到心里。到了夜里，杨广经常仰望天空，看天上的星星，长吁短叹。

杨广到江都不久，就出了一件大事，他最信任和倚重的大臣宇文述病死了。早在杨广当晋王的时候，宇文述就是他的心腹，杨广想谋取太子之位，首先与宇文述商议。宇文述与杨约是朋友，通过杨约，才联系上了杨素。宇文述为杨广当太子跑前跑后，立下汗马功劳；杨广称帝后，宇文述掌握兵权，南征北战，再立大功。宇文述对杨广忠贞不二，事事顺从他的旨意，位居"五贵"之首。

宇文述有三个儿子。第三子叫宇文士及，被杨广看中，把长女南阳公主嫁给了他。宇文述的长子宇文化及、次子宇文智及，却人品很差，贪婪骄横，不循法度，举止轻薄，被人们称为"轻薄公子"。

由于宇文述的原因，杨广对宇文化及也很亲密，先让他当了东宫的高级僚属，后又担任太仆少卿。可是，宇文化及兄弟俩却贪赃枉法，犯了死罪。杨广看在宇文述的面子上，没有处死他俩，只是免去官职。宇文述在临死之前，为儿子求情。杨广不忍心违背宇文述心意，便任命宇文化及为右屯卫将军，宇文智及为将作少监，兄弟俩成了朝廷高官。杨广没有想到的是，他却死在了宇文化及兄弟手里。

杨广到江都的第二年，表哥李渊起兵造反了，并且立了杨侑当皇帝。消息传来，立刻掀起轩然大波。可是，杨广除了切齿痛骂之外，没有任何办法。杨广知道，北方是完了，江都虽然远离中原，但在长江北岸，依然不够安全。于是，杨广想渡江南下，迁都江南，划江而治。

在东晋十六国和南北朝时期，南方和北方都是划江而治，时间长达数百年。隋朝灭掉南陈，统一全国，只有数十年时间，所以，此时杨广想要划江而治，是很自然的事情。当年，正是杨广率兵渡江，灭掉南陈，实现了国家统一；如今，杨广迫于无奈，又想划江而治，真是莫大的讽刺。

有一天，杨广喝得半醉，自嘲地对萧皇后说："外面有很多人在算计朕，没关系，让他们折腾去吧，朕大不了就当长城公，你大不了就学沈皇后，咱们照样喝酒快乐。"长城公是南陈皇帝陈叔宝，被隋朝封为长城公。杨广自比陈叔宝，可见他的狂妄大志，已经荡然无存了。

迁都江南是大事，需要与群臣商议。杨广把想法一说，大臣们立刻沉默下来。朝中大臣多数属于关陇贵族集团，世代居住关中，老婆孩子都在北方，自然不愿意去南方。这个时候，杨广的五个宰相中，宇文述已死，苏威被免了官，只剩下裴矩、裴蕴、虞世基三人。裴矩历来顺从杨广，裴蕴、虞世基原是南陈旧臣，曾经长期生活在江南，愿意去南方。所以，三位宰相都表示同意。

右侯卫大将军李才忍不住了，他是武将，性格率真，直言进谏，不仅反对迁都江南，而且要求打回北方去。杨广脸色阴沉下来，强忍着没有发作。文官李桐客见有人带了头，也壮着胆子，进言说："江南潮湿，北方人不适应，地方面积又小，恐怕难以支撑起大隋朝。"杨广再也忍不住了，喝令把李桐客打入监牢。群臣见皇帝发了怒，谁也不敢吭声了，迁都大事就这样定了下来。

杨广想把都城迁到丹阳郡。丹阳郡治原先在安徽当涂一带，后来移至建康。建康是六朝古都，有建都传统。可是，隋朝灭掉南陈后，为了表示铲除割据、天下一统的决心，把建康夷为平地。如今，隋炀帝又想在此地建都，打算利用长江天险，占据半壁江山。杨广立即派人，去建造丹阳宫。

隋炀帝迁都江南的消息传开，立刻引起隋军将士的不满和骚动。他们眼见大好河山被杨广糟蹋殆尽，杨广还曾经失信，本来心里就有气，如今又要抛弃故土，移居江南，更是气愤，于是议论纷纷，军心动摇。

杨广没有想到，他的迁都计划没有实现，反而引发兵变，死于非命，划江而治也成了泡影。

江都兵变杨广被杀

618 年三月初十深夜，江都宫外，一队队士兵全副武装，正在悄悄集结，空气中弥漫着紧张而凝重的气氛。

这些军队，是专门负责保卫皇帝安全的禁卫军，如今发动起来，却不是为了皇帝去征战，而是准备打进皇宫，杀死皇帝。这就是历史上著名的江都兵变。

《隋书》记载，隋炀帝迁都江南的消息传开后，立刻引发军心大乱。那些朴实的北方士兵，跟随皇帝来到江都，都盼望着能够早日打回北方，如今希望破灭，一个个心灰意冷，他们怀念故乡，思念亲人，无奈之下，开始三三两两地逃跑。

杨广心里只有自己，从来不考虑别人的感受，他见士兵们开小差，十分生气，下令予以严惩，凡是逃兵，一律砍头示众。

不料，杨广的强硬手段，并没有起到震慑作用，逃兵反而越来越多了。杨广更加恼怒，又下达命令，凡有逃跑者，长官也要追究连带责任，结果军官惧怕，许多人也随士兵一块儿跑了。郎将窦宪见无法阻止士兵逃跑，干脆带领部下一块儿西返。杨广大怒，令骑兵追赶，把他们全部诛杀。

在这军心涣散之际，杨广又做了一件蠢事，惹恼了大臣们。原来，李渊占领长安后，留在关中的官员，有些不得已投靠了李渊。可是，他们的兄弟和亲属，有不少人去了江都，如今都在杨广身边。杨广迁怒于他们，有的入狱，有的被杀，搞得大臣们人人自危。杨广的暴行，让人们的失望情绪，迅速转化成了怨恨。杨广是在自寻死路啊！

有个禁军将领，名叫司马德戡，出身关陇贵族集团，战功卓著，一向受到隋炀帝信任。他与虎贲郎将裴虔通、元礼是好朋友，三人常在一起议论时局，都认为军心人心已经涣散，没有希望了。他们打算合伙逃走，又怕被杨广抓回来砍头。

司马德戡说："不如我们多联系一些人，一齐逃走，人多势众，就不怕朝廷追赶了。"于是，三人分头联络其他将领和士兵，结果一呼百应，有几万人愿意跟他们一起逃走。

由于联络的人多，难免走漏风声。有个宫女，听到将士们在私下里议论逃跑，赶紧报告了萧皇后，萧皇后让宫女去报告隋炀帝。杨广很生气，认为这不是宫女该管的事，下令把宫女杀了。

不知道隋炀帝是真糊涂，还是觉得无能为力了，此时他只愿意听好话，不愿意听坏消息，所以再没有人敢对他说实话了。将士们西逃的风声，越来越大，有些人毫无顾忌，在大庭广众之下，就公开议论返回关中之事。

杨广似乎感到大势已去，来日无多。有一天，他对着镜子照了半天，顾影自怜，忽然，回过头来，对萧皇后说："好漂亮的头颅，不知道被谁砍去？"萧皇后吓了一跳，觉得太不吉利了，赶紧劝慰了他一番。杨广苦笑着说："人世间的贵贱苦乐，都是轮着来的，就算我们失去了，又有什么难过的？"

司马德戡手下有个将领，与宇文智及关系不错，想拉他入伙，一同逃跑。宇文智及眼珠转了几圈，心里有了主意，马上去找司马德戡，说："你们已经联络了数万之众，还逃跑干什么？如今天要亡隋，英雄四起，不如趁机造反，干一番大事业，也不枉活一生。"

司马德戡本来一心逃跑保命，并没有考虑过造反的事，现在听宇文智及一说，猛然醒悟，觉得很有道理，但仍然有些迟疑。

司马德戡说："这么多人造反，总要有个领头的。我们官职不高，就由你们挑头吧。你们宇文家位高权重，势力庞大，一定可以服众的。"宇文智及说："我哥哥宇文化及是长子，又掌管禁军，就推举他当头吧。"

宇文智及去找哥哥宇文化及，告诉他造反的计划。宇文化及虽然骄横不法，却没有才能，胆子也不大。《隋书》说，宇文化及"初闻大惧，色动流汗，久之乃定"。意思是说，宇文化及一听要造反，非常恐惧，变了脸色，汗也流了下来，过了很久才平静。经过宇文智及一阵鼓动，宇文化及同意了。但宇文化及只是挂名的，江都兵变的主谋和指挥者，实际上是司马德戡。

由于宇文家族的介入，禁军的行动发生了质的变化，由原来准备集体逃跑改为兵变了。可是，如何让几万将士自愿参加兵变呢？他们想了一个办法，四下里大造谣言，说皇帝知道了禁军西逃之事，准备了很多毒酒，想把他们都毒死。将士们本来对隋炀帝就心怀怨恨，也知道他残暴不仁，自然都相信了，结果人人愤怒，群情激奋。

禁军要造反的消息，又被一个宫女知道了，她神色惊慌地报告了萧皇后。萧皇后长叹一声，说："大厦将倾，无法挽回，就不要报告皇上，让他心烦了。"在这危急关头，连萧皇后都不敢对杨广说实话，可见杨广真的成了孤家寡人了。

618年三月初十下午，司马德戡把他联络的禁军头目召集起来，宣布起事，并分配了任务。宇文化及兄弟率军在宫外策应，防止其他隋军救援，宫城里边则由裴虔通、元礼负责。两人本来就是殿内宿卫，负责保卫皇帝，在宫中活动十分方便。守卫宫城城门的将领叫唐奉义，司马德戡令他晚上虚掩城门，不要上锁，保证城内外来往畅通。司马德戡亲自率领大批禁军，集结在东城，随时准备投入战斗。

各将领领命而去，分头做好了准备。到了夜里，司马德戡点燃火把，发出了行动信号。在漆黑的夜里，火光分外耀眼。隋炀帝看到了，问裴虔通是怎么回事。裴虔通说，是外面的草料场着火，没什么大事。裴虔通是杨广的老部下，在杨广没当皇帝之前就跟随他，所以，杨广没有怀疑，安心睡觉去了。

宇文化及兄弟见到行动信号，迅速在宫外集结部队。这自然会闹出不小的动静，也无法保密了。宰相裴蕴得知发生兵变，心中大急，去禀报皇帝，已经来不及了。裴蕴想假传皇帝圣旨，调动附近其他隋军紧急救驾，不料，负责皇帝诏书的虞世基胆小，不敢伪造圣旨，结果失去了唯一救援皇帝的机会。

隋炀帝对自己的安全还是很上心的，他在奴隶当中，挑选了几百个精壮的小伙子，经过训练，组成了给使营，安排在自己住处附近。给使营的士兵免去奴隶身份，又给予特殊待遇，宫女任其挑选为妻，因此，他们对皇帝感恩戴德，十分忠心。给使营不归任何将领统管，只听皇帝一个人的命令。隋炀帝通过一个姓魏的贴身宦官传达旨意，不料，姓魏的宦官加入了司马德戡阵营，他假传圣旨，把给使营调到别处去了。

凌晨时分，一切准备就绪，司马德戡下令攻击皇宫。裴虔通带领数百名亲信士兵，直扑隋炀帝所在的成象殿，去擒获杨广；司马德戡率大队人马，准备占领皇宫，扣押百官。

裴虔通领兵冲入成象殿，守殿将军独孤盛喝令阻止。裴虔通说："这事与独孤将军无关，快闪开。"独孤盛倒是忠于隋炀帝，他抢起大刀，拼杀起来，可惜寡不敌众，不大一会儿，独孤盛和手下十几名士兵全部战死，裴虔通随即闯入隋炀帝寝室。

独孤盛拼死抵抗，自然惊动了隋炀帝，隋炀帝知道大事不好，立即逃到了离寝室不远的西阁。裴虔通发现隋炀帝不在，马上令士兵四处搜寻。

有个叫令狐行达的将领，急中生智，抓住宫中一个美人，把刀架在她脖子上，逼问杨广下落。美人浑身发抖，吓得说不出话来，只是用手指了指西阁。令狐行达会意，提刀直奔西阁。

杨广躲在西阁屋内，忽见一队士兵冲入，知道躲不过去了，壮着胆子，大喝一声："谁在造反，难道敢弑君吗？"令狐行达回答："臣不敢，只是想奉迎陛下一块儿西返。"这时，裴虔通闻讯，也来到西阁。

杨广只好走出西阁，见领头作乱的，竟然是跟随他多年的裴虔通，不由得大吃一惊，问道："朕对你不薄，你怎么也造反了？"裴虔通的回答与令狐行达一样，说："臣不敢反，将士们思归，想奉陛下还京师。"

隋炀帝一听，心存一丝侥幸，赶紧顺水推舟说："朕早就想带着你们返回家乡了，只是粮船未到，耽搁了几日，既然你们归乡心切，那咱们明日就启程吧。你们也是为朕着想，所以，对你们的行为，朕不予追究。"裴虔通等人听了，心中好笑，这是在哄小孩子吗？

此时，司马德戡已经顺利占领了皇宫，把百官聚集到朝堂上，又得知抓住了隋炀帝，心中大喜。司马德戡立即派人去请宇文化及，让他前来主持大局。宇文化及十分高兴，骑着高头大马，得意扬扬进了皇宫，令人把杨广押到朝堂上。

裴虔通接到命令，对隋炀帝说："百官都在朝堂，陛下须亲自去安慰一下。"裴虔通令人牵来一匹马，让隋炀帝骑上。杨广不愿意去，磨磨蹭蹭，又说马鞍子破旧，要换个新的。裴虔通耐住性子，给他换了新马鞍，强扶他上了马。

裴虔通一手牵着马缰绳，一手提着大刀，押着杨广往朝堂走。道路两边，全是造反的士兵，他们平日里见到隋炀帝，都要跪倒磕头，不敢仰视，如今见隋炀帝如此狼狈，顿时欢声雷动，一个个兴高采烈、指指点点的。隋炀帝耷拉着脑袋，不敢正视这些士兵。

隋炀帝快到朝堂的时候，裴虔通令人前去禀报。宇文化及听说皇帝快到了，忽然胆怯起来，他不知道该怎样面对隋炀帝。宇文化及对司马德戡说："这个废物，还让他到朝堂做什么？你去把他杀掉算了。"

司马德戡只好迎出去，与裴虔通一起，又把杨广押回了寝殿。司马德戡和裴虔通等人，都拔出刀来，虎视眈眈地盯着隋炀帝。杨广心里明白，今日再也没有活路了。他挺挺胸，质问道："朕有何罪，以至于此？"

司马德戡和裴虔通还没开口，旁边一个叫马文举的将领气呼呼地说："你抛弃宗室，四处巡游，对外征伐不已，对内横征暴敛，让男子战死于疆场，女子饿死于沟壑，造成盗贼蜂起，天下大乱，怎么能说没罪呢？"

这番话，说得义正词严，让杨广无言以对。停了一下，杨广只好说："朕即便有负于百姓，可没有负你们啊。朕给你们高官厚禄、荣华富贵，你们为何还要背叛朕呢？朕不怕一死，但要死个明白，今日之事，谁是为首的？"司马德戡说："你犯了众怒，普天之下，人人恨你，不是哪一个人的事。"

这时，杨广身边十二岁的三子杨杲吓坏了，哇哇大哭起来。裴虔通心里烦恼，一刀砍过去，杨杲倒在血泊中，鲜血溅了杨广一身。杨广面如死灰，强作镇定，说："天子自有天子的死法，你们不能加以锋刃，可取鸩酒来。"

司马德戡命人去找鸩酒，可是，局面乱糟糟的，宦官宫女早就跑光了，到哪里去找鸩酒啊？众人等得不耐烦了，司马德戡给令狐行达使了个眼色，令狐行达走上前去，一把把隋炀帝按倒在坐榻上，拔出刀来，就要动手。

杨广喊了一声："慢着！"他终于知道了，自己那颗漂亮的头颅，就要被令狐行达砍下来了。杨广哆嗦着，解下身上的白练，递了过去。令狐行达接过白练，缠到杨广脖子上，两臂一用力，杨广双脚一阵乱蹬，瞬间一命呜呼，终年五十岁。

可叹杨广，空有狂妄大志，自命不凡，却胡作非为，败坏了大隋江山，众叛亲离，最终死于保卫他的禁军手里。可悲啊！

宇文化及成为公敌

　　杨广被杀后，大权落在宇文化及手里。宇文化及野心大、胆子小，既无才更无德，是一个残暴、骄奢而又愚蠢的家伙。

　　江都兵变，天下震惊。隋炀帝虽然失去人心，但表面上仍然是天下共主。在封建社会里，弑君是头等大罪，四方人士，都怀着不同的心态和目的，纷纷声讨宇文化及的罪行。

　　《隋书》记载，江都兵变时，司马德戡派兵把朝廷百官聚集到朝堂，众臣人人惶恐不安。司马德戡对他们说，是因为杨广一心要去江南，抛弃了我们，才不得已这样做。这是为了各位大臣的切身利益，希望大家给予支持。众人听了，这才稍微安下心来。

　　朝中文武大臣，多数出自关陇贵族集团，都不愿意抛弃北方，偏安江南，早就对杨广心怀不满，许多人还有怨恨，所以，当宇文化及主持大局的时候，几乎没有人公开表示反对。

　　"五贵"之一的裴矩，最会看风使舵，率先归附了宇文化及。年已八旬的老臣苏威，也对宇文化及大加赞扬。他俩和宇文化及都是关陇贵族集团的核心成员和代表人物，因而兵变获得关陇贵族集团的支持。而同属"五贵"的裴蕴、虞世基，因有南方背景，支持杨广迁都江南，被宇文化及下令杀了。

　　宇文化及把杨广的侄子杨浩抬出来，做了傀儡皇帝，自己当了大丞相，总理百官，独揽朝政。宇文化及封弟弟宇文智及为左仆射，裴矩为右仆射，裴虔通为光禄大夫、莒国公，其他兵变有功人员皆予奖赏。司马德戡立有大功，可宇文化及猜忌他，升他为礼部尚书、温国公，但夺去了他的兵权。

宇文化及为了消除后患，大开杀戒。杨广唯一存活的次子杨暕和他的两个儿子被杀，杨秀和他的七个儿子被杀，杨坚的子孙、隋朝宗室以及外戚数百人，一律杀光。宇文化及甚至想杀掉自己的亲弟弟宇文士及，因为他是杨广的女婿，最终却没有忍心下手。宇文化及还杀掉了杨广的亲信来护儿、宇文协、宇文晶、袁充、萧钜等人，江都处于一片腥风血雨之中。

萧皇后由于婉顺聪慧，待人仁厚，深受人们尊敬，因而免祸。萧皇后带着几个宫女，拆掉床板，做成一个小棺材，把隋炀帝草草埋葬，然后带着女儿四处漂泊，先后流落到河北和突厥，身若浮萍，吃尽万般苦头。唐朝统一天下以后，李世民将萧皇后迎回奉养。萧皇后活到八十一岁病逝。

宇文化及除了残暴不仁，还骄奢淫逸，他杀了隋炀帝，却把隋炀帝讲排场、爱奢华那一套全继承下来了。隋炀帝后宫的嫔妃、宫女和珍宝，全被宇文化及占为己有。宇文化及把皇帝杨浩软禁起来，百官都不得相见，他自己面南而坐，其仪仗和排场，就像皇帝一样。宇文化及整日饮酒作乐，纵情享受。

宇文化及本是放荡公子，没有才能，不会理政。每天上朝的时候，宇文化及高高端坐，装模作样，可是，当大臣们请示问题时，他却沉默不语，一言不发，因为他不会处理事情，不知道该说什么。散朝之后，宇文化及再与几个亲信，一块儿商量处理办法。

在隋炀帝旧臣当中，有个叫许善心的大臣，始终不肯与宇文化及合作，在家装病，不去朝见。许善心是江南人，九岁时就以文才而出名，被称为神童，长大后当了南陈官员。隋文帝杨坚灭掉南陈，得到许善心，很高兴地说："朕平陈国，最大收获是得到此人。"可见许善心名气很大。

宇文化及希望许善心能够归附他，派人前去劝说，许善心始终不从。宇文化及恼怒，命武士把许善心绑到朝堂上。许善心仍然不屈服，仰脸朝天，不屑一顾。宇文化及命人给他解开绳索，好言劝慰，许善心却扭头就走，拂袖而去。宇文化及大怒，命人当场把他杀了。

许善心从小丧父，母亲范氏守寡一生，含辛茹苦把儿子养大，并培养成才。此时，范老太太已经九十二岁了。范老太太得知儿子死讯，面色平静，说："能死于国难，为皇上尽忠，真是我的好儿子。"范老太太不吃不喝，绝食而死，也为隋炀帝尽忠了。

当年，正是隋炀帝带兵灭掉南陈、平定江南；如今，江南一对母子，却豁出性命，甘愿为隋炀帝殉节，令人不胜唏嘘。杨广这些年厚待江南，这也算是江南人对他的一种回报吧。

那些受到隋炀帝厚恩的给使营官兵，在关键时候被人骗走，没有起到作用。杨广被杀后，他们一个个痛心疾首，悲愤交加，发誓要为皇帝报仇，杀死宇文化及。

在一天夜里，给使营举行暴动，几百人不顾生死，扑向宇文化及的住处。可是，宇文化及早有防备，调动军队将他们包围。双方厮杀了一夜，几百名给使营官兵全部战死，无一人投降。这些淳厚朴实的血性汉子，用自己的生命，报答了隋炀帝的恩情。

江都兵变的指挥者司马德戡，见宇文化及残暴、荒淫和无能，十分后悔推举他为头领，愤愤地对众人说："当今乱世，一定要靠杰出有才能的人。宇文化及的所作所为，肯定要坏大事，我们恐怕都要死无葬身之地了。"

司马德戡秘密联络了一些人，想要除掉宇文化及。宇文化及猜忌司马德戡，对他也有防备，结果事情没有成功，司马德戡被抓了起来。

宇文化及斥责司马德戡，说："我与你冒着天大的风险，做成这事。如今大事已经成功，正要同享富贵，你为何要造反呢？"

司马德戡正义凛然地说："本来杀昏君，就是因为不能忍受他的荒淫暴虐，可是没有想到，你比昏君有过之而无不及，杀了你，是为天下除害。"宇文化及大怒，将司马德戡和他的十九名同党全部处死。

在江都，宇文化及的统治很不稳固；江都之外，反对他的呼声更是一浪高过一浪。在长安，李渊听说杨广被杀，大哭不止，痛斥宇文化及的罪行，表演得十分悲愤；在洛阳，王世充扶立越王杨侗为皇帝，公开宣布与宇文化及为敌；在隋朝占领的地方，全都声讨宇文化及，宇文化及成了众矢之的。

就连与隋炀帝为敌的农民起义军，出于形势的需要，也纷纷谴责宇文化及的弑君罪行。围攻洛阳的李密，听说杨广死了，宇文化及西返，便与洛阳城中的杨侗合作，转身去打宇文化及了。当然，这只是他的权宜之计。

占据河北的窦建德，本来已经建立了自己的政权，与隋朝分庭抗礼了，如今却说："我当隋朝百姓几十年了，现在宇文化及杀害了皇帝，大逆不道，他就是我的仇敌，我要讨伐他。"窦建德带兵攻击宇文化及，宇文化及最终死在了窦建德手里。

起义军声讨宇文化及，是醉翁之意不在酒，目的还是要推翻隋朝。隋炀帝这个敌手消失了，新的敌手自然就是宇文化及了，何况宇文化及犯下了弑君大罪，更容易激起人们愤慨。所以，无论是隋军，还是农民起义军，都把宇文化及当作敌人，宇文化及成了天下公敌。

江都兵变的起因和动力，是将士们想回北方老家，杀了隋炀帝之后，他们思归的愿望更加强烈了。宇文化及既无能力，更无远见，他只能答应将士们的要求，带着十几万隋军，踏上了西返之路。

可是，此时的北方，已经不是隋朝的天下了，李密、李渊、窦建德、王世充等几大势力，正在虎视眈眈。所以，宇文化及的西归之路，必然是一条不归路。

李密大战宇文化及

宇文化及率军西返，逼近洛阳，触动了李密的利益。李密带领瓦岗军，已经围攻洛阳很久了，此时为了自身安全，不得已与洛阳城里的杨侗合作，转身打宇文化及去了。

《隋书》记载，宇文化及把持朝廷以后，由于他残暴荒淫，又没有能力，搞得内外交困，一团糟糕。将士们思乡心切，纷纷要求回归关中。宇文化及不敢不答应，于是带着朝廷百官、后宫美女和大量金银财宝，还有十几万军队，舍弃江都，浩浩荡荡踏上回乡之路。

开始时，宇文化及大军走运河水路。宇文化及乘坐隋炀帝的龙舟，怀抱美女，喝着美酒，听着音乐，饱览两岸风光，好不惬意。可走到徐州一带时，因战乱运河被断，他们只能走陆路了。宇文化及一行不仅有大量闲杂人员，还有大批财物，运输工具就成了大问题。

宇文化及下令，就地抢劫，从百姓家里夺了两千多辆牛车，载着美女和财宝。军中粮食和辎重，则由士兵们肩扛手抬。士兵们苦不堪言，一路上不断有人逃跑。老百姓和士兵们都心生怨恨，纷纷议论，说宇文化及比隋炀帝还要残暴不仁。

宇文化及率军西进，逐渐逼近洛阳。此时，李密围攻洛阳已有数月，城中杨侗拼死抵御，双方打得难解难分，疲惫不堪。忽闻宇文化及大军将至，李密和杨侗都吃了一惊，十分不安。李密担心会腹背受敌，杨侗则担心他的皇位。

杨侗在杨广死后，被王世充立为皇帝，但王世充专权骄横，杨侗很不满意。此时，城外李密攻打甚紧，宇文化及又将来到，杨侗日夜焦虑，寝食不安。

内史令元文都献计说："宇文化及来到洛阳，必然要先打李密。现在，宇文化及成了我们与李密共同的敌人，不如用高官和财宝笼络李密，让他去打宇文化及，必然会两败俱伤。打败宇文化及以后，如果李密真心归降，可以请他入朝辅政，以便与王世充抗衡。这是一石三鸟之计。"

杨侗认为计策不错，马上派使者去见李密，封他为太尉、尚书令，并送上厚礼。李密知道，他眼下的主要敌人是宇文化及，一切等打败宇文化及以后再说，于是答应下来。王世充听说以后，十分生气，说："李密岂能居于人下，元文都真是愚蠢。"他想阻止，已经来不及了。

李密为避免两面作战，腹背受敌，暂时接受了杨侗册封，然后率领瓦岗军，去迎战宇文化及。两军在黎阳相遇，摆开阵式。李密出阵，叫宇文化及前来答话。

李密见宇文化及尖头鼠脑，完全没有英雄之气，有些看不起他，厉声斥责："你父兄子弟深受皇恩，世代富贵，本该忠心报国，怎能干出弑君大罪？你不忠不义，残暴荒淫，人神共愤，天地不容，如同禽兽一般，真是白披了一张人皮！"李密的一番话，大义凛然，铿锵有力。可是，李密似乎忘了，他也是反叛朝廷的乱臣贼子。

宇文化及被李密一通骂，憋得满脸通红，青筋暴起，气得半天说不出话来。过了好长时间，宇文化及才喊了一声："打仗就打仗，咬文嚼字干什么？"

李密见了，笑着对众人说："宇文化及充其量是赵高一样的小人，却也想当皇帝，真是不自量力。"两军展开厮杀。宇文化及军队经过长途跋涉，十分疲惫，军无斗志，被瓦岗军打得大败，死伤惨重。

李密料定宇文化及缺粮，于是坚守黎阳仓城，并不出战。宇文化及着急，费了好大劲，准备了大批攻城器具，准备攻城。不料，李密深夜派出五百精兵，把攻城器具烧得精光，大火彻夜不灭。宇文化及攻城计划成了泡影。

宇文化及军队粮食即将耗尽，人人心慌，只得四处抢掠。李密心生一计，派人对宇文化及说："杨侗是我们共同的敌人，不如我们联合起来，一块儿攻打洛阳。为表示诚意，我可以先送给你们一些粮食。"

宇文化及愚蠢，竟然相信了，眼巴巴地盼着李密送粮来。李密挑选了一批精壮士兵，伪装送粮，趁其不备，突然杀进隋军大营，主力部队随后跟紧，双方开展混战。这一仗打得十分激烈，从早晨一直打到傍晚，十多万隋军，连伤亡加逃散的，只剩下两万多人了。不过，宇文化及军队困兽犹斗，瓦岗军也损失过半，李密又一次受了箭伤。

宇文化及不是李密对手，只好带领残兵败将，向东逃窜，最后逃到山东聊城，才暂时安下身来。宇文化及知道大势已去，心灰意冷，天天借酒浇愁。宇文化及一喝醉了，就骂他的弟弟宇文智及，说都是他鼓动的，才会有今天的下场。

宇文智及被骂急了，反唇相讥，说你风光的时候，扬扬得意，怎么不埋怨我呢？如今这个局面，都是你无能造成的。反正都是死，你不如杀了我，去投降窦建德吧。

宇文化及自知必死无疑了，忽然心血来潮，觉得既然要死，为什么不当一回皇帝再死呢？即便当一天皇帝，也算过了一把瘾。于是，宇文化及毒死了杨浩，自己当了皇帝，改国号为许国。史书没有记载他举行像样的仪式，可能是草草登基吧。

聊城离河北很近，宇文化及称帝没过几天，窦建德就带兵打了过来，一举攻占了聊城。宇文化及、宇文智及以及他们的儿子们，全被活捉，随后被砍头示众。窦建德还杀了江都兵变中的主犯元礼等人。隋炀帝做梦也不会想到，他的仇，竟然是反贼替他报的。兵变主犯裴虔通，后来被李世民杀掉。没有参加兵变的宇文士及，跑到长安，投靠了李渊，后来成了唐朝宰相。

李密打败了宇文化及，正在盘算下一步怎么办的时候，洛阳城内的王世充，杀掉元文都，把持了朝廷。王世充趁瓦岗军战后疲惫之机，突然出兵，发动攻击。瓦岗军猝不及防，大败溃散。

这个时候，李密谋杀恩人翟让的后果显现出来，人们纷纷弃他而去，瓦岗军崩溃了。著名将领单雄信、秦琼、罗士信、程咬金、裴仁基等人，都投靠了王世充，只有王伯当，还死心塌地地追随李密。

兵败如山倒，声势浩大的瓦岗军溃散了。李密身边的兵马不多，他想去投奔徐世勣。徐世勣此时镇守黎阳，手下有二十多万兵马，足可以东山再起。

可是，有人对李密说："徐世勣是翟让的好朋友，当年还挨了一刀，岂能不怀恨在心？如今您势单力薄，此去必定危险。"李密觉得有理，便打消了投奔徐世勣的念头。不仅徐世勣那里不能去，凡是翟让部下所在的地方，李密都不敢去。

李密想起李渊曾与他有书信往来，对他十分谦恭，便西去长安，投靠了李渊。可是，时过境迁，今非昔比，李渊知道李密有野心，岂能容他，不久把他杀掉了。李密死时三十七岁。

李密大战宇文化及，结果却是两败俱伤，让王世充得利。王世充招降了瓦岗军大批将士，使他的势力迅速崛起，成为一支重要力量，称霸洛阳一带。

王世充彻底灭隋

杨广死后，隋朝名义上并没有灭亡，而是出现了三个傀儡皇帝。在杨广活着的时候，李渊就在长安拥立杨侑为帝；杨广死了以后，宇文化及在江都立杨浩为帝，王世充则在洛阳扶持杨侗登基。不久，杨侑、杨浩都死了，只剩下一个杨侗，还在延续隋朝国号。619年，王世充杀掉杨侗，自立为帝，隋朝彻底灭亡了。

《隋书》记载，王世充，原是西域人，祖上迁至甘肃一带。王世充本来姓支，其父随母改嫁一个姓王的，从此便姓王了。王世充的父亲当过怀州、汴州的长史。

王世充身材魁梧，长着一头卷发，性格深沉，很有心机，涉猎经史，喜好兵法。在杨坚时期，王世充担任兵部员外郎，官职不高。杨广继位后，很重视江都，任命王世充为江都丞，兼任江都宫监，让他经营江都。王世充十分感激。

杨广穷兵黩武，连年攻打高句丽，引发天下大乱。王薄举兵造反，各地纷纷响应。在江都附近，也有三支起义军，后来联合起来，共推刘元进为首，势力逐渐强大。刘元进攻占了吴郡，自称天子，设立百官。

杨广令王世充招募新兵，镇压起义军。王世充在江淮一带，挑选了二万强壮勇猛之人，亲自加以训练，组成了精锐的江淮兵，从此成为他起家的资本。王世充率军攻破吴郡，消灭了起义军，刘元进战死。杨广很高兴，奖赏了王世充，提拔他为江都通守。

616年，杨广避难去了江都，王世充的地位更加重要和显赫。617年，李密率瓦岗军围攻洛阳，洛阳告急。杨广原本想让名将薛世雄援救洛阳，不料薛世雄在河北被窦建德歼灭，杨广无奈，只好改任王世充为援助洛阳的总指挥。

王世充率五万精兵，从江都出发，日夜兼程，救援洛阳，又从其他地方征调隋军，兵力达到十几万人。王世充与李密棋逢敌手，在洛阳一带打得难分难解。李密围攻洛阳数月，毫无进展。

618年，江都兵变，杨广被杀。王世充在洛阳城内大哭一场，举行祭奠，随即扶立杨侗登上帝位。王世充被封为郑国公，与元文都、段达等六人共同辅政，被称为"七贵"。

王世充手握兵权，又行事专断，皇帝形同虚设。杨侗此时已经十五岁了，很想亲自执政，逐渐对王世充产生了不满。元文都献上"一石三鸟"之计，用高官厚禄招降李密，让李密既抗击宇文化及，又与王世充抗衡。王世充知道他们的用意，大为不满，怀恨在心。

王世充对将士们说："我们与李密军队多次作战，杀死他们的父兄子弟，已成为死敌，一旦李密得势，我们这些人就没有活路了。元文都这是要设法害我们啊。"将士们听了，心中愤愤不平。

元文都听说王世充在煽动军心，十分不安，与段达、卢楚等人商议，说："王世充怀有不臣之心，迟早会作乱，不如先下手为强，趁他上朝时除掉他。王世充现在没有戒备，事情容易成功；如果他有了防备，事情就不好办了。"

此时，王世充确实没有戒备，他没有想到有人敢谋害他。不料，段达胆小怯懦，害怕事情不能成功，反会祸及自身，他思考再三，悄悄向王世充告了密。

王世充一听，勃然大怒，他兵权在握，无所顾忌，立即调集兵马，包围了皇宫。王世充带兵闯入皇宫，轻而易举地捉住元文都，一顿乱棒打死，然后去见皇帝，说："元文都心怀不轨，想挟持陛下，投降李密，臣把他除掉了。"杨侗心里清楚是怎么回事，但没有任何办法。王世充从此住在皇宫，独揽了朝廷大权。

李密打败了宇文化及，精兵骏马多半战死，剩下的也都疲劳不堪。李密名义上已经归降了杨侗，因而未做任何防备。王世充在洛阳城中养精蓄锐，已准备多时，趁此良机，突然出兵，袭击李密。王世充亲率大军，凶猛地向瓦岗军杀来。瓦岗军是疲惫之师，又猝不及防，结果死伤惨重，很快就土崩瓦解了。李密无奈西逃，投靠了李渊。

王世充并不罢休，乘胜进军，攻打瓦岗军各地的地盘。各地守军见主力溃散、李密逃亡，纷纷投降了王世充。王世充得到瓦岗军许多著名将领和大批降兵，实力猛增，其控制的范围，也由洛阳城迅速扩展到整个河南地区。

王世充势力迅速扩大，野心也膨胀起来，与皇帝杨侗的矛盾更加尖锐。有一次，王世充吃了杨侗赏赐给他的食物，不料上吐下泻，大病一场。王世充认为是杨侗下毒，从此不再拜见皇帝，并打算废帝自立。

619年四月，王世充废掉杨侗，自己登基称帝，改国号为郑国。不久，王世充毒死杨侗，隋朝再也没有皇帝，彻底灭亡了。

王世充坐收渔人之利，灭掉宇文化及和瓦岗军两大势力，废除隋朝，建国称帝，好不得意！可是，蛰伏关中多时的李渊，已经磨刀霍霍，准备出兵夺取天下了。李渊要坐收更大的渔利。

唐朝统一天下

618年五月，李渊在杨广死了两个月之后，废掉杨侑，建立了唐朝。此时，中原几大军事集团互相拼杀，天下一片混乱。李渊深谋远虑，老奸巨猾，他稳坐关中虎踞之地，冷眼观看别人厮杀，暗中养精蓄锐，坐收渔翁之利。等到时机成熟，李渊迅速出兵关中，开始夺取天下。

唐朝建立之初，疆土只限于关中和山西，地盘不是很大。可是，李渊并不急于谋取天下，有李密在洛阳挡着隋军，长安十分安全。所以，李渊专心治理自己的地盘，不断扩充力量。

李渊首先建立自己的政治体制，加强政权建设。隋文帝创立了三省六部制度，李渊认为不错，照搬过来，稍加完善，在三省六部基础上，设立了二十四司，分工更加科学合理，使中央机构各司其职，运行有序。在地方政权中，设立了州、县两级，制定了官员考核、奖惩制度，保证了官吏队伍高效而有活力。

在经济上，李渊实行了均田制和租庸调制。这有利于调动人们的生产积极性，减轻民众负担，促进经济发展。所以，在唐朝统治区域，经济发展很快，百姓生活提高，积累了大量财富，为夺取天下奠定了物质基础。

李渊特别重视军队建设，实行了府兵制。府兵制建立在均田制基础之上，是兵农合一的制度，使得兵源充足。李渊注重加强部队训练，又制定了军功奖励制度，因而唐军的战斗力很强。

李渊在唐朝建立之初，并不急于对外用兵，而是专心做这些打基础的工作，确实是深谋远虑，具有战略眼光。而其他军事集团，都没有重视这些基础性的工作，只知道兴兵打仗，抢夺地盘。所以，李渊能够最终得到天下，是必然的。

李渊势力迅速强盛，他开始扩大地盘，但没有对中原用兵，而是首先向西进军。在西部辽阔大地上，分散着许多割据势力，力量都不强大。李渊派兵消灭了盘踞兰州一带的薛举、薛仁杲父子，乘胜向西进军，又灭掉了盘踞河西走廊的李轨集团。各地割据势力纷纷归降，李渊不费力气，就占领了西部广大地区，势力进一步增强。

割据马邑一带的刘武周、宋金刚，趁唐军西征之际，与突厥勾结，攻占了太原。李渊大怒，命李世民率军讨伐。唐军兵强马壮，一举消灭刘武周势力，收复了太原。刘武周、宋金刚兵败逃往突厥，不久被杀。

此时，唐朝的西部、北部都已平定，东边的各方势力消耗得也差不多了，只剩下洛阳一带的王世充和盘踞河北的窦建德。李渊觉得时机成熟，下令出兵中原，夺取天下。

620年，李世民率领唐军，浩浩荡荡出关，兵锋直指王世充。王世充不是平凡之辈，早就料到唐军会来进犯，已经做好迎敌准备。王世充自恃兵马甚多，足可以与李世民较量一番。

王世充没有想到，他的兵马虽多，但大多是在短时间内招降的，很不稳定，特别是瓦岗军占有很大比例。瓦岗军将士不得已投降了王世充，但对他背信弃义、偷袭瓦岗军的行径十分痛恨，内心并不归服。李世民清楚这一点，采取招降策略，结果，大批瓦岗军将士临阵倒戈，归附了唐军。像著名将领徐世勣、秦琼、罗士信、程咬金等人，都先后投靠了李世民，为唐朝统一天下立下赫赫战功，成为唐朝开国功臣。

李世民只用三个月时间，没有经过激烈战斗，就攻占了河南之地，洛阳周围的郡县，全都落到唐军手里。王世充再一次被困洛阳，但对手已经由李密换成雄才大略的李世民了。王世充心急如焚，没有办法，只好向河北的窦建德求救。王世充本来与窦建德是敌手，双方曾经相互攻打，但此时情况危急，也顾不上许多了。

窦建德虽然与王世充是敌人，但心里十分清楚，李世民灭了王世充，下一个目标就是他了，于是不得不出兵救援王世充。窦建德认为，他和王世充联合，有可能会打败李世民，保持三足鼎立的局面，这总比坐以待毙要好。

窦建德亲率十万大军南下，与王世充约好，内外夹攻，攻击唐军。李世民闻知窦建德出兵，并不惊慌，笑着对众将说："我正要去打他，他却送上门来，这省了我们不少事。"李世民命一部分兵马继续围攻洛阳，自己率主力迎战窦建德。

李世民率军到达武牢一带，与窦建德相遇，双方开展激战。窦建德没有想到，唐军的战斗力如此之强，他屡战屡败，伤亡惨重。李世民又派兵绕到窦建德背后，烧掉辎重粮草，断了他的退路。窦建德军队人人心慌，斗志低沉。

经过两个多月的战斗，窦建德军队最终失败溃散，窦建德受伤被俘。李世民斥责道："我征讨王世充，关你何事，为什么前来送死？"窦建德平静地说："我不自来，恐劳你远取。"窦建德不愿投降，后来被杀。窦建德死后，其部下刘黑闼继续与唐朝对抗，被李建成率军击败，河北落入唐朝之手。

王世充听说窦建德兵败，大惊失色，走投无路，只好请求投降。李世民将王世充带到长安，李渊历数王世充的罪行，想要杀他。王世充说："我是有罪该死，可您的爱子曾许诺不杀我。"李渊只好把他流放蜀地。王世充尚未动身，却被仇人杀了。

称霸江淮的杜伏威，自知不敌，主动归顺了唐朝，被封为吴王。这样，几个大的军事集团，都被唐朝灭掉，剩下一些小的割据势力，就不在话下了。

唐朝迅速向全国各地进军，很快平定江陵的萧铣部、岭南的冯盎部、虔州的林士弘部，等等。623 年，唐朝平定天下，统一了全国。多灾多难的中华大地，又重新归于一统，并且迎来一个繁荣昌盛的新时代。

杨广对李世民的启示

　　人们常把隋朝和唐朝合称为隋唐，隋唐之间有着千丝万缕的联系。隋朝的大起大落，对唐朝有着深刻的启迪。从一定意义上说，唐朝的兴盛，在很大程度上借鉴了隋朝的经验教训。

　　李世民十分重视借鉴历史经验，"以史为镜，可以知兴替"，就是他的名言。李世民是从隋朝时期过来的人，亲身经历了隋朝的兴衰，有着许多感悟和体会，很想认真总结和借鉴隋朝的经验教训。为此，他称帝不久，就专门下诏，组织一批学识渊博的名士，由他最信任的大臣魏徵挂帅，修撰《隋书》。

　　李世民特别想总结汲取杨广亡国的教训，因为他与杨广有着许多相似之处。一是出身高贵。两人都是关陇贵族集团的核心成员，而且还有很近的亲戚关系，杨广的母亲是李世民奶奶的亲妹妹。二是志向远大。两人均不是平庸之辈，都是胸怀大志，立志干一番大事业，博得青史留名。三是才华横溢。两人都是能文能武，文学成就不凡，武功也不错。四是战功卓著。两人都曾率领千军万马，在战场上叱咤风云，立下赫赫战功。五是排行相同。两人都是次子，按继承顺序，正常情况下是很难接班的。六是继位不光彩。两人都是通过搞阴谋诡计，采取不正当手段，才登上皇位的。

　　唐朝有个史学家，叫胡如雷，他这样评价杨广和李世民的相像，说："李世民之于杨广如影随形，但不是相似的形影，而是一个头脚倒立的水中倒影。"杨广是李世民的影子，只不过李世民是站在岸上，而杨广是倒映在水里。

　　两人如此相似，可人们对他俩的评价，却有着天渊之别。杨广被谴责为昏君、暴君，遗臭万年；李世民被赞誉为明君、贤君，流芳百世。

李世民之所以能成为明君、贤君，受到人们广泛赞扬，一个很重要的原因，是他善于以史为镜，认真总结借鉴历史经验。杨广怀有狂妄大志，最终却败坏了大隋江山。他亡国的教训，至少对李世民有四个方面的启示。

第一，人民的力量是巨大的。李世民认为，杨广亡国的根本原因，是没有摆正君主与人民的位置，自己高高在上，而把民众视为草芥，所以人民一起来造反，杨广马上就完蛋了。

李世民从杨广的教训中，悟出了这个道理，所以，他亲自撰著《民可畏论》，并强调说："君，舟也；人，水也。水能载舟，亦能覆舟。"李世民还说："为君之道，必须先存百姓。若损百姓以奉其身，犹割股以啖腹，腹饱而身毙。"意思是说，如果损害百姓的利益，就等于割自己腿上的肉吃，必然导致丧命。

李世民看到了人民的力量是巨大的，人民可畏而不可欺，所以，在他统治时期，是不会有意损害人民利益的。而杨广却说"天下人不能多，多了就会相聚为盗"，而且要把盗贼全杀光。两种思想境界，有着天壤之别。

第二，君主必须克制欲望。君主的欲望是多方面的，不仅有物质享受方面的欲望，也有建功立业方面的欲望。李世民认为，杨广亡国的直接原因，是建立千秋大业的欲望太强烈，大兴土木，穷兵黩武，急功近利，超出了民众承受能力。有鉴于此，李世民说："安人宁国，惟在于君。君无为则人乐，君多欲则人苦。"意思是说，国家安宁，最重要的在于君主。君主没有太大的作为，人民才能欢乐；君主的欲望太多，人民必定受苦。所以，在李世民统治时期，能够克制建功立业的欲望，很少大兴土木，注意让人民休养生息。其实，李世民也是一个喜欢建功立业的皇帝，如果没有杨广的前车之鉴，不知道他会是个什么样子。

第三，遇事多听大家意见。李世民认为，杨广亡国的一个重要原因，是他独断专行，听不得不同意见，总觉得自己天下第一，无人能及。杨广说过："别以为朕是继承了父亲的帝位，如果与天下文人比试，朕照样能当天子。"杨广还说："朕最恨进谏的，谁要谏言，朕就想杀了谁。"结果杨广成了孤家寡人，连皇后都不敢对他说实话。李世民接受了这个教训，虚心纳谏，善于听取别人意见，避免了许多失误，也形成了良好的政治风气。李世民的"兼听则明，偏信则暗"，成为千古佳话。

第四，民富才能国强。隋朝通过各种办法，把民间财富都聚集到国库里，表面上看起来，国库充盈，十分富有，可老百姓并不富裕，没有幸福感。由于这个基础不牢固，导致隋朝大厦迅速崩塌。李世民接受了这个教训，采取"薄赋敛，轻租税"政策，藏富于民，使唐朝实现了民富国强，开创了贞观之治。

正是因为有隋朝这种勃兴速亡的巨大反差，有杨广这种刻骨铭心的沉痛教训，李世民才能够对治国理政有深刻的认识，才能够谨身节欲、战战兢兢，才能够开创千秋伟业，成为名垂千古的明君、贤君，大唐才能称为盛世。

杨广的教训对李世民的启示，在今天看来，仍然具有重要意义，足可以使人们引以为鉴。

隋朝灭亡之后，中国历史的巨轮走向了唐朝。唐朝把中国封建社会推向鼎盛，是一个辉煌的时代。记述唐朝历史的正史，是《旧唐书》和《新唐书》。笔者将根据这两部史书的记载，继续撰写《新视角读唐史》，敬请广大读者给予指导帮助。